Hacia Estados Financieros Integrales

Mejores Prácticas de Medición, Imperativo de la Información Financiera

México, 2008

Hacia Estados Financieros Integrales --Mejores prácticas de medición, imperativo de la información financiera.

Derechos reservados© por el Instituto Mexicano de Ejecutivos de Finanzas, A.C.
Patricio Sanz No. 1516, Col. del Valle. C.P. 03100
Delegación Benito Juárez. Teléfono 5559-8366
www.imef.org.mx
correo electrónico: imef@imef.org.mx
ISBN 968-7144-48-3

La edición consta de 2,000 ejemplares.
México, D.F., septiembre de 2008.

Presentación

Desde su fundación, en el Instituto Mexicano de Ejecutivos de Finanzas, A.C. (IMEF) siempre ha estado presente la inquietud de analizar, investigar, definir y proponer las mejores metodologías para la presentación de la información financiera. Dado que la tarea de mensurar conceptos en ocasiones abstractos, cuyas características los tornan inevitablemente subjetivos en su atribución de valor, los administradores de empresas, en general, y los ejecutivos financieros, en particular, han propuesto convencionalismos contables para establecer soluciones razonables.

En la nueva economía, donde las constantes son el cambio y la competencia se da entre individuos, empresas, naciones e incluso continentes, aún no se logra tener un conjunto de estándares confiables que permitan contar con bases de medición financiera para todo tipo de empresas.

Por ello, desde mediados de la década de los años setenta, uno de los precursores en esta búsqueda incesante de la homologación de normas de información financiera es el IMEF que, mediante la creación de sus Comités Técnicos, en específico el de Información Financiera, ha propuesto y participado en el estudio y utilización de metodologías que tienen como finalidad la actualización de los estados financieros.

Con el objetivo de resolver el dilema que representa tener un solo conjunto de estándares contables y financieros, el Comité de Información Financiera ha impulsado métodos que respondan al contexto interno y externo de la empresa y del país, pero sobre todo que sean de utilidad para el usuario de la información financiera.

Adicionalmente, al ser uno de los principales usuarios de la información financiera, dicho Comité impulsó y trabajó arduamente para constituir el Consejo Mexicano para la Investigación y Desarrollo de Normas de Información Financiera (CINIF), cuyo objetivo primordial es la emisión de normas de información financiera congruentes con la tendencia mundial, sin soslayar la apertura comercial y el auge de las operaciones con empresas internacionales.

El IMEF está consciente de la evolución de las diversas técnicas y tendencias mundiales para la presentación e interpretación de la información financiera, motivo por el cual la Fundación de Investigación IMEF apoyó el desarrollo y la conclusión de la obra *Hacia Estados Financieros Integrales --Mejores prácticas de medición, imperativo de la información financiera*, donde la transparencia y la calidad de la información son esenciales para la creación de valor.

En la obra se reconoce la necesidad de tomar en cuenta metodologías y técnicas –entre otras, la de valor presente, valuación de acciones e instrumentos derivados-- que servirán de referencia no solo para vislumbrar el potencial de crecimiento de las empresas, sino también para evaluar sus riesgos, como podrían ser los cambios adversos en el valor de sus acciones, la volatilidad e inestabilidad de los mercados bursátiles o de los instrumentos de inversión que, en conjunto o individualmente, modifican la estructura y flexibilidad de contraer o expandir las operaciones de las empresas.

Como lo señala la presente investigación: es imperativo y esencial contar con las mejores prácticas de medición de la información financiera para vislumbrar estados financieros integrales que tomen en cuenta la interrelación de la contabilidad financiera con la economía y las fuerzas del mercado. La situación anterior conduce al debate actual sobre la necesidad de evaluar la normatividad financiera existente y decidir su rumbo hacia el futuro.

La obra, **Hacia Estados Financieros Integrales** --*Mejores prácticas de medición, imperativo de la información financiera,* se une a más de diez títulos auspiciados y apoyados por la Fundación de Investigación IMEF, empeñada en mantener una actividad creativa y de vanguardia en el campo de las finanzas y áreas afines. Con esta publicación cumple con uno de sus postulados: ser un vehículo de transmisión de conocimientos para el aprendizaje, gestión y la competitividad empresarial.

Lic. Federico Casas Alatriste Urquiza
Presidente
Consejo Directivo Nacional
IMEF, A.C.

C.P.C. Jaime Espinosa de los Monteros
Presidente
Fundación de Investigación IMEF

La contabilidad ha pasado por distintas transformaciones a través de los años para llegar al punto que muestra hoy en día.

Muchas son las demandas que tiene por satisfacer y usuarios que atender, y el debate entre los valores históricos convencionales y sus referentes de mercado ha sido constante.

Ya que el concepto de valor justo continúa en su intención de mostrar "valores razonables", su popularidad ha seguido incrementándose. Sin embargo, el valor justo tiene sus problemas. En principio, sus resultados son más volátiles, porque cualquier cambio en la posición del balance de una compañía o en su ingreso, se toma en cuenta para la determinación de los mismos. Un segundo punto es que, en muchos casos, tales como los préstamos bancarios, no están negociados en los mercados líquidos, ocasionando la falta de un precio comprobable.

Algunos autores comenzaron a desarrollar sus ideas sobre valor justo en los años 50. Desarrollaron acercamientos financieros señalando la adopción del valor comercial actual como una base de medida. Asimismo, se definieron activos como la parte que una compañía puede intercambiar en un mercado y los pasivos como obligaciones legales. Ambos se miden en sus cantidades actuales de venta o precio de mercado a la fecha de balance.

Las normas de contabilidad de muchos países alrededor del mundo, incluyendo los Estados Unidos, Reino Unido, Australia y la Unión Europea, han publicado normas que requieren el reconocimiento de las cantidades del balance a valor justo, y los cambios en el ingreso. Los estándares publicados por el International Financial Reporting Standard Board (IFRSB) validan esta tendencia.

La determinación del valor justo puede implicar el uso de modelos complicados basados en gran parte en estimaciones subjetivas. Estas estimaciones son difíciles para que los inversionistas verifiquen o comparen a través de las distintas compañías.

La situación presenta ciertos riesgos que contienen las estimaciones del valor justo, y las posibilidades de introducir "excesos de volatilidad" en ganancias, podría dañar a un negocio y aumentar la probabilidad de un riesgo sistémico.

La pregunta es si los valores justos realmente reflejan la economía de un negocio. En contraste, algunos discuten que el valor justo es normalmente una medida económica superior al costo histórico.

El valor justo es una medida basada en el mercado que no es afectada por los factores específicos a una entidad determinada, y se presume que el valor justo es más relevante en este tipo de información al mercado.

Los valores justos intentan suplir la contabilidad analítica histórica por una base más significativa. Sin embargo, si las medidas del valor justo no alcanzan el ideal y al mismo tiempo perdemos la información proporcionada por la contabilidad analítica histórica, se pueden ocasionar daños al sistema de información financiera.

Un error frecuente en la medida de los valores justos es en las estimaciones del valor de activos y pasivos, los cuales pueden contener errores en la medida de su volatilidad.

El FASB y el IFRSB continúan publicando normas referentes a la medición, el acceso y al reconocimiento del valor justo, proporcionando la oportunidad suficiente para la investigación futura.

Con base en toda esta discusión mundial, considero que la presente obra muestra una propuesta valiosa, innovadora y razonada sobre caminos diferentes que podría seguir la contabilidad en su objetivo de registrar aquellos hechos y eventos que transforman una entidad, ya no desde el punto de su referencia histórica únicamente, sino en su camino de explicar aquellos eventos percibidos por el mercado que lo afectan, y que destacan el hecho de cuándo genera o destruye valor, en términos de su relación con dicho mercado. Asimismo contribuye a la posibilidad de poder sustanciar el criterio gerencial sobre las estimaciones que se incluyen en la contabilidad, en términos de un análisis robusto y donde se converja en el camino *Hacia Estados Financieros Integrales* que apoyen al usuario de la información financiera en su camino de una mejor sustanciación de las cifras que analiza y que le aporten mayor oportunidad y confiabilidad en la información financiera sobre la cual toma sus decisiones.

Javier Soní O.
Socio Director PricewaterhouseCoopers, S.C.

Comité de Trabajo

La Fundación de Investigación IMEF agradece y reconoce la dedicación y el esfuerzo de quienes hicieron posible la edición de esta obra.

Paula Morales Bañuelos, Instituto Tecnológico Autónomo de México (ITAM)
Sylvia Meljem Enríquez de Rivera, Instituto Tecnológico Autónomo de México (ITAM)

Colaboradores:
Sandra Minaburo Villar, Instituto Tecnológico Autónomo de México (ITAM).
Anexo: Fair Value
Francisco Macías, Deloitte. *Efectos financieros de los impuestos*

Revisores:
Sergio Suárez
Humberto Ochoa

Índice

Introducción

Los estados financieros son preparados en condiciones de incertidumbre, ya que se realizan cortes en el tiempo para mostrar la situación financiera de una entidad a una fecha determinada, así como el resultado de sus operaciones por un periodo determinado, requiriendo necesariamente para ello hacer estimaciones de activos, pasivos, ingresos y gastos que se encuentran sujetas a la realización de ciertas condiciones en el futuro.

A los preparadores de información financiera se les requiere describir en las notas a los estados financieros las situaciones o rubros en los que se utilizaron estimaciones o juicios de la administración y que implicaron condiciones de incertidumbre significativa. Sin embargo, la descripción resulta muy general, hecho que ha generado un creciente temor entre los usuarios de la información financiera, a quienes les preocupa la certeza y relevancia de la misma.

En este sentido, el Instituto Canadiense de Contadores Públicos (CICA) y el Instituto Americano de Contadores Públicos (AICPA) han emitido pronunciamientos que se refieren a la medición y revelación de los riesgos e incertidumbre relacionados con la valuación y presentación de la información financiera.

Los estados financieros deben comunicar de manera explícita a los lectores el uso de estimaciones en la preparación de información, para que éstos entiendan las limitaciones inherentes y su impacto en la toma de decisiones.

La medición de la incertidumbre, según se define en la Sección 1508 del CICA, es la determinación de la cantidad en que un determinado rubro es reconocido en los estados financieros; la incertidumbre existe precisamente cuando hay una variación entre la cantidad reconocida y otra posible cantidad razonable. La decisión de selección entre diferentes políticas contables no se considera incertidumbre.

A continuación se listan algunos ejemplos de activos y pasivos y sus correspondientes ingresos y gastos que, basados en las circunstancias existentes en el momento de preparar la información financiera, pueden contener mediciones de incertidumbre importantes:

1) Inventario sujeto a rápidos cambios por obsolescencia tecnológica.
2) Activos especializados sujetos a obsolescencia.
3) Vida útil de los costos capitalizados de programas de cómputo.
4) Estimaciones para valuar préstamos comerciales y de bienes raíces.
5) Obligaciones ambientales.
6) Cantidades reportadas para obligaciones de largo plazo, como pensiones y beneficios de jubilación.
7) Costos de garantías.
8) Provisiones de reestructuración.
9) Estimaciones de recuperación de cartera, o provisiones por pérdidas esperadas por venta de activos o líneas de negocios.
10) Cantidades reportadas por contratos de largo plazo.

Por lo anterior, existe cada vez mayor controversia acerca de la mejor forma de valuar la información financiera, debido al cada vez mayor distanciamiento entre los resultados arrojados en la utilización del costo histórico y el valor justo de mercado (*fair market value*).

Como se apuntó, la información financiera intenta medir conceptos en ocasiones abstractos, cuyas características los hacen inevitablemente subjetivos en su valuación, por lo que generalmente se ha llegado a convencionalismos contables, sin llegar a soluciones correctas e incorrectas, sino razonables.

La información financiera depende en mucho del contexto económico e institucional, convirtiéndose su regulación en un asunto de políticas públicas; debiéndose sujetar a las pruebas de efectividad de costos y utilidad para el usuario. Los preparadores de la normatividad deben hacerse las siguientes preguntas, de acuerdo con el Instituto de Contadores de Inglaterra y Escocia:

1) ¿Quiénes son los diferentes usuarios de la información financiera y para qué la utilizan?
2) ¿Qué formas de medición consideran relevantes y confiables?
3) ¿Cuál es la utilidad comparativa de las diferentes bases de medición para predecir los flujos futuros de efectivo?
4) ¿Cuáles son los costos de preparar la información con las diferentes bases, incluyendo los costos de cambio?
5) ¿Cómo la aplicación de los diferentes métodos aceptados en las Normas de Información Financiera, afectan la estabilidad financiera y la economía en general?
6) ¿Cuál es la experiencia en la utilización de mediciones distintas al costo histórico?

La situación anterior conduce al debate actual sobre la necesidad de evaluar la normatividad financiera existente y decidir su rumbo hacia el futuro.

Retos en la Medición

En noviembre de 2005, el Consejo Internacional de Normas de Contabilidad (*International Accounting Standards Board* --IASB), emitió un documento para discusión denominado *Measurement Bases for Financial Accounting* (Bases de Medición en la Contabilidad Financiera), en el que se establece que las prácticas actuales de medición son complejas, diversas y aparentemente inconsistentes. El objetivo, de acuerdo con Sir Davis Tweedie, Chairman del IASB, es lograr tener un solo conjunto de estándares contables en el mundo, de manera que cualquier transacción, sin importar donde se realice, se contabilice de la misma manera. Así pues, el dilema radica en escoger entre las diferentes bases de medición existentes.

En el mundo, las diferentes jurisdicciones han desarrollado sus propios requerimientos de preparación de información financiera, influidos por los diferentes usos de la información y su ambiente regulatorio y de negocios.

El costo histórico sigue siendo la base predominantemente seleccionada para preparar la información financiera, reflejando los fundamentos de la teneduría de libros y el uso de la información histórica para fines administrativos. Esta base de medición resulta la más simple y barata, ya que emana de los registros contables y de los sistemas administrativos de la empresa; sin embargo, existen numerosas razones para desarrollar otras formas de medición, entre las principales se encuentran:

> 1) **Nuevas formas de hacer negocios**: la utilización de nuevos esquemas de inversión y financiamiento, como son los arrendamientos financieros, instrumentos financieros complejos, pagos basados en acciones, opciones y pasivos laborales, entre otros, dificultan la utilización del valor histórico; ya que para algunas de estas transacciones este costo no existe o no refleja su "auténtico" valor para la empresa.

> 2) **Diferencias importantes entre el valor histórico y el valor actual**: los valores de algunos activos ameritan ser revaluados para reflejar su valor actual; en el caso de que la entidad cuente con portafolios de inversiones sujetos al valor de mercado el reporte de costos históricos resulta totalmente inadecuado.

La evolución de las prácticas de medición ha sido dinámica e iterativa según se muestra en la figura 1:

Figura 1. | **El Desarrollo de las Prácticas de Medición**

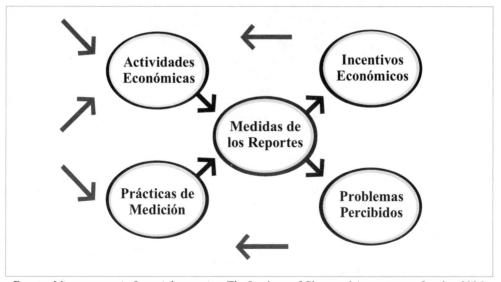

Fuente: *Measurement in financial reporting*, The Institute of Chartered Accountants. October 2006.

Las medidas utilizadas en los reportes financieros intentan reflejar las actividades del contexto económico, pero éstas, a su vez, influyen en los incentivos de la economía afectando la toma de decisiones de los inversionistas. Los problemas percibidos derivados de la adecuada o inadecuada información financiera existente afectan las prácticas de medición, convirtiéndose por ende en un proceso iterativo.

Cuando las entidades en una economía empiezan a utilizar diferentes prácticas de medición, existen dos decisiones clave para lograr consistencia en el uso de las mismas mediciones en la información financiera:

- Para diferentes rubros de la misma entidad.
- Entre los diferentes tipos de entidades.

Esta situación se muestra en la **figura 2:**

Figura 2.	Opciones para seleccionar las bases de la medición

Fuente: *Measurement in financial reporting*, The Institute of Chartered Accountants. October 2006

En este momento las prácticas de medición son diversas, pero existe consistencia en su aplicación entre las diferentes entidades; la decisión radica en la búsqueda de consistencia entre los diferentes rubros de la información financiera, o entre diferentes entidades; la alternativa de ser inconsistente es inaceptable, ya que uno de los objetivos prioritarios de la información financiera es su comparabilidad.

Origen de los problemas fundamentales de medición

Como se mencionó en el apartado anterior, los objetos de medición en la contabilidad financiera son conceptos abstractos de significado incierto, tales como la utilidad o los activos netos; sin embargo, es necesario que sean expresados en términos monetarios y, por lo tanto, requieren que se les asigne un valor.

El valor considerado dependerá de las circunstancias específicas a la fecha en que se esté realizando el corte periódico de la entidad, ya que en ese momento existen transacciones incompletas y el proceso de intentar reflejarlas en términos monetarios implicará cierta arbitrariedad.

Las preguntas fundamentales a resolver, de acuerdo con el Institute of Chartered Accountants, serán:

- ❖ ¿Cuáles son los beneficios económicos del periodo?
- ❖ ¿Cuál será el resultado de las actividades incompletas?
- ❖ ¿Cuál es el valor potencial de los activos?

La problemática principal se refiere al reconocimiento del beneficio futuro económico fundamentalmente esperado de los activos con los que cuenta una entidad, ya que aunque se adquieren por separado, se obtiene beneficios de su explotación en forma conjunta.

Tomando en cuenta la aseveración anterior, resulta lógico pensar que el valor individual de cada activo diferirá de su valor potencial debido a la existencia de sinergias que lo incrementan.

De esta manera cuando se considera el valor de un activo, resulta natural la utilización del costo histórico para la adquisición de activos individuales, pero no tiene sentido para otro tipo de valuación que considera niveles mayores de agregación, como es el valor en uso o el valor justo de mercado.

Opciones de bases de medición para ser utilizadas en la información financiera

Las diferentes alternativas de medición propuestas han sido:

1) Costo histórico
2) Valor de operación (del negocio en marcha)
3) Valor justo de mercado (*fair value*)
4) Valor de realización
5) Valor de uso

A continuación se describe brevemente cada una de éstas, señalando sus ventajas y desventajas:

1) Costo histórico: requiere que el valor que se reconozca en la contabilidad no exceda la cantidad que se espera sea recuperada derivada de su uso o venta.

Si un activo incrementa su valor por arriba del costo histórico, la ganancia no se reconoce hasta que sea devengada, el reconocimiento de la ganancia queda bajo el control de la administración, quien decide cuándo se considera devengado un activo.

La mayoría de los activos intangibles no son reconocidos, ya que su capacidad para generar beneficios en el futuro es incierta. De igual forma, algunos activos y pasivos no son reconocidos por no tener costo histórico.

El objetivo del costo histórico es asociar los costos incurridos con los ingresos devengados; se puede considerar una medida objetiva cuando es tomada de transacciones actuales; sin embargo, tiene problemas en la predicción y asignación a los diferentes periodos y activos.

Es considerada la base más conservadora; sin embargo, para algunos usuarios es poco relevante, ya que:

- ❖ Es información desactualizada, por lo tanto no provee de ninguna guía de referencia acerca de la posición financiera actual de la entidad.

- ❖ Ignora los activos intangibles que se generan internamente y los instrumentos financieros con costo histórico de cero.

- ❖ No toma en cuenta algunas ganancias no devengadas, por lo tanto subestima a los activos netos y a los ingresos.

Costo histórico	Resumen de argumentos
Confiabilidad y Objetividad	*Relevancia*
Fiable cuando está basado en transacciones actuales.	*A favor*: Asocia costos con los ingresos devengados. Para la mayoría de las compañías, alineado a la información gerencial.
Subjetivo cuando está basado en predicciones y asignaciones.	*En contra*: Basada en medidas anticuadas. Ignora ganancias no devengadas. No mide algunos activos clave y pasivos en cero.

2) Valor de operación (en marcha): es el nombre utilizado para el costo de reemplazo, dado que generalmente no existe un precio disponible para un activo de reemplazo comparable. La práctica usual consiste en tomar un activo de reemplazo nuevo y ajustarlo por el desgaste y potencial de beneficio futuro del activo original. Por otra parte, la medición para los pasivos está llena de dificultades.

Implica el reconocimiento de las ganancias según se conocen y no según se devengan; también implica el reconocimiento de activos y pasivos que no son reconocidos bajo el costo histórico. El argumento es que si la entidad debe mantener su capacidad operativa, necesita asociar en los resultados el costo de reposición de los activos que se consumen en la operación, dado que resulta riesgoso pagar dividendos con recursos que se requieren para financiar la continuidad de la entidad.

Esta medida resulta objetiva cuando los activos deben de ser reemplazados por otros activos con el mismo potencial de servicio, ya que reflejaría el precio que está pagando la entidad sin la necesidad de hacer ajustes adicionales. Sin embargo, sería subjetiva cuando los activos no fueran a ser reemplazados, o bien fueran reemplazados por un activo diferente.

Los usuarios potenciales serían aquellos que están interesados en conocer el costo de reemplazo para entrar a un mercado particular, y los inversionistas estarían interesados en conocer si la entidad está manteniendo su capacidad operativa.

Los críticos de esta medida señalan que lo importante para los inversionistas es conocer la capacidad financiera y no la operativa.

Valor de Operación	Resumen de argumentos
Confiabilidad y Objetividad	*Relevancia*
Fiable cuando hay mercados para comparar los activos sustitutos.	*A favor*: Muestra costos de entrada a nuevos participantes. Demuestra si la capacidad de operación está siendo mantenida.
Subjetivo cuando los mercados y las tecnologías cambian y cuando está basado en predicciones y asignaciones.	*En contra*: Mostrar el mantenimiento de la capacidad de operación no es prioridad de los inversionistas.

3) Valor justo de mercado (*fair value*): esta medida considera el valor de intercambio, es decir, la cantidad en que un activo o pasivo puede ser intercambiado libremente entre dos partes bien informadas.

La mejor medida del valor justo es el valor de mercado. Lo complicado es que no existen mercados activos para todo tipo de transacciones, por esto se pueden tomar medidas alternativas que incluyen:

- ❖ Valor estimado
- ❖ Valor presente
- ❖ Precio de venta menos costos de disposición más un margen de ganancia *razonable*
- ❖ Costo actual de reemplazo

De acuerdo con el FAS 157 (medición del valor justo), existe una jerarquía para aplicar el valor justo de mercado de acuerdo con ciertos niveles:

Nivel 1. Precio de mercado para activos o pasivos idénticos.

Nivel 2. Precios observables de mercado de manera directa o indirecta.

Nivel 3. Precios de mercado no observables

El valor justo implica el reconocimiento de activos y pasivos que no son reconocidos en el costo histórico, también implica el reconocimiento de utilidades cuando se conozcan.

Cuando los valores justos se toman de mercados activos, son verificables y objetivos; cuando no es así, son estimaciones hechas con mayor o menor subjetividad. Esto sucede cuando los valores se toman de los niveles 2 o 3 de la jerarquía mencionada.

La información generada en el nivel 1 puede ser más relevante para ciertos propósitos:

- ❖ Los inversionistas pueden conocer el valor de realización de los activos por separado, también pueden medir el costo de oportunidad de mantener un activo.
- ❖ Cuando los activos generan flujos de efectivo por separado del resto del negocio, el valor justo de mercado provee el mejor valor disponible.

Por su importancia y debate actual, esta medida se analiza con mayor profundidad en el Apéndice 1 de este libro.

El valor arrojado por esta medida parece tener poco uso para fines administrativos, ya que generalmente los activos tienen mayor valor cuando se venden juntos que por separado; también es considerado volátil, ya que depende del valor probable de desecho del activo.

Valor Justo	Resumen de argumentos
Confiabilidad y Objetividad	*Relevancia*
Fiable cuando está basado en mercados activos.	*A favor* Muestra valores de venta (brutos) y, por lo tanto, costos de oportunidad. Muestra valores previstos de los flujos de liquidez futuros, riesgo-ajustables para algunos activos.
Subjetivo y cuestionable cuando no hay valores de mercado confiables.	*En contra* Puede mostrar valores de activos en un nivel subóptimo de agregación.

4) Valor de realización: es la cantidad en la que un activo puede ser vendido en las condiciones actuales de operación. Está limitado a aquellos activos que serán vendidos durante la vida del negocio y que están en pleno funcionamiento.

Algunos lo consideran más útil que el valor justo de mercado, porque el valor de realización se ajusta de acuerdo con factores específicos y es particularmente relevante cuando el negocio intenta tener una vida limitada.

Valor de Realización	Resumen de argumentos
Confiabilidad y Objetividad	*Relevancia*
Fiable cuando está basado en mercados activos o realizaciones actuales.	*A favor* Muestra valores de venta (netos) y, por lo tanto, costos de oportunidad. Muestra valores previstos de los flujos de liquidez futuros, riesgo-ajustables para algunos activos.
Subjetivo y cuestionable cuando no hay valores de mercado confiables o realizaciones reales.	*En contra* Puede mostrar valores de activos en un nivel subóptimo de agregación.

5) Valor en uso: es el valor descontado de los flujos futuros de efectivo atribuibles a un activo o pasivo. Es más aplicable a la valuación de negocios o unidades de negocio, más que a activos o pasivos por separado.

Implica el reconocimiento de flujos conforme surgen y no cuando se devengan. Este valor puede ser objetivo, siempre y cuando los flujos de efectivo pronosticados se realicen. Además, es relevante para aquellos interesados en el valor presente de los flujos de la entidad, como son los inversionistas, acreedores y empleados.

Este valor coincide con el concepto de utilidad aplicado por los economistas, en donde la utilidad es limitada, a menos que se revelen los supuestos considerados en las proyecciones.

Algunos críticos señalan que el valor del negocio es mejor reflejado por el valor de mercado más que por lo que los administradores reportan en sus estados financieros.

Valor en Uso	Resumen de argumentos
Confiabilidad y Objetividad	*Relevancia*
Subjetivo y cuestionable porque está basado en predicciones.	*A favor* Muestra el valor presente de los flujos de efectivo futuros previstos. *En contra* Mide cambios en expectativas más que en el desempeño actual.

La discusión de utilizar más de una medida en la preparación de la información financiera es como mezclar peras con manzanas; puede contraponerse a la posición de que utilizar una sola base es como mezclar buenas y malas manzanas, es decir, que si se escoge una sola medida no se logra reflejar la situación financiera de ciertos rubros de la información de la empresa.

Muchos usuarios parecen satisfechos cuando utilizan información preparada con bases mixtas y la encuentran de utilidad, ya que existen intercambios entre la relevancia y la confiabilidad para lograr la mejor información financiera.

Dado que no existe una sola medida correcta, es razonable que cada industria y entidad, de acuerdo con su estructura accionaria, decida sobre la mejor medida a utilizar para sus condiciones específicas.

Existe un documento de discusión emitido por el IASB, denominado Bases de Medición en la Contabilidad Financiera, que establece seguir la siguiente jerarquía:

1) Se debe utilizar el valor justo de mercado cuando se pueda realizar una medición confiable.
2) Cuando no se pueda utilizar el valor justo de mercado, se deberá utilizar el costo de operación, siempre y cuando éste pueda medirse de manera confiable.
3) Si no se puede utilizar el costo de operación, se deberá utilizar el costo histórico.

Una vez establecido el marco actual del debate acerca de las diferentes medidas utilizadas en la preparación de la información financiera, así como sus ventajas y desventajas, se desarrollarán a lo largo de este libro los siguientes temas:

1) Evolución de las medidas de medición utilizadas en las Normas de Información Financiera.

2) Descripción de las técnicas financieras tradicionales de valuación, utilizadas en algunos rubros de los estados financieros.

3) Descripción de las técnicas contemporáneas de valuación de instrumentos financieros derivados.

4) Valuación con opciones reales incorporando incertidumbre.

5) Caso práctico y propuesta de un reporte integral de medición.

6) Perspectivas futuras y conclusiones.

El objetivo fundamental es evidenciar la problemática que existe en torno de la utilidad de la información financiera y en qué aspectos radican las discusiones más importantes al respecto, para evaluarlas y de ahí proponer posibles caminos futuros de acción.

Para ello se inicia con una descripción de la evolución histórica de las Normas de Información Financiera mexicanas (NIF) y su proceso actual de convergencia hacia las Normas Internacionales de Información Financiera (NIIF).

Posteriormente se describen las técnicas tradicionales de finanzas utilizadas en algunos boletines, para después describir las técnicas más modernas utilizadas en la valuación de algunos instrumentos financieros y cómo estas técnicas pueden utilizarse para la valuación de activos.

Una vez explicadas las técnicas financieras y su uso en la información financiera, se propone la valuación de tres empresas utilizando el valor de mercado, el valor presente tradicional con flujos de efectivo descontados y la valuación con la utilización de opciones reales. El objetivo fundamental es demostrar cómo estas técnicas incorporan incertidumbre no considerada en los estados financieros preparados con la utilización de las Normas de Información Financiera.

Por último, se propone la preparación de un reporte complementario a la información financiera tradicional, donde se muestren los valores obtenidos con la utilización de las diferentes técnicas financieras, ya que para tomar decisiones hoy en día se requiere de una visión integral en la que se muestre el valor más conservador reflejado en los libros de la empresa, pero también una serie de valores que la empresa puede alcanzar en el futuro si se cumplen sus expectativas, lo cual en el momento de presentación de la información financiera resulta incierto.

Los cambios en las tecnologías de información han hecho posible una rápida diseminación de grandes volúmenes de datos, que pueden ser accesados y analizados por diferentes usuarios simultáneamente, pudiendo satisfacer con ello las demandas de los usuarios de la información financiera y de negocios. Esta situación tiene importantes implicaciones para el diseño y posible contenido de los reportes empresariales en el futuro, por ello el libro termina con un resumen de los modelos propuestos a la fecha, denominados "Nuevos Modelos de Reporte para Negocios" y las perspectivas futuras alrededor de este tema.

CAPÍTULO I

Evolución de las medidas de medición utilizadas en las Normas de Información Financiera

1. Objetivo de la información contable y estados financieros básicos

El objetivo primordial de la contabilidad es producir información cuantitativa en términos monetarios para la toma de decisiones de diferentes usuarios.

De acuerdo con el tipo de usuarios de la información financiera, la información generada por la contabilidad se clasifica en financiera, administrativa y especial, como se muestra en la siguiente figura:

Figura 1. Clasificación de la información generada por la contabilidad

Usuarios Externos	Usuarios Internos	Usuarios Especiales
Contabilidad Financiera	Contabilidad Administrativa	Contabilidad Especial
Comprende el registro y la presentación de los eventos económicos que afectan a la entidad	Utiliza la información emitida por la contabilidad financiera y datos estimados para el manejo de las operaciones del día a día y la proyección de eventos futuros	Comprende el registro y la presentación de reportes para el cumplimiento de ciertas obligaciones
Reportes generados por la Contabilidad Financiera: Estados Financieros Básicos 1) Balance General 2) Estado de Resultados 3) Estados de flujo de efectivo 4) Estados de variaciones en el capital contable	**Reportes generados por la Contabilidad Administrativa:** 1) Presupuestos de Inversiones 2) Análisis y presupuestación de costos 3) Estado de costo de producción y ventas 4) Informe de unidades equivalentes de producción 5) Análisis costo-volumen-utilidad	**Reportes generados por la Contabilidad Especial:** 1) Declaraciones 2) Reportes para la CNBV
Se regulan bajo las disposiciones contenidas en las Normas de Información Financiera	A diferencia de la contabilidad financiera, la contabilidad administrativa no se encuentra regulada bajo las Normas de Información Financiera, los reportes se elaboran de acuerdo con las necesidades de la administración	Se regula bajo disposiciones contenidas en la Ley del Impuesto sobre la Renta y la normatividad de la CNBV

La contabilidad financiera produce información para los usuarios externos, como son accionistas, proveedores, bancos y agencias reguladoras. Por otro lado, la contabilidad administrativa produce información para los directivos de la entidad, de forma que apoyados en ella puedan cumplir los objetivos organizacionales.

Como se muestra en la figura 1, la contabilidad financiera se emite siguiendo las disposiciones contenidas en las Normas de Información Financiera (NIF), las cuales comprenden un marco conceptual, así como normas particulares que regulan la valuación y presentación de la información contenida en los estados financieros y que son aceptadas de manera generalizada en un lugar y fecha determinados.

De acuerdo con la NIF A-3, *Necesidades de los usuarios y objetivos de los estados financieros*, la información financiera es una fuente primordial, y muchas veces única, para el usuario de la misma.

Por la necesidad que existe, por parte de los usuarios, de conocer información acerca del comportamiento económico-financiero de la entidad, de la capacidad de la organización para mantener y optimizar recursos, así como de la capacidad para obtener y retribuir a sus fuentes de financiamiento, se preparan los estados financieros básicos.

También, de acuerdo con la NIF A-3, "los estados financieros son la manifestación fundamental de la información financiera, son la representación estructurada de la situación y desarrollo financiero de una entidad a una fecha determinada o por un periodo definido".

Su propósito general es proveer información de una entidad acerca de su posición financiera, del resultado de sus operaciones y los cambios en su capital o patrimonio contable y en sus entradas y salidas de efectivo; esta información debe ser útil al usuario general en el proceso de toma de decisiones económicas.

Los estados financieros básicos son:

1) **El balance general:** muestra la posición financiera de una entidad a una fecha determinada, es decir, los activos, los pasivos y el capital contable de una empresa en un momento determinado.

2) **El estado de resultados:** muestra los resultados de operación de la entidad, durante un periodo determinado.

3) **El flujo de efectivo:** muestra las entradas y salidas de efectivo provenientes de la operación, los cambios en la estructura financiera de la entidad y su reflejo final en el efectivo e inversiones temporales.

4) **El estado de variaciones en el capital contable:** muestra los cambios en el patrimonio neto de la entidad durante un periodo determinado.

Los elementos básicos de los estados financieros, de conformidad con la NIF A-5, *Elementos Básicos de los Estados Financieros,* son:

a) Activos: "es un recurso controlado por una entidad, identificado, cuantificado en términos monetarios, del que se esperan fundamente beneficios económicos futuros, derivados de operaciones ocurridas en el pasado que han afectado económicamente a la entidad".

b) Pasivos: "es una obligación presente de la entidad, virtualmente ineludible, identificada, cuantificada en términos monetarios y que representa una disminución futura de beneficios económicos, derivada de operaciones ocurridas en el pasado, que han afectado económicamente a dicha entidad".

c) Capital contable: "es el valor residual de los activos de la entidad, una vez deducidos sus pasivos".

d) Ingresos: "es el incremento de los activos o el decremento de los pasivos de una entidad, durante un periodo contable, con un impacto favorable en la utilidad o pérdida neta".

e) Costos y gastos: "son decrementos de los activos o incrementos de los pasivos de una entidad durante un periodo contable, con la intención de generar ingresos y con un impacto desfavorable en la utilidad o pérdida neta".

La relación entre el balance general y el estado de resultados es el resultado del ejercicio; este renglón muestra la utilidad o pérdida neta generada durante un periodo determinado, el cual impacta directamente al patrimonio neto de la entidad, es decir, al capital contable que, como se mencionó, es un rubro del balance general.

2. Características de los Estados Financieros

Conforme a lo establecido en la NIF A-1, *Estructura de las Normas de Información Financiera*, la información contenida en los estados financieros debe ser útil para la toma de decisiones de los diferentes usuarios de la misma.

La característica de utilidad se refiere al hecho de adecuarse a los diferentes propósitos de los usuarios, mientras que la confiabilidad es la cualidad por la que el usuario la utiliza y la acepta para tomar decisiones. Por lo tanto, la utilidad de la información depende del contenido informativo, el cual se encuentra basado en la capacidad de representar fielmente a la entidad, sus operaciones, su evolución y su estado en diferentes puntos en el tiempo.

Esta propiedad constituye el punto de partida de las características cualitativas restantes de la información financiera, las cuales, de acuerdo con la NIF A-4, *Características cualitativas de los Estados Financieros*, se dividen en primarias y secundarias, como se muestra en el cuadro 1:

| Cuadro 1. | Características Cualitativas de la Información Financiera |

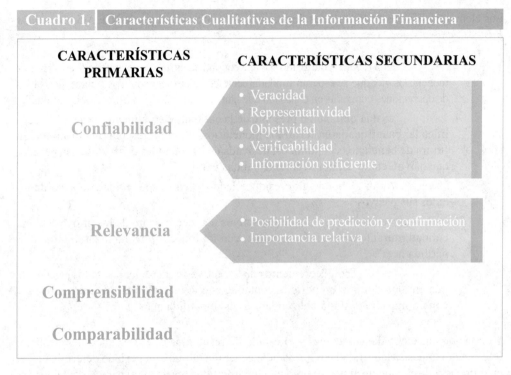

CARACTERÍSTICAS PRIMARIAS

CARACTERÍSTICAS SECUNDARIAS

Confiabilidad
- Veracidad
- Representatividad
- Objetividad
- Verificabilidad
- Información suficiente

Relevancia
- Posibilidad de predicción y confirmación
- Importancia relativa

Comprensibilidad

Comparabilidad

Los estados financieros son confiables cuando la información contenida en los mismos es congruente con las transacciones, transformaciones internas y eventos sucedidos. Por otro lado, la veracidad acredita la confianza y credibilidad de la información financiera.

Se dice que la información es representativa cuando existe una concordancia entre su contenido y las transacciones, transformaciones internas y eventos sucedidos a la entidad.

El que sea objetiva implica que debe ser imparcial; mientras que el que sea verificable, significa que la información financiera debe poder comprobarse y validarse. Se dice que es suficiente cuando incluye todas las operaciones que afectaron económicamente a la entidad.

Se considera que la información financiera es relevante cuando influye en la toma de decisiones, tanto para la evaluación de hechos ocurridos, así como para la predicción y confirmación o modificación de las expectativas de los diferentes usuarios.

Asimismo, la característica de importancia relativa implica que los estados financieros deben mostrar todos los aspectos significativos de la entidad.

El que sea comprensible significa que debe ser de fácil entendimiento. Por su parte, la característica de comparabilidad permite a los diferentes usuarios identificar y analizar las diferencias y similitudes con otras empresas o bien con la misma entidad, pero a lo largo del tiempo.

3. Evolución de la Contabilidad

Como resultado de la evolución que han tenido las operaciones (grandes avances tecnológicos, emisión de nuevos instrumentos financieros, cambios constantes en la economía, etc.) la contabilidad ha tenido que progresar a la par.

Durante el siglo XIX, en la Gran Bretaña, las prácticas contables de las empresas se dividían en dos grandes ramas: el registro de las compañías semipúblicas (compañías de trenes) y el del resto de las empresas (empresas manufactureras, comerciales, etc.).

La contabilidad de las empresas semipúblicas era profundamente influida por las disposiciones legales, lo cual originaba que se contara con registros contables en función de las entradas y salidas de efectivo, considerando el valor de los activos poseídos por estas empresas constante a través del tiempo. Sin embargo, se reconocía que este método presentaba grandes deficiencias: en primer lugar, el registro de la depreciación de los activos se hacía hasta que éstos eran reemplazados; en segundo lugar, el reparto de dividendos se realizaba sin considerar las utilidades generadas por la entidad (lo cual ocasionaba graves problemas de liquidez); finalmente, la contabilidad podía ser fácilmente manipulada bajo este sistema de registro. Por otro lado, el resto de las empresas definían la utilidad como el cambio en el valor de los activos netos durante dos periodos consecutivos.

Los cambios han sido radicales durante los últimos 40 años, subrayando el hecho de que debe prevalecer la sustancia económica en el reconocimiento contable sobre la forma legal, es decir, se debe analizar y reflejar adecuadamente el impacto económico de una operación sobre la situación financiera de una organización.

Siguiendo la tendencia internacional, en México las reglas de valuación han sufrido modificaciones importantes, por ello a continuación se resumen estos cambios contenidos en las Normas de Información Financiera, antes Principios de Contabilidad Generalmente Aceptados:

Durante la década de los años sesenta, la regla era registrar las transacciones a su costo de adquisición, de construcción o, en su caso, a su valor equivalente, fundamentándose en el principio de costo, el cual decía que "todos aquellos bienes (activos) adquiridos deberían contabilizarse de acuerdo con la disminución del activo, el aumento del pasivo o el aumento en el capital que lo originaron". Picazo (1972).

A principios de la década de los setenta, la profesión contable reconoció que las fluctuaciones en los precios repercutían en las cifras presentadas en los estados financieros ocasionando que se presentaran en moneda de diferente poder adquisitivo, lo que resultaba no sólo en una falta de comparabilidad, sino también en resultados imprecisos.

Tratando de resolver este problema se emitió la llamada "Serie Azul", la cual comprendía ocho boletines emitidos con carácter provisional. Estos documentos reconocían que el mayor impacto de la distorsión, causado por el aumento sostenido y generalizado del nivel de precios de bienes y servicios, medido frente a un poder adquisitivo estable, se encontraba en los activos fijos tangibles, por lo que sugería su actualización a través de dos métodos:

1) Reexpresión del costo con base en el nivel general de precios.
2) Revaluación de los bienes.

En 1970 se publicó el Boletín C-4, *Inventarios*, el cual permitía modificar la valuación de los inventarios, ya sea al valor de mercado o al costo, el que resulte menor, siguiendo ciertas reglas.

En 1973 apareció el Boletín B-5, *Registro de Transacciones en Moneda Extranjera*, en el cual se establecía que al adquirir obligaciones y derechos en moneda extranjera, la transacción debía registrarse al tipo de cambio oficial vigente en ese momento. Al cierre del ejercicio o al momento de la liquidación, la transacción debía ser contabilizada al tipo de cambio oficial vigente en ese momento.

En 1974 se emitió el Boletín D-3, *Tratamiento Contable de Remuneraciones al Personal*, que incorporó en los estados financieros cifras provenientes de estimaciones actuariales. Esta valuación actuarial era utilizada para calcular el valor presente de los pagos futuros, de los beneficios adquiridos y del pasivo actuarial. Asimismo, además de utilizar el valor presente, aceptó la cuantificación de las contingencias relativas al pago de pensiones o jubilaciones con base en la experiencia y/o probabilidad estadística.

La disposición contenida en este boletín contrastaba fuertemente con la forma de valuación del resto de las partidas integrantes de los estados financieros, que se basaban en el principio de Valor Histórico Original: "las transacciones y eventos económicos que la contabilidad cuantifica, se registran según las cantidades de efectivo que se afecten o su equivalente o la estimación razonable que de ellos se haga al momento que se consideren realizados contablemente".

Hasta ese momento, los estados financieros presentaban cifras a costos históricos en la mayor parte de las partidas. Sólo el activo fijo neto se encontraba actualizado por inflación, el inventario a valor de mercado o costo el menor y el costo de obligaciones laborales provenía de cálculos actuariales. Sin embargo, las cifras aún no eran comparables, ya que las cantidades se encontraban expresadas en unidades monetarias de diferente poder adquisitivo.

En 1980 surgió el Boletín B-7, *Revelación de los Efectos de la Inflación en la Información Financiera*, donde se reconocía la necesidad de actualizar las siguientes partidas de los Estados Financieros:

❖ Inventario y costo de ventas.
❖ Inmuebles, maquinaria y equipo, así como su depreciación acumulada y la del ejercicio.

❖ Inversión de los accionistas (capital contable) incluyendo la determinación de:
- Reservas para mantenimiento de capital.
- Ganancias y pérdidas acumuladas por posición monetaria.
- Superávit por retención de activos no monetarios.

Los métodos que proponía dicho documento para la actualización de las cifras eran:

a) El de ajustes por cambios en el nivel general de precios, y

b) El de actualización por costos específicos.

Finalmente, en 1984 se emitió el Boletín B-10, *Reconocimiento de los efectos de la inflación en la información financiera*, el cual sustituyó al B-5 y al B-7 reconociendo los efectos de la inflación en las cifras. Tuvieron que pasar seis años para que se emitiera el tercer documento de adecuaciones al Boletín B-10, en el cual se hace obligatoria la actualización de todas las partidas no monetarias en todos los estados financieros.

Siguiendo con esta tendencia, en 1991 surgió el Boletín D-5, *Arrendamientos*, donde se vuelve a incluir la técnica de valor presente neto en el cálculo de los pagos mínimos dentro del llamado *Arrendamiento Capitalizable*.

Durante la década de los noventa, y como consecuencia en gran parte de la globalización y el desarrollo de las tecnologías de información, la complejidad de las operaciones creció exponencialmente, haciendo imprescindible la incorporación en la contabilidad de técnicas de medición de valor que van más allá del valor presente neto.

Así, en 2001 se emitió el Boletín C-2, *Instrumentos Financieros*, como respuesta a la necesidad de regular contablemente los instrumentos financieros (futuros, opciones, *swaps, forwards*, deuda convertible en acciones, etc.), cuyo uso se hizo cada vez más común debido a la gran incertidumbre económica, a la globalización de las operaciones y al aumento de la competencia, entre otras cosas. De acuerdo con este documento, estos instrumentos deben ser registrados en la contabilidad a su llamado "Valor Razonable", el cual puede determinarse "aplicando modelos técnicos de valuación reconocidos en el ámbito financiero respaldados por información suficiente, confiable y comprobable".

En este boletín se abre la posibilidad de aplicar técnicas de valuación financiera más complejas, como son los métodos de valuación de opciones (binomial y *Black & Scholes*) o como los modelos para valuar instrumentos de deuda que incorporan la incertidumbre.

A mediados del 2003 surgió el nuevo Boletín C-9, *Pasivos, Provisiones, Activos y Pasivos Contingentes y Compromisos*, donde se recomienda, para el caso de las provisiones, realizar la mejor estimación considerando la variabilidad de los posibles desenlaces (riesgos), así como la incertidumbre sobre su cuantía o vencimiento; para lo cual se permite aplicar herramientas probabilísticas y, nuevamente, el concepto de valor presente neto.

En 2004 se emitieron dos nuevos boletines: el C-15, *Deterioro en el Valor de los Activos de larga Duración y su Disposición*, y el C-12, *Instrumentos Financieros con Características de Pasivo, Capital o de Ambos*. En estos documentos se incluyeron herramientas financieras en la valuación.

El objetivo del Boletín C-15 es "proporcionar criterios que permitan la identificación de situaciones que presentan evidencias respecto a un posible deterioro en el valor de los activos de larga duración, tangibles e intangibles". Se debe comparar el valor de recuperación y su valor de uso contra el valor en libros de los activos de larga duración en uso (definidos en el párrafo 19 de dicho boletín). Este documento explica, en ese mismo párrafo, el cálculo del valor de uso: "es el valor presente de los flujos de efectivo futuros o de los flujos esperados, utilizando una tasa apropiada de descuento".

Es importante resaltar que en este documento no sólo se exige la aplicación de las técnicas de flujos de efectivo descontados, sino que también sugiere la elaboración de distintos escenarios al calcular el valor presente, así como la aplicación de probabilidades para el cálculo del valor esperado de los flujos de efectivo descontados. Por su parte, el Boletín C-12 determina que el monto atribuible al componente del pasivo se calculará a través del descuento de los flujos de efectivo que deberán ser entregados en el futuro.

Adicionalmente, si se considera la gran apertura comercial que vive México y el auge de las operaciones con empresas internacionales, a partir del primero de junio de 2004, el Consejo Mexicano para la Investigación y Desarrollo de Normas de Información Financiera (CINIF), asume la emisión de la normatividad contable en México. El objetivo primordial del CINIF es la emisión NIF congruentes con la tendencia mundial.

Debido a la enorme complejidad de las transacciones que se realizan en la actualidad y considerando la necesidad de homologación, el CINIF emitió la NIF A-6, *Reconocimiento y Valuación*. El objetivo de esta norma es establecer los criterios generales que deben ser aplicados en el reconocimiento inicial y posterior de las transacciones internas y otros efectos que han transformado económicamente la entidad. De acuerdo con la NIF mencionada, existen dos clases de valores para el reconocimiento de las operaciones de una entidad:

❖ Valores de entrada: son lo que sirven de base para la incorporación o posible incorporación de partidas específicas en los estados financieros.

❖ Valores de salida: son los que sirven de base para considerar realizada una partida en los estados financieros.

A continuación se muestran los valores de entrada y salida, así como una breve descripción de los mismos:

Cuadro 2.	Valores de Entrada y Salida

Valores de Entrada

1. Costo de Adquisición, es el importe pagado por un activo u otro servicio, ya sea en efectivo o equivalentes al momento de la adquisición.
2. Costo de Reposición, es el importe que sería incurrido para adquirir un activo idéntico al que se encuentra en uso actualmente.
3. Costo de Reemplazo, es el importe de menor cuantía que sería incurrido para restituir el servicio potencial de un activo en el curso normal de la operación.
4. Recurso Histórico, es el importe recibido en efectivo o equivalente al incurrir en un pasivo.

Valores de Salida

1. Valor de Realización (valor neto de realización), es el importe que se recibe por la venta o intercambio de un activo, en efectivo, su equivalente o en especie.
2. Valor de liquidación (valor neto de liquidación), es el monto de las erogaciones necesarias para liquidar un pasivo.
3. Valor presente, es el valor actual de flujos netos de efectivo futuro descontados a una tasa apropiada de descuento.

Cualquier valor de entrada o salida puede ser reconocido bajo un enfoque nominal o reexpresado. La cifra nominal está representada por el costo de adquisición; cuando es ajustada por un factor específico reconociendo los efectos inflacionarios, se le denomina cifra reexpresada.

Por otra parte, el valor presente, de acuerdo con lo señalado en la NIF A-6, se utiliza para determinar:

a) *El valor de entidad o unidad a informar:* es decir, el monto de los flujos esperados que una empresa obtendrá como resultado de la operación de sus activos netos o, bien, de alguna unidad de negocios.

b) *El costo incremental:* es el valor a pesos de hoy de las erogaciones que una entidad podría incurrir al adquirir un activo o liquidar un pasivo.

c) *La liquidación efectiva:* es la cantidad que se deberá invertir a pesos de hoy considerando el valor del dinero en el tiempo de forma que, con esa cantidad, se pueda liquidar un pasivo en el futuro.

d) *El valor específico de un activo o un pasivo de la entidad:* es el valor presente del importe de los flujos que una empresa espera obtener por la operación continua de un determinado activo, así como por su disposición al término de su vida útil. A este valor también se le conoce como valor en uso.

Es importante resaltar que ni los valores de entrada ni los de salida deben exceder de su valor razonable, es decir, *"el monto de efectivo o equivalentes que participantes en el mercado estarían dispuestos a intercambiar para la compra o venta de un activo, o para asumir o liquidar un pasivo, en una operación entre partes interesadas, dispuestas e informadas en un mercado de libre competencia"* (Párrafo 38, NIF A-6).

Este valor razonable debe obtenerse, de preferencia, por las cotizaciones observables en el mercado. En caso de que el activo o el pasivo no tengan un valor de mercado, éste se puede determinar a través del valor de mercado de activos o pasivos similares. Si no existe ningún activo o pasivo similar, entonces se pueden aplicar modelos de valuación reconocidos, como es el valor presente, modelos de valuación de opciones y modelos de valuación con incertidumbre, los cuales se explicarán con mayor detalle en los capítulos II, III y IV.

Adicionalmente, en el Apéndice 2 se muestra un cuadro comparativo de las principales reglas de valuación establecidas por las Normas de Información Financiera para los diferentes rubros de los estados financieros.

Con el objeto de dar una mejor explicación, a continuación se ilustran, con un caso práctico, algunos de los valores ya explicados:

La Compañía X, S.A. compró el 30 de enero de 2007 una copiadora láser, a un precio de $15,199.

■ De acuerdo con lo dispuesto en la NIF A-6, este importe es el valor de entrada de este activo; en particular, sería el *costo de adquisición* o *costo histórico*.

Esta compañía presenta reportes financieros semestrales y, para cumplir con lo establecido en el Boletín B-10, se debe reconocer el efecto inflacionario sobre sus estados financieros.

Cabe aclarar que hasta el 31 de diciembre de 2007 estuvo vigente el Boletín B-10 emitido por el IMCP; sin embargo, a partir del primero de enero de 2008 entró en vigor la NIF B-10, *Efectos de la inflación*, donde se establece que las entidades deberán reconocer los efectos de la inflación, siempre y cuando se acumule durante los tres ejercicios anteriores una proporción igual o mayor al 26%, o equivalentemente al 8% anual.

De acuerdo con dicha NIF, a partir del inicio en el que se confirma el cambio de entorno, la entidad deberá dejar de reconocer en sus estados financieros los efectos de la inflación del periodo. Sin embargo, debe mantener en dichos estados los efectos de la reexpresión reconocidos hasta el periodo inmediato anterior, siempre que correspondan a activos, pasivos o componentes del capital contable o patrimonio contable que no se hayan dado de baja. Por lo que, al 30 de junio de 2007, todavía se encontraba vigente el Boletín B-10 emitido por el IMCP y, en consecuencia, la empresa debe ajustar el costo histórico de la copiadora, siguiendo lo dispuesto en dicho Boletín, por lo cual al valor histórico se le aplicó el factor de inflación, de acuerdo con el Índice Nacional de Precios al Consumidor (INPC) correspondiente al periodo del 30 de enero al 30 de junio de 2007:

Índice Nacional de Precios al Consumidor, enero 2007
(al cierre de enero de 2002): 121.640

Índice Nacional de Precios al Consumidor, junio 2007
(al cierre de junio de 2002): 121.721

$$\text{Factor de inflación: } \frac{\text{Índice Nacional de Precios al Consumidor, junio 2007}}{\text{Índice Nacional de Precios al Consumidor, enero 2007}} = 1.0006659$$

La *cifra reexpresada* en miles de pesos sería la siguiente:

$$15{,}199 \times 1.0006659 = \textbf{\$15{,}209.12}$$

De acuerdo con las políticas de depreciación de la empresa:

- La Compañía utiliza el sistema de Saldos Iniciales Anuales (SIA), es decir, va a empezar a depreciar esta copiadora hasta el mes de enero de 2008.
- El sistema de depreciación es línea recta.
- La vida útil de esta copiadora es de 10 años.

En consecuencia, el valor neto en libros reexpresado de la copiadora al 30 de junio de 2007, sería de **$15,209.12.**

Considerando las disposiciones contenidas en el Boletín C-15, la empresa debe comparar el valor neto en libros de sus activos de larga duración con el valor de recuperación (el valor mayor entre el precio neto de venta o el valor en uso), para evaluar si existe deterioro sobre estos activos.

Suponiendo que la copiadora es lo único que compone los activos de larga duración de la Compañía X, y de acuerdo con las estimaciones efectuadas por la administración, el **valor en uso** --valor presente de los flujos de efectivo[1] esperados provenientes de la utilización continua de la copiadora-- sería de **$15,000.**

---

1 En el capítulo II se explica a detalle la técnica de descuento de flujos de efectivo.

Con lo cual la empresa reconocería en los resultados del periodo una pérdida por deterioro de **$209.12** y el valor neto en libros de la copiadora presentado en el balance general al 30 de junio de 2007 sería de **$15,000.**

Adicional a la problemática de seleccionar entre los distintos valores de entrada y salida para reconocer el efecto de las distintas transacciones, también existen diferencias importantes entre las disposiciones financieras y fiscales a la que están sujetas las empresas para cumplir con sus obligaciones del pago de impuestos, lo anterior genera el reconocimiento de impuestos anticipados y/o diferidos y la incertidumbre producida ante los cambios fiscales o nuevas disposiciones que afecten el registro realizado.

4. Impacto de las disposiciones fiscales en la información financiera

Las empresas llevan a cabo un sinfín de operaciones, las cuales tienen un efecto fiscal y un tratamiento financieramente distinto. Por ello, es necesario reconocer las diferencias entre las NIF y las disposiciones fiscales, por lo que resulta necesario su contabilización al existir modificaciones a las leyes o surgen nuevas disposiciones tributarias, como ahora es el caso del Impuesto Empresarial a Tasa Única (IETU). También resulta indispensable ajustar los efectos que derivan de los cambios en la información financiera, sobre todo porque con base en ella se toman decisiones, las cuales deben estar basadas en la seguridad de que dicha información refleja los cambios o interpretaciones que resultan de la materia tributaria.

En efecto, ante un mundo cambiante y competitivo, es necesario incorporar la incertidumbre de las operaciones que realizan las empresas, tomando en cuenta los cambios constantes para el adecuado y el oportuno cumplimiento de las obligaciones fiscales.

Para una mejor administración, las empresas tienen la posibilidad de alterar su estrategia de negocios con la finalidad de eliminar o reducir posibles pérdidas o de capitalizar oportunidades. Por ello, es relevante conocer las disposiciones fiscales que podrían generar discrepancias importantes por los efectos que generan en la información financiera.

4.1 Disposiciones fiscales

La evasión fiscal, así como la existencia de amplios sectores de la actividad económica en condiciones de informalidad, inciden de manera decisiva en el nivel de la recaudación tributaria, en consecuencia, se genera un complejo sistema tributario, es decir, por un lado las autoridades buscan cerrar espacios para combatir la evasión del tributo estableciendo más reglas y controles para los contribuyentes cautivos y, por otra parte, la misma complejidad del marco tributario estimula el avance de la informalidad e incentiva a nuevas prácticas de evasión, sobre todo las excepciones y los tratamientos preferenciales que contienen los esquemas de tributación.

Las disposiciones fiscales contienen una serie de regímenes específicos de tributación que, a su vez, otorgan diversas reglas para el cumplimiento de las obligaciones fiscales, las cuales generan impuestos diferidos o, en su caso, anticipados ya contabilizados en diferentes ejercicios y en algunos casos también determinados a diferentes tasas de causación, tales como:

1) Opciones de acumulación de ciertos ingresos conforme al flujo de efectivo, en lugar de acumularse en crédito.
2) Deducción de algunos gastos en base al pago efectivo.
3) Estímulos fiscales que reducen: a) la base gravable, b) el impuesto a pagar.
4) Condonación de créditos fiscales.
5) Amnistías fiscales.
6) Nuevos impuestos directos o indirectos.
7) Derogación o abrogación de impuestos.
8) Consolidación Fiscal.

4.2 Cambios constantes

Las disposiciones fiscales --al no ser permanentes por cambios anuales constantes, así como por las reglas de carácter general que emite la autoridad muchas veces durante el año-- generan una incertidumbre jurídica, ya que la información que hoy se presenta, mañana puede cambiar generando un efecto en el diferimiento o anticipación de una obligación tributaria y, por lo tanto, incide en la información financiera, lo cual provoca ajustes del ejercicio o de ejercicios anteriores cambiando los números de los estados financieros que fueron presentados en fechas anteriores y, obviamente, el efecto que pueda tener en la toma de decisiones. Por ello, resulta indispensable tener un conocimiento profundo de las disposiciones fiscales, para reconocer adecuadamente sus efectos en la preparación de la información financiera que puede afectar a la ya presentada en fecha anterior.

Legalmente, la Cámara de Diputados tiene la posibilidad de aprobar modificaciones año con año, lo cual ha sucedido 28 veces en los últimos treinta años.

Es la primera ocasión que existe una disposición transitoria en la propia Ley, que establece que la Secretaría de Hacienda y Crédito Público (SHCP) deberá realizar un estudio que muestre un diagnóstico integral sobre la conveniencia de derogar los títulos II y IV, capítulos II y III de la Ley del ISR, a efecto de que el tratamiento impositivo aplicable a los sujetos previstos en dichos títulos y capítulos quede regulado únicamente en la Ley del IETU. Dicho estudio se deberá entregar a la Comisión de Hacienda y Crédito Público de la Cámara de Diputados a más tardar el 30 de junio de 2011, por ello, estos cambios fiscales provocan incertidumbre de que la información presentada el día de hoy y utilizada en la preparación de los estados financieros pueda ser afectada con una modificación que ya sabemos va a suceder pero no conocemos.

4.3 Impuestos diferidos

En términos generales, el registro del ISR se integra por dos conceptos:

    a) ISR a cargo (a favor) del propio ejercicio.

    b) ISR diferido a cargo (a favor).

La suma de ambos conceptos normalmente representa el ISR que debe registrarse en los resultados de los estados financieros de una compañía.

    ■ El ISR a cargo (a favor) circulante del propio ejercicio, representa el monto del impuesto que deberá mostrarse en la declaración anual de ISR del contribuyente.

    ■ El ISR diferido a cargo (a favor), representa el ISR adicional o sujeto a devolución que se espera obtener en un futuro.

Las partidas sobre las cuales se determinan el ISR diferido generalmente son las partidas temporales, aunque su tratamiento contable y fiscal es el mismo, su reconocimiento (ingreso o gasto) se genera en un ejercicio diferente.

Algunos ejemplos de partidas temporales son las siguientes:

    1) Provisiones de gastos contables.

    2) Nóminas a personas físicas, asociaciones y sociedades civiles, etc. (no pagadas).

    3) Depreciación y amortización de activos, incluyendo depreciación acelerada.

    4) Anticipo de clientes.

    5) Pagos anticipados.

Las partidas temporales que representan un pasivo son las siguientes:

    1) Ingresos contables reconocidos con anterioridad a los ingresos fiscales (Por ejemplo: Ingreso devengado de Sociedad Civil).

    2) Gastos fiscales reconocidos con anterioridad a los ingresos contables (Por ejemplo: Deducción inmediata de activos fijos).

El efecto fiscal de las partidas que representarán un aumento en la utilidad fiscal en años futuros, consecuentemente existe un ISR "adicional" en el futuro. En general, la partida temporal se multiplica por la tasa efectiva que se espera aplicar en el ejercicio en que esa utilidad fiscal se refleje en la declaración anual, para determinar el monto del pasivo ("pasivo diferido de ISR") a registrar en el balance.

Por otra parte, las partidas temporales que pudieran representar un activo son:

1) Ingresos fiscales reconocidos con anterioridad a los contables (Por ejemplo: Anticipos de clientes).

2) Gastos contables reconocidos con anterioridad a los fiscales (Por ejemplo: Provisiones contables de gastos).

3) Pérdidas de ISR pendientes de amortizar.

4) Impuesto al activo (IMPAC) pagado en ejercicios anteriores, pendiente de recuperar contra el ISR.

El efecto fiscal de las partidas que representarán una "disminución" en la utilidad fiscal en años futuros, provocará una posible devolución o compensación de ISR en el futuro. En general, la partida se multiplica por la tasa efectiva que se espera aplicar en el ejercicio en que esa deducción se refleje en la declaración anual para determinar el monto del activo ("activo diferido de ISR") a registrar en el balance.

Sin embargo, es necesario realizar un análisis detallado de las posibilidades de recuperar dicho beneficio y, en su caso, crear una reserva contable (*valuation allowance*) contra ese activo, cuando toda la evidencia indica que existe una probabilidad de más de 50% que alguna parte o el total de dicho beneficio/activo no se realizará.

Uno de los efectos recientes en este tema fue precisamente la emisión de la INIF 8, correspondiente a los efectos del IETU, que es una interpretación a las NIF, la cual tiene por objeto dar respuestas a los siguientes cuestionamientos:

1) *¿Es el IETU un impuesto a la utilidad?*

2) *¿Cómo deben reconocerse los efectos del IETU en los estados financieros de una entidad?*

3) *¿Cómo revelar la conciliación de la tasa efectiva de impuesto con la tasa de impuesto causado?*

4) *¿Las entidades deben reconocer algún efecto del IETU en los estados financieros cuya fecha esté entre el 1º de octubre y el 31 de diciembre del año 2007?*

5) *¿Qué tratamiento contable debe darse al Impuesto al Activo por recuperar generado hasta el año 2007?*

Esta es una evidente muestra de un cambio fiscal que provoca un cambio contable.

Por lo tanto, puede observarse que no puede separarse a la contabilidad financiera de la fiscal, en virtud de que éstas van de la mano y tienen como objetivo común ofrecer información veraz y oportuna para una adecuada toma de decisiones.

De acuerdo con la tendencia descrita, la información contable debe incorporar cada vez más en los reportes financieros que produce, no solamente el efecto de las transacciones realizadas, sino sobre todo de las transformaciones internas y eventos económicos externos que la afectan tomando en cuenta la naturaleza económica más que la jurídica. Derivado de lo anterior, es cada vez más común el uso de técnicas de valuación financieras dentro de la normatividad contable, situación que ha provocado que la información contable sea una mezcla entre valores históricos, valores reexpresados, valores de realización (en el caso de los inventarios), valores descontados y valores que incorporan la incertidumbre.[2]

Dada la importancia del uso de las técnicas financieras en la información contable, el libro inicia con la descripción de la valuación de flujos descontados en el capítulo II, posteriormente el capítulo III explica el modelo de opciones financieras, las cuales son el preámbulo de las opciones reales; el capítulo IV explica dicho modelo mostrando una aplicación práctica en el capítulo V.

---

2 En el Apéndice 2 se muestra un cuadro comparativo con las técnicas de valuación utilizadas para cada rubro que compone los Estados Financieros.

CAPÍTULO II

Técnicas de Valuación Tradicionales

1. Introducción

Como se mostró en el capítulo anterior, en muchos de los rubros de la información financiera se considera el valor del dinero en el tiempo, lo cual implica que la oportunidad del dinero se ve afectada por las tasas de interés o los premios establecidos en la economía.

De hecho, de acuerdo con la NIF A-5, párrafo 4, "el valor de los activos está determinado por los beneficios económicos futuros fundadamente esperados", de manera similar, el valor de los pasivos se determina en función de "la disminución futura de beneficios económicos" (NIF A-5, párrafo 19). Por lo cual, para determinar el valor de los diferentes rubros que componen la información financiera, es necesario cuantificar algunos conceptos como los flujos de efectivo, la tasa de rendimiento o el tiempo para recibir/pagar los flujos de efectivo.

Como se comentó en el capítulo I, algunos de los rubros y conceptos de los estados financieros que requieren de la aplicación de técnicas de valuación reconocidas en el ámbito financiero son, entre otros, los mostrados en la siguiente tabla:

Tabla 1.	Rubros y conceptos de los estados financieros que requieren de la aplicación de técnicas de valuación reconocidas en el ámbito financiero

Rubro/concepto de los estados financieros	Boletín[1] que regula el rubro/concepto	Técnica de valuación
Los instrumentos financieros en general[2], deben valuarse a su valor razonable cuando no exista un valor de mercado o cuando éste no sea apropiado[3].	Boletín C-2, "Instrumentos Financieros".	Valor presente, anualidades, perpetuidades y modelos de valuación con incertidumbre.
Las obligaciones en general.	Boletín C-9, "Pasivos, Provisiones, Activos y Pasivos Contingentes y Compromisos"	Valor presente, tasa interna de rendimiento, anualidades, perpetuidades y modelos de valuación con incertidumbre.
Los instrumentos financieros combinados de deuda y capital.	Boletín C-12, "Instrumentos Financieros con características de pasivo, de capital o de ambos".	Valor presente, tasa interna de rendimiento, anualidades, perpetuidades y modelos de valuación con incertidumbre.
Las obligaciones laborales.	Boletín D-3, "Obligaciones laborales".	Valor presente, tasa interna de rendimiento, anualidades y perpetuidades.
Los activos arrendados capitalizables.	Boletín D-5, "Arrendamientos"	Valor presente, tasa interna de rendimiento, anualidades y perpetuidades.
El deterioro de los activos de larga duración e intangibles con vida indefinida.	Boletín C-15, "Deterioro de los activos de larga duración y su disposición".	Valor presente, perpetuidades, modelos de valuación con incertidumbre.

1 Cabe recordar que, de acuerdo con lo dispuesto por el Consejo Mexicano para la Investigación y Desarrollo de Normas de Información Financiera, A.C. (CINIF), "cuando se haga referencia a las Normas de Información Financieras (NIF) deberá entenderse que éstas comprenden tanto a las normas emitidas por el CINIF, como a los boletines emitidos por la Comisión de Principios de Contabilidad (CPC) que le fueron transferidas al CINIF el 31 de mayo de 2004. Sin embargo, cuando se haga referencia específica algunos de los documentos que integran las NIF, éstos se llamaran por su nombre original, esto es, Norma de Información Financiera o Boletín, según sea el caso".

2 De acuerdo con el Boletín C-2, párrafo 8, un instrumento financiero se define como "cualquier contrato que dé origen tanto a un activo financiero de una entidad como a un pasivo financiero o instrumento de capital de otra entidad."

3 Conforme con el Boletín C-2, se puede estimar el valor razonable con modelos técnicos de valuación reconocidos en el ámbito financiero respaldados por información *suficiente, confiable y comprobable*.

Por lo tanto, considerando la importancia de estas técnicas de valuación para la obtención del llamado valor razonable, este capítulo tiene como objetivo explicar el cálculo del valor presente, la tasa interna de rendimiento, las anualidades, las perpetuidades, los modelos de valuación bajo incertidumbre, la valuación de bonos (tradicional y bajo incertidumbre) y la valuación de acciones.

2. Técnica de Valor Presente

En cualquier economía, los individuos, las empresas y los gobiernos tienen presente la oportunidad del tiempo, el valor del dinero es un concepto importante, ya que las preferencias de consumo intertemporal de los individuos dan como resultado una compensación a aquellos que sacrifiquen su consumo actual por el futuro.

Asimismo, el valor del dinero no está dado únicamente por el monto del mismo, sino también por el momento en el que se recibe o se gasta, de tal manera que la programación en el tiempo de los flujos de efectivo que se espera recibir o desembolsar determinará la decisión de los individuos de consumir o invertir en el presente.

Por lo tanto, los individuos solamente invertirán si la compensación es suficiente para evitar el consumo presente. Tal compensación está dada por el rendimiento o interés recibido por la inversión, de manera que serán las tasas de interés prevalecientes en la economía las que motiven a los individuos a alterar sus patrones intertemporales de consumo.

Lo anterior implica que un peso disponible hoy siempre valdrá más que un peso que se reciba mañana, porque de tenerlo ahora se puede invertir ganando un interés y, aún más, un peso seguro vale más que uno con riesgo, por lo que se puede pensar en flujos esperados y tasas de rentabilidad, puesto que no todas las inversiones tienen el mismo riesgo.

Por ejemplo, a diferencia de las cuentas de ahorro, algunas inversiones, como las acciones, no ofrecen rendimientos seguros ni garantizados, es decir, los resultados no son predecibles, lo cual implica que son más riesgosas, en consecuencia debe "incentivarse" y "compensarse" de alguna forma a las personas que invierten su dinero en este tipo de instrumentos ofreciéndoles rendimientos mayores. De ahí surge un principio básico en finanzas: a mayor riesgo, mayor rendimiento.

El mencionado intercambio entre pesos de hoy y pesos futuros se realiza en el mercado de capitales,[4] donde los niveles de equilibrio entre consumo actual y futuro dependerán de las preferencias de sus participantes. Esto se ejemplifica de la siguiente manera:

Supóngase que una persona cuenta con $20,000 disponibles para consumir y que dentro de un año espera recibir un ingreso de $25,000. Además suponga que la información de mercado establece una tasa de interés (a la que puede tener acceso esta persona) de 7% anual.

---

4 En un mercado de capitales se compran y venden acciones del capital de una empresa así como deuda de largo plazo.

Tabla 2.	Flujo del Individuo
Dinero actual	$ 20,000
Dinero adicional a recibir dentro de 1 año	$ 25,000
Tasa de interés	7%

Si esta persona en lugar de gastar hoy sus $20,000 decide depositarlos en el banco, dentro de un año tendrá: el dinero actual + el premio por su ahorro (intereses) + el ingreso del próximo año, es decir:

$$\$ 20,000 + (\$ 20,000 \times 7\%) + \$ 25,000 = \$46,400$$

No obstante, si deseara gastar el ingreso de este año y el dinero que espera recibir el próximo año, podría pedir un préstamo al banco con valor al vencimiento de $25,000, el cual pagaría al recibir su ingreso del próximo año, por lo que su consumo a valor actual sería: el dinero actual + el ingreso del siguiente año a pesos de hoy (costo por el valor del dinero en el tiempo). Es decir:

$$\$ 20,000 + (\$ 25,000/(1+7\%)) = \$43,364$$

Gráficamente la tasa de intercambio está representada por la pendiente (1+i), donde i = interés anual. El individuo podría lograr estar en cualquier punto de la recta asignando sus recursos en el presente y futuro.

Gráfica 1.	Decisiones de consumo

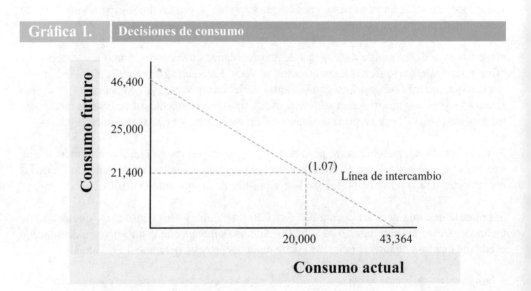

Tal como se muestra en la gráfica 1, las decisiones intertemporales de consumo de Juan se encuentran entre cualquier ponderación entre consumo presente y futuro, siendo los extremos el no consumir nada en el presente o no consumir nada en el futuro.

A continuación, se estudian algunos elementos de la valuación esenciales.

Cuadro 1. **Elementos para considerar el valor del dinero en el tiempo**

Este cuadro muestra las fórmulas y componentes para el cálculo del VP y del VF, con lo cual es posible tomar en cuenta el valor del dinero en el tiempo.

Valor del dinero hoy:

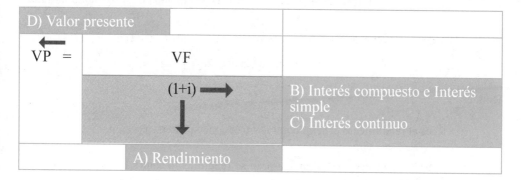

Valor del dinero mañana:

$$VF = VP(1+i)$$

Donde:

- VF es el Valor Futuro
- VP es el Valor Presente
- i es el costo de oportunidad de los flujos

2.1 Rendimiento de una acción

Desde el punto de vista de la empresa, uno de sus principales objetivos es encontrar las mejores oportunidades para maximizar la riqueza de los accionistas, lo cual dependerá del flujo de efectivo que ellos esperen recibir en un futuro vía dividendos y precio de la acción.

Cuando se adquieren acciones se renuncia al consumo presente para obtener un consumo futuro; los inversionistas no pueden elaborar con seguridad patrones de consumo para toda la vida. Por lo cual, ante la incertidumbre que existe sobre los rendimientos que obtendrán por su inversión y sobre el momento en que éstos se producirán, se intenta compensar esta falta de certeza buscando un rendimiento esperado lo bastante alto como para compensarlos. Es decir, las inversiones seguras ofrecen tasas de rendimiento convencionales y las de alto riesgo ofrecen una sobretasa para hacerlas lo suficientemente atractivas.

Dado lo anterior, el rendimiento de una acción estaría determinado por la siguiente fórmula:

$$R = \frac{\text{Dividendos} + (\text{Precio final de la acción} - \text{Precio inicial de la acción.})}{\text{Precio inicial de la acción}} \times 100$$

Donde:

- R, es el rendimiento esperado por el inversionista sobre su acción.

Ante esta métrica los inversionistas compararán su rendimiento contra la tasa de interés que ofrece el mercado, ya que de esta manera asegurarán que su dinero esté mejor que si se invierte en el banco a la tasa de interés de mercado, con un menor riesgo sobre su inversión.

Cabe resaltar, que el riesgo se vincula habitualmente a la probabilidad de que ocurra un suceso no deseado. El riesgo financiero es el derivado de la volatilidad de los mercados financieros. Éste divide en tres categorías: riesgo de mercado, el cual se encuentra asociado a las fluctuaciones de los mercados financieros, riesgo de crédito, el cual es consecuencia de la posibilidad de que una de las partes de un contrato financiero no asuma sus obligaciones y riesgo de liquidez o de financiación, el cual se refiere al hecho de que una de las partes de un contrato no pueda obtener la liquidez necesaria para asumir sus obligaciones adquiridas a pesar de disponer de los activos para solventarlas.

2.2 Tasas de interés simple, compuesto y continua

Además de seleccionar nuevas inversiones, las empresas tienen que administrar con eficacia los activos ya existentes, ya que el número total de activos que posean, la composición de los mismos y la naturaleza de su riesgo comercial determinarán las aportaciones que los accionistas estén dispuestos a hacer.

Asimismo, sólo se llevarán a cabo inversiones en propuestas cuyos beneficios esperados sean mayores a los instrumentos de mercado con riesgos similares.

En cuanto al financiamiento, deberá determinarse la mezcla más adecuada, de forma que se minimice el costo para la empresa. Dentro de esta decisión se incluirá la tendencia o política de pago de dividendos más conveniente.

En las decisiones mencionadas, siempre se verá involucrado el análisis del valor del dinero en el tiempo. Para esto, será importante analizar los flujos de efectivo, mismos que pueden ser positivos, en caso de recibir dinero, o negativos, en caso de pagarlos, siendo útil el trazo de una línea de tiempo representativa de los mismos, tal como se muestra en la figura 1:

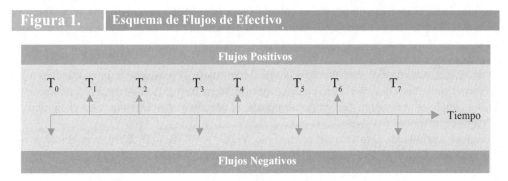

Figura 1. Esquema de Flujos de Efectivo

Lo anterior es importante dado que el VP y el VF pueden calcularse con tasas de interés simple, compuesto o continuo.

2.2.1. Interés Simple

Se define el interés simple como la cantidad de dinero que se paga o se recibe sobre el monto original. En este caso, la cantidad sobre la que se generan los intereses permanece constante durante la duración del préstamo.

La fórmula general aplicable es:

$$VF = VP(1 + it)$$

Donde:

- t es el número de periodos que dura la inversión y/o el préstamo.

Por ejemplo, supóngase que una persona solicita hoy un préstamo en el cual, de acuerdo con lo estipulado en el contrato, el monto es de $1,000, tiene un vencimiento dentro de dos años, tasa de interés simple de 10% anual e intereses pagaderos al vencimiento.

Considerando estas condiciones, esta persona deberá pagar al vencimiento:

El capital, $1,000 más los intereses, $1,000 x 10% anual x 2 años = $200, por lo que en total deberá pagar $ 1,200.

2.2.2. Interés Compuesto

Por otro lado, el interés compuesto se calcula sobre la cantidad de dinero que se recibe o se paga más los intereses que se vayan acumulando durante el periodo de la inversión o del contrato.

Si en el ejemplo anterior esta persona hubiera contratado el préstamo bajo exactamente las mismas condiciones que en el caso anterior, pero en lugar de que los intereses se calcularan de forma simple se obtuvieran de forma compuesta, el adeudo al vencimiento sería el siguiente:

El capital, $1,000 más el interés del primer año, $1,000 x 10% anual = $100, más el interés del segundo año, $1,100 x 10% anual = $110, pagando en total $ 1,210.

La fórmula general aplicable al interés compuesto es:

$$VF = VP(1 + i)^t$$

Si se aplica esta fórmula al ejemplo anterior, se obtiene exactamente la misma cantidad:

$$1,210 = 1,000(1.1)^2$$

De esta manera, entre más alta sea la tasa de interés i y el número de períodos t, mayor será el valor final.

La diferencia entre el interés simple y el compuesto es casi nula para inversiones de corto plazo, pero resulta muy importante en periodos largos.

Como se puede observar en la tabla 3, la diferencia crece exponencialmente conforme aumenta el periodo de vencimiento. Por ejemplo cuando t=2, la diferencia en el VF de los $100 invertidos a la tasa de 10% anual es únicamente de $1, pero considerando esta misma inversión con t=50, la diferencia en el VF es de $11,139.

Tabla 3.					Valor de $100 invertidos al 10% de interés simple y compuesto[5]				
	Interés Simple				Interés Compuesto				
Año	Saldo Inicial	+	Interés	=	**Saldo Final**	Saldo inicial	+	Interés	=	**Saldo Final**
1	100	+	10	=	**110**	100	+	10	=	**110**
2	110	+	10	=	**120**	110	+	11	=	**121**
3	120	+	10	=	**130**	121	+	12	=	**133**
4	130	+	10	=	**140**	133.1	+	13	=	**146**
10	190	+	10	=	**200**	236	+	24	=	**259**
20	290	+	10	=	**300**	612	+	61	=	**673**
50	590	+	10	=	**600**	10,672	+	1,067	=	**11,739**

En la gráfica 2 se muestra la diferencia entre el interés simple y el compuesto, considerando los datos de la tabla anterior hasta el periodo de vencimiento de cincuenta años.

Gráfica 2. | **Comparación de interés simple e interés compuesto**

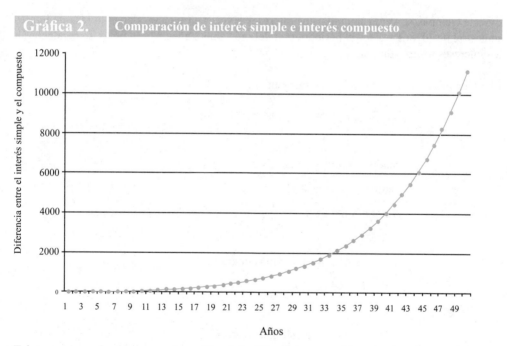

Tal como se puede observar en la gráfica 2, la diferencia entre el interés compuesto y el interés simple aumenta conforme se acrecienta el número de periodos. Asimismo, es importante mencionar que cuánto mayor sea la cantidad invertida, mayor será la ventaja del interés compuesto sobre el simple.

---

5 Meljem, Sylvia. *Uso del Valor Presente Neto en la Contabilidad Financiera*

En el ejemplo anterior, la composición se efectuó sobre una base anual; sin embargo, ésta puede realizarse por periodos menores a un año; es decir, se puede componer más de una vez durante un año. En estos casos, el inversor recibiría una mayor cantidad de pagos y el interés se compondrá con mayor frecuencia.

A continuación se retoma la información del caso anterior para mostrar el caso en el que los intereses se capitalizan semestralmente. Supóngase que esta persona contrata un préstamo de $1,000, pagando un interés compuesto de 10% durante 2 años, capitalizable semestralmente.

Para obtener el número de veces que se van a recalcular los intereses durante un año, lo primero que hay que hacer es dividir el número de meses del periodo considerado (un año) entre el número de meses del periodo de capitalización (seis meses).

$$\text{Número de veces que se van a calcular los intereses durante un año} = \frac{12 \text{ meses}}{6 \text{ meses}} = 2 \text{ veces en un año}$$

En este ejemplo, se van a acumular los intereses 2 veces en un año, siendo la tasa de interés semestral de 10% /2 = 5% y el periodo total del préstamo 2 años. Por lo tanto, se recalcularán los intereses 4 veces durante la vigencia del préstamo.

El total a pagar al vencimiento se muestra en el cuadro 2:

Cuadro 2. Cálculo del interés compuesto con capitalización semestral

Saldo insoluto al inicio t_0	$ 1,000
Interés (5% semestral)	$ 50
Valor al final de t_1	$ 1,050
Interés sobre inversión más interés	$ 52.5
Valor al final de t_2	$1,102.50
Interés sobre inversión más interés	$ 55.125
Valor al final de t_3	$1,157.63
Interés sobre inversión más interés	$ 57.8813
Valor al final de t_4	$1,215.51

A continuación se muestra la fórmula del valor futuro aplicable cuando se capitalizan los intereses durante plazos diferentes a un año:

$$VF = VP\left[1 + \frac{i}{m}\right]^{mt}$$

Donde:

- m, número de veces que se componen los intereses durante el período
- t, es el periodo total de la inversión o préstamo

El cuadro 3 muestra la aplicación de esta fórmula al ejemplo anterior:

Cuadro 3.	Cálculo del valor futuro con interés compuesto y capitalización semestral, para los periodos de uno y dos años

Para el periodo de 1 año:	Para un periodo de 2 años:
VF =1,000(1 + .10/2)$^{2(1)}$ **VF= 1,102.50**	VF= 1000(1 + .10/2)$^{2(2)}$ = **VF= 1,215.51**

Tal como se puede observar en el cuadro 3, de acuerdo con el ejemplo anterior, esta persona tendrá que pagar por el préstamo de $1,000 a 2 años, con interés del 10% con capitalización semestral, un importe total de $1,215.51.

2.2.3. Interés Continuo

Con el objeto de definir el interés continuo, supóngase que con la fórmula de interés compuesto se toman diferentes valores de *m* (número de veces que se componen los intereses durante el periodo) para una inversión inicial de $1 con una tasa de interés (i) del 100%, obteniendo los siguientes resultados:

Tabla 4.	Valor de $1 invertido al 100% con interés compuesto[6]		
M	**$(1+i/m)^m$**		**VF**
1	2	=	2.000
2	$(1.5)^2$	=	2.250
-	-	=	-
10	$(1.10)^{10}$	=	2.594
-	-	=	-
100	$(1.01)^{100}$	=	2.705
-	-	=	-
1000	$(1.001)^{1000}$	=	2.7169
100,000	$(1.00001)^{100,000}$	=	2.71828
-	-	=	2.7182818284
∞	-	=	2.718281828459045

Tal como se puede observar en la tabla 4, el valor futuro (VF) de $1 invertido a la tasa de interés compuesta del 100% jamás excederá el valor de $2.72 o, dicho con mayor precisión, el VF nunca excederá a $2.7183, lo cual se aproxima a la constante matemática denominada "*e*". Por lo tanto, si *m* crece sin límite se puede demostrar que:

$$\text{cuando t=1 y } m \to \infty, \text{ el valor de } \left(1 + \frac{i}{m}\right)^m \text{ tiende a } e^i,$$

$$\text{mientras que para "t" periodos cuando } m \to \infty, \text{ el valor de } \left(1 + \frac{i}{m}\right)^{mt} \text{ tiende a } e^{it}.$$

Por lo que, tratándose de una capitalización continua el valor futuro de una inversión o préstamo se calculará con la siguiente fórmula:

$$VF = VP(e^{it})$$

2.3. Valor Presente

El valor presente de un importe a pagar en "n" periodos futuros es la cantidad que, si se tuviera disponible hoy, crecería hasta igualar la suma futura. Esto significa que el valor presente se calcula mediante un proceso de descuento de los flujos a recibir en un futuro a la tasa de interés ofrecida por alternativas comparables, tal como se demuestra en la siguiente fórmula:

$$VP = \frac{VF}{(1+i)}$$

---

6 Meljem, Sylvia. *Uso del Valor Presente Neto en la Contabilidad Financiera.*

Si los flujos futuros comprenden varios periodos entonces:

$$VP = \frac{VF}{(1+i)^t}$$

Donde:

- t es número de periodos.

El concepto de valor presente es muy importante ya que en las decisiones de inversión, financiamiento y en el pago de dividendos, necesariamente se ven involucrados los flujos de efectivo a recibir o pagar en un futuro.

A este respecto, el valor presente de una serie de flujos, no es sino la suma de los valores presentes de cada uno de los pagos:

$$VP = \sum_{t=1}^{t=n} \frac{VF_t}{(1+i)^t}$$

Si a la serie de flujos se le deduce la inversión inicial (I_0), se le llama Valor Presente Neto (VPN):

$$VPN = -I_o + \sum_{t=1}^{t=n} \frac{VF_t}{(1+i)^t}$$

El VPN es de mucha utilidad en las decisiones de inversión. Se acepta el proyecto si el VPN es mayor a cero y se rechaza cuando éste es menor a cero.

Parámetros de decisión para un proyecto utilizando como criterio el Valor Presente Neto:

- Aceptar el proyecto si el VPN > 0
- Rechazar el proyecto si el VPN < 0

A continuación se mostrará un ejemplo donde se aplica el cálculo del valor presente, considerando varios periodos y una composición con plazo menor a un año.

Supóngase que a finales de marzo la Compañía β solicitó para el 30 de abril un préstamo al Banco Z, el cual deberá ser liquidado en dos pagos; el primero, a finales de mayo por un importe de $130,000 y el segundo a finales de junio por un importe de $80,000. Si la tasa de interés es de 12% anual con composición mensual ¿Cuál es el valor del préstamo a pesos de finales de abril?

Al igual que en el ejemplo anterior, se debe obtener el número de veces que se recalcularán los intereses durante el periodo de un año:

$$\text{Periodo de 1 año } = \frac{12 \text{ meses}}{1 \text{ mes}} = 12 \text{ veces en un año } = \mathbf{m}$$

Posteriormente, se aplica la fórmula anterior incorporando el efecto de la capitalización de los intereses, con lo cual se obtiene que el valor del préstamo a pesos de abril es de:

$$VP = \frac{130{,}000}{\left(1 + \dfrac{12\%}{12}\right)^{12x\frac{1}{12}}} + \frac{80{,}000}{\left(1 + \dfrac{12\%}{12}\right)^{12x\frac{2}{12}}} = \$207{,}136.56$$

2.3.1. Anualidades

En muchas decisiones, sobre todo de financiamiento, sucede que los flujos consisten en cantidades iguales de dinero a recibir o a pagar en cada período, a este tipo de flujos se les conoce como anualidades. Existen dos tipos de anualidades: las regulares y las inmediatas, dependiendo del momento en el que se reciban o se paguen los flujos de dinero.

En la anualidad regular, los flujos son recibidos o pagados al final de cada periodo, mientras que en la anualidad inmediata se realizan al inicio de cada periodo.

A este respecto, las fórmulas para encontrar el valor presente y futuro de esta clase de series de flujos son:

Anualidades regulares:

$$VP = A\left[\frac{(1+i)t-1}{i(1+i)^t}\right] = A\left[\frac{1}{i} - \frac{1}{i(1+i)^t}\right]$$

$$VF = A\left[\frac{(1+i)^t - 1}{i}\right]$$

Anualidades inmediatas:

$$VP = A\left[\frac{(1+i)^t - 1}{i(1+i)^{t-1}}\right]$$

Donde:

- A es la anualidad.
- t, periodo total de la inversión o préstamo.

A manera de ejemplo, se muestra a continuación el cálculo de una anualidad regular:

Supóngase que un individuo va a obtener una herencia que le otorga el derecho a recibir $180,000 anuales durante 4 años, a partir del próximo año. Considerando que el costo de oportunidad del dinero es del 8% anual ¿Cuál será el valor presente de la herencia que recibirá este individuo?

Como la herencia se recibe hasta el próximo periodo y se va a recibir una cantidad constante durante 4 años, se aplica la fórmula de la anualidad regular:

$$VP = 180,000 \left[\frac{(1+.08)^4 - 1}{.08(1+.08)^4} \right] = \$596,182.83$$

Asimismo, si el dinero se recibiera este año se aplicaría la fórmula de anualidad inmediata, como se muestra a continuación:

$$VP = 180,000 \left[\frac{(1+.08)^4 - 1}{.08(1+.08)^{4-1}} \right] = \$643,877.46$$

2.3.2. Perpetuidades

Si los flujos de efectivo a recibir o a pagar se realizan durante un número infinito de períodos, entonces el término usado es perpetuidad, y la fórmula para el cálculo de su valor presente es simplemente el valor de la cantidad recibida cada periodo (*A*) entre la correspondiente tasa de interés (*i*).

$$VP = \frac{A}{i}$$

No obstante, es importante mencionar que la fórmula de perpetuidad calcula el VP del total de flujos un periodo atrás del momento en que se comienzan a recibir o a pagar estos flujos.

Por ejemplo, si se tiene que pagar una cantidad constante a perpetuidad a partir del próximo año y se aplica la fórmula anterior para obtener el valor presente de los flujos, el resultado estaría a pesos de hoy, pero si el flujo se comienza a pagar a partir del segundo año, entonces el valor presente de los flujos a perpetuidad estará a pesos del próximo año.

A continuación se ejemplifica el cálculo de una perpetuidad:

Supóngase que la Compañía Gamma pagará a sus accionistas un dividendo constante por acción de $10 durante la vida de la misma, efectuándose el primer pago a partir del próximo año, considerando un costo de oportunidad de los accionistas de 9% anual.

Recuérdese que el valor de la acción, como cualquier otro instrumento, es igual al valor presente de los flujos futuros.

Dado lo anterior y considerando que la empresa no tiene vida definida, los accionistas esperan recibir un dividendo constante de $10 a partir del próximo año a perpetuidad.

Aplicando la fórmula de la perpetuidad, se obtendría el siguiente resultado:

$$VP = \frac{10}{.09} = \$111.11$$

Por lo tanto el valor de mercado de cada una de las acciones de la Compañía Gamma es de $111.11.

Una vez explicados los elementos importantes en la valuación, a continuación se hará una breve descripción del modelo de Flujo de Efectivo Descontado (FED) y de la Tasa Interna de Rendimiento (TIR) como herramientas de valuación.

3. Determinación del valor a través de Flujos de Efectivo Descontados (FED)

Detrás de cada decisión acerca de la distribución de recursos existe una enorme cantidad de cálculos. Ya sea que la decisión sea lanzar un producto nuevo, entrar en una alianza estratégica, invertir en investigación y desarrollo o construir un nuevo edificio, la manera en la cual una compañía estima el valor es un factor determinante en la distribución de los recursos. Así pues, dicha distribución de recursos es un factor clave del desempeño general de la compañía.

La figura 2 muestra la relación entre el valor presente y la técnica de FED, considerando tres elementos básicos para obtenerlo: 1) Flujo de efectivo, 2) Tiempo y 3) Riesgo.

Figura 2. **Relación entre el valor presente y la técnica FED**

- Las metodologías de valuación FED están construidas en una relación simple entre el valor presente y el valor futuro

El concepto es:

Valor Futuro = Valor presente (1 + tasa de Interés)

$$\text{Valor Presente} = \frac{\text{Valor futuro}}{(1 + \text{tasa de Interés})}$$

Flujo de efectivo y Riesgo

Valor futuro corresponde a los flujos de efectivo futuros esperados en cada uno de los periodos de vida del proyecto

$$VP = \sum_{t=1}^{t=n} \frac{VF_t}{(1+i)^t}$$

Tiempo

Se considera el hecho de que los flujos de efectivo se reciben o se paguen en diferentes periodos

Riesgo

Debido a que los flujos de efectivo de un negocio son riesgosos, los inversionistas demandan una tasa más alta: la tasa de descuento, i, contiene una prima de rango

Fuente: Adaptado de "What's it Worth?"; *Harvard Business Review*, mayo-junio 1997.

Aun cuando existen diversas formas de aplicar el modelo del FED, el enfoque empresarial es el más utilizado en la práctica. Este enfoque valúa el capital accionario de la compañía como el valor de las operaciones de la empresa menos el valor de la deuda y otras obligaciones con mayor preferencia al capital común (por ejemplo, acciones preferentes).

Entre las razones para recomendar el modelo de FED están:

- Valúa los componentes del negocio que le agregan valor en lugar de valuar únicamente el capital, ayudando a identificar y entender las fuentes de inversión y financiamiento.
- Puede aplicarse a diferentes niveles, es decir, puede emplearse en toda la compañía o sobre unidades individuales y es consistente con el proceso de presupuesto de capital de la mayoría de las empresas.

A este respecto, para poder calcular el FED, se debe obtener el Flujo de Efectivo Libre (FEL). Mismo que resulta del siguiente proceso: restar a la utilidad operativa los impuestos operativos; posteriormente, sumar a la utilidad operativa después de impuestos las partidas virtuales, obteniendo así el flujo bruto de operación. A este flujo se le suman o restan (según sea el caso) los cambios en el capital de trabajo neto[7] y, finalmente, se suman/restan los cambios en los inmuebles, planta y equipo.

Por lo tanto, el FEL es el flujo disponible que tiene la empresa para cubrir los costos de sus fuentes de financiamiento y/o amortizar deuda y/o repartir dividendos.

A continuación se esquematiza el cálculo del FEL:

Utilidad de Operación (Ventas menos Costo de Ventas y Gastos Operativos)
- (Impuestos Operativos = Utilidad Operativa x Tasa de Impuesto)
Utilidad Operativa después de impuestos
+ Partidas Virtuales
Flujo Bruto de Operación
+/- Cambios en el Capital de Trabajo Neto
Flujo de Operación
+/- Cambios en los Inmuebles, Planta y Equipo
Flujo de Efectivo Libre

A continuación se muestra el cálculo del FEL para la Compañía Equis, S. A. correspondiente al ejercicio de 2XX1:

Compañía Equis, S. A.
Estados de Resultados por los ejercicios terminados
el 31 de diciembre de 2XX1 y 2XXX

	2XX1	2XXX
Ventas	$100,000	$120,000
Costo de Ventas	72,000	81,000
Utilidad Bruta	28,000	39,000
Gastos de Operación[8]	10,000	15,000
Utilidad de Operación	18,000	24,000
Costo Integral de Financiamiento	5,000	4,000
Utilidad antes de impuestos	13,000	20,000
Provisión de impuestos[9]	3,770	6,000
Utilidad Neta	**$9,230**	**$14,000**

---

7 El Capital de Trabajo Neto se calcula sumando a la cartera de clientes neta los inventarios netos y restando el saldo de proveedores.

8 El importe de la depreciación del ejercicio de 2XX1 fue de $12,000. Se encuentra incluido el 50% en el Costo de Ventas y el resto en el renglón de los Gastos de Operación.

9 Las tasas de impuestos utilizadas fueron del 29% para el ejercicio de 2XX1 y del 30% para el ejercicio de 2XXX.

Compañía Equis, S. A.
Balances Generales
al 31 de diciembre de 2XX1 y 2XXX

Activo Circulante	2XX1	2XXX
Efectivo	$14,000	$1,800
Cuentas por cobrar	3,000	4,000
Inventario	1,200	2,900
Total Activo Circulante	18,200	8,700
Edificio	130,000	120,000
Depreciación Acumulada del Edificio	(30,000)	(18,000)
Total Activo Fijo	100,000	102,000
Total Activo	$118,200	$110,700
Pasivo		
Proveedores	$2,500	$4,000
Préstamo bancario[10]	35,000	22,000
Total Pasivo	37,500	26,000
Capital Contable		
Capital Social[11]	30,700	30,700
Resultado Acumulado[12]	40,770	40,000
Resultado del Ejercicio	9,230	14,000
Total Capital Contable	80,700	84,700
Total Pasivo y Capital	$118,200	$110,700

Siguiendo el procedimiento explicado anteriormente, el FEL de la Compañía Equis es de $4,980, como se muestra a continuación:

---

10 Por el préstamo bancario la empresa paga una tasa de interés del 10% anual. Derivado de lo cual, el importe de los gastos por intereses fue de $2,200 para el ejercicio de 2XXX y de $3,500 para el ejercicio de 2XX1. Estos gastos financieros se encuentran incluidos en el reglón de Costo Integral de Financiamiento del ejercicio correspondiente.

11 La empresa tiene 1,000 acciones en circulación.

12 La empresa repartió a sus accionistas $13,230 por concepto de dividendos al cierre del ejercicio de 2XXX, los cuales provienen de la utilidad neta de dicho ejercicio. Por lo tanto, del total de la utilidad neta del ejercicio de 2XXX: $14,000, se repartió el 94.5%. Este es el porcentaje habitual de reparto de dividendos.

Compañía Equis, S. A.
Flujo de Efectivo Libre 2XX1

Utilidad de Operación	$18,000
Impuestos sobre la Utilidad de Operación[13]	(5,220)
Utilidad de Operación después de impuestos	12,780
Partidas Virtuales[14]	12,000
Flujo Bruto de Operación	24,780
Cambios en el Capital de Trabajo[15]	
Cuentas por Cobrar	1,000
Inventario	1,700
Proveedores	(1,500)
Flujo de Operación	25,980
Cambios en los Inmuebles, Planta y Equipo	(10,000)
Flujo de Efectivo Libre	$15,980

Por consistencia con la definición de flujos de efectivo, la tasa de descuento aplicada al FEL debe reflejar el costo combinado de oportunidad de las fuentes de financiamiento (deuda y capital), ponderado éste por la proporción que su aportación hace al financiamiento de la empresa con respecto al valor total.

A esta tasa se le denomina Costo Promedio Ponderado de Capital (CPPC).

$$CPPC = Kd^* \frac{VD}{VF} + Ka \frac{VA}{VF}$$

---

13 Tasa de impuestos del 29%

14 Son aquellas partidas que no implicaron una entrada o salida de efectivo; en este caso, la depreciación del ejercicio.

15 Los aumentos en activo y las disminuciones en pasivo y capital implican una salida de dinero, por lo tanto se restan en el cálculo del flujo de efectivo, mientras que las disminuciones de activo y los aumentos en pasivo y capital implican entradas de efectivo, por lo que éstas se suman.

Donde:

- *Kd** representa la tasa de interés (costo de la deuda), la cual puede ser medida a través de la obtención de la tasa implícita en los desembolsos futuros provenientes del pago de intereses y capital, menos los beneficios fiscales que proporciona la parte deducible de los intereses a cargo.
- VD, es valor de mercado de la deuda.
- VA, valor del mercado del capital accionario.
- *Ka*, representa la tasa mínima de rendimiento que esperan los accionistas de acuerdo con el riesgo que representa esta inversión. Este costo puede ser aproximado a través del modelo conocido comúnmente por sus siglas en inglés como CAPM (*Capital Asset Pricing Model*) o Modelo de Valuación de Activos Financieros. El cual mide la relación riesgo–rendimiento; este modelo aproxima la tasa de rendimiento esperada por los accionistas como la suma de la tasa libre de riesgo (el premio por el cambio del consumo hoy al consumo de mañana) más una prima por riesgo (compensación por el riesgo de tomar la inversión). La fórmula que lo representa es la siguiente:

$$E(r_j) = R_f + \left[E(r_m) - R_f\right]\beta_j$$

Donde:

- *E(r_j)*, representa el rendimiento esperado sobre la inversión.

- R_f, representa la tasa libre de riesgo, un instrumento considerado como libre de riesgo es aquel que carece del riesgo de incumplimiento, es decir que el emisor no cumpla el pago de los intereses o del principal cuando éste madure.

- *E(r_m)*, es el rendimiento esperado sobre el portafolio de mercado. "El portafolio de mercado contiene todos los activos riesgosos existentes en el sistema económico internacional en proporción a lo que representa su valor con respecto al valor total del resto de los activos" (Haugen, 1997).

- β_j, Se le conoce como "la beta de una empresa" y describe la respuesta de la acción ante cambios en el portafolio de mercado, estando definida matemáticamente por la siguiente fórmula:

$$\beta_j = \frac{Cov(r_j, r_m)}{\sigma^2(r_m)}$$

Donde: r_j y r_m simbolizan los rendimientos de la empresa j y del mercado respectivamente, $\text{cov}(r_j, r_m)$ es la covarianza de los rendimientos r_j y r_m, y $\sigma^2(r_m)$ es la varianza del mercado.

Si la empresa no cotiza en bolsa, se pueden determinar los valores de mercado de la deuda y el capital tomando como punto de referencia a las compañías similares dentro de la industria, o bien considerar las proporciones de deuda y capital de una estructura de capital objetivo (Copeland *et al.*, 2000).

Las empresas públicas pueden calcular su beta con la fórmula anterior, tomando los precios de mercado de su acción, mientras que las empresas privadas pueden aproximar su beta considerando la de la industria o la de empresas comparables, la cual deberá ser ajustada con el riesgo inherente de la empresa o del proyecto analizado.

Para realizar el ajuste mencionado, en primer lugar, se debe desapalancar la beta de la industria aplicando la siguiente fórmula:

$$\beta_U = \frac{\beta_l}{1 + (1 - tx)\dfrac{VD}{VA}}$$

Donde:

- β_U, es la beta desapalancada.
- β_l, es la beta apalancada de la industria.
- VD/VA, es la razón de deuda a capital de la industria.
- tx, tasa impositiva.

Posteriormente, la beta desapalancada debe ajustarse con el riesgo de la empresa o del proyecto que se va a valuar, con la siguiente ecuación:

$$\beta_L = \beta_U \left[1 + (1 - tx)\frac{VD}{VA} \right]$$

Donde:

- β_U, es la beta desapalancada obtenida con la ecuación anterior.
- β_L, es la beta apalancada de la empresa.
- VD/VA, razón de deuda a capital de la empresa.
- tx, tasa impositiva.

A continuación se presenta el cálculo del CPPC retomando la información de la Compañía Equis para el ejercicio de 2XX1, considerando adicionalmente los siguientes datos:

- La Compañía Equis no es pública.
- La tasa de interés que se paga por el préstamo bancario es de 10% anual.
- La beta de la industria es de 1.10.
- La razón de deuda a capital de la industria es de 50%.
- La tasa libre de riesgo es de 8.5% anual.
- El rendimiento promedio anual que ofrece el portafolio de mercado es de 11% anual.
- El valor total de la deuda es de $37,500.
- El valor del capital es $80,700.
- La tasa de impuestos es de 29%.

Como primer punto se calculará la beta desapalancada, considerando la beta de la industria y el nivel de apalancamiento de la misma:

$$\beta_U = \frac{\beta_l}{1+(1-tx)\dfrac{VD}{VA}} = \frac{1.10}{1+(1-.29)(.50)} = 0.8118$$

Por lo tanto, la beta apalancada de la Compañía Equis, incorporando su nivel de deuda y de capital es:

$$\beta_L = \beta_U\left[1+(1-tx)\frac{VD}{VA}\right] = 0.8118\left[1+(1-.29)\left(\frac{37,500}{80,700}\right)\right] = 1.079$$

Con la beta apalancada de 1.079, se puede calcular el costo del capital accionario aplicando el modelo CAPM, explicado anteriormente:

$$E(r_j)= R_f +\beta_j\left[E(r_m)- R_f\right]=(.085)+(1.079)[.11 - .085]= .1119 = 11.19\%$$

Finalmente, obtenemos el CPPC de la Compañía, tal como se muestra en la tabla 5:

Tabla 5.	Cálculo del CPPC			
Concepto	**Importe**	**%**	**Costo**	**CPPC**
Préstamo Bancario	$35,000	30.3%	=0.1*(1-0.29)	2.1%
Capital Contable	$80,700	69.7%	11.19%	7.8%
	$115,700	100.0%		**9.9%**

3.1. Técnica de Tasa Interna de Rendimiento (TIR)

Esta técnica sirve de parámetro para determinar el punto de equilibrio del proyecto, ya que es la tasa que hace que el VPN de un proyecto sea igual a cero, tal como se muestra de manera matemática en la siguiente fórmula:

$$VP = \sum \frac{Flujos\ futuros}{\left(1 + i\ ^*\right)^n} = 0$$

Donde:

- i^* es la TIR

La regla de decisión en un proyecto de inversión es:

Se acepta el proyecto si TIR > i
Se rechaza el proyecto cuando TIR<i

Donde:

- i es la tasa para descontar los flujos o, lo que es lo mismo, el costo de oportunidad de la inversión.

Las principales ventajas de este parámetro son:

1) Utiliza flujos de efectivo.
2) Considera el valor del dinero en el tiempo.
3) Permite conocer la rentabilidad de un proyecto.

Asimismo, las principales desventajas son:

1) Tiende a sesgarse sobre proyectos de menor escala, es decir, beneficia a los proyectos pequeños.
2) Asume que la tasa para descontar los flujos se mantiene constante durante toda la vida del proyecto.
3) No funciona cuando hay cambios de signo en los flujos.

3.1.1. Problemas con proyectos mutuamente excluyentes

En proyectos de diferentes escalas, generalmente las reglas de decisión se contraponen (el VPN y la TIR), por lo que la solución es obtener flujos incrementales.

Los flujos incrementales consisten en restar el proyecto de menor escala al de mayor inversión, con lo cual se busca conocer si la inversión adicional (la diferencia entre los flujos de los proyectos) tiene un VPN positivo.

A continuación se ejemplifica la aplicación de los flujos incrementales.

Supóngase que se tiene la oportunidad de invertir en 2 proyectos A y B. Los resultados de valuar ambos proyectos son:

Proyecto	VPN	TIR
B	$400	12%
A	$300	15%

Si se selecciona el proyecto por el criterio del VPN, el que más le conviene al inversionista es el B, pero de acuerdo con la TIR, el más rentable es el A.

La solución es encontrar el punto de indiferencia entre ambos proyectos, es decir, donde se igualen el VPN y la TIR (restar el proyecto de menor inversión al de mayor inversión inicial).

A este respecto, sobre el flujo incremental, se calcula nuevamente la TIR y el VPN, siendo la tasa de rendimiento del 8% la que iguala el VPN del proyecto A con el VPN del proyecto B. Si el costo de oportunidad (tasa de mercado) es menor a esta tasa, el mejor proyecto es el B, pero si la tasa para descontar los flujos (tasa de mercado) es mayor al 8%, entonces al inversionista le conviene invertir en el proyecto A, ya que es el que tiene el mayor VPN.

La **gráfica 3** muestra cómo se verían las valuaciones de ambos proyectos.

Gráfica 3. **Análisis a través de Flujos Incrementales**

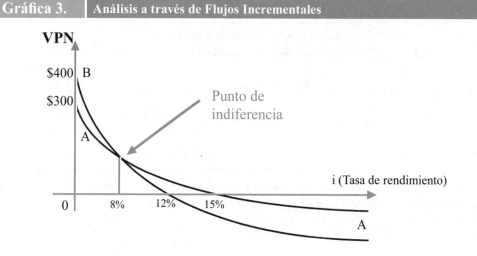

3.2. Valuación Bajo Incertidumbre

Todo proyecto de inversión debe considerar el riesgo inherente. Para examinar la variabilidad de una inversión se pueden utilizar varias técnicas.

    a) Análisis de Sensibilidad.

    b) Análisis de Escenarios/Árboles de decisión.

    c) Opciones Reales, (se explicarán en el capítulo IV).

3.2.1. Análisis de Sensibilidad

Consiste en variar uno de los parámetros claves para determinar la sensibilidad del VPN o de la TIR de un proyecto, manteniendo todo lo demás constante. El resultado se presenta generalmente en tablas o gráficas.

3.2.2. Análisis de Escenarios y Árboles de Decisión

Es una versión un poco más avanzada del análisis de sensibilidad en el cual se definen escenarios, considerando éstos de acuerdo con las perspectivas macroeconómicas y ciertos factores internos que pudieran afectar al proyecto. A cada escenario se le asigna una probabilidad de ocurrencia y se calcula la esperanza del valor presente neto: *E(VPN)*.

De forma matemática, este análisis está representado por la siguiente fórmula:

$$E(VPN) = \sum_{i=1}^{n} p_i VPN_i$$

Donde:

    ● i son los escenarios con rango de 1 a n.

    ● p_i es la probabilidad de ocurrencia del escenario *i*.

    ● VPN_i es el valor presente neto del escenario i.

El criterio de aceptación es si la $E(VPN) > 0$

En el siguiente ejemplo se muestra el cálculo de la esperanza del VPN.

Supóngase que la Compañía Omega tiene la oportunidad de abrir una sucursal en el interior del país. Con el objeto de evaluar la conveniencia del proyecto, se calculó el valor presente neto bajo cuatro escenarios. De acuerdo con el análisis estadístico, se le asignó una probabilidad de ocurrencia a cada escenario. La tabla 6 muestra esta información:

Tabla 6.	Cálculo del Valor Esperado del VPN			
	Escenario 1	Escenario 2	Escenario 3	Escenario 4
VPN	-$25,000	$10,000	$12,000	$28,500
Probabilidad de ocurrencia	30.0%	10.0%	50.0%	20.0%
VPN x Probabilidad	-$7,500	$1,000	$6,000	$5,700
E(VPN) (suma del VPN x Probabilidad)	**$5,200**			

Como se muestra en la tabla 6, el valor presente neto es negativo en el Escenario 1; sin embargo, considerando los otros escenarios y la probabilidad de ocurrencia de cada uno, el valor promedio, es decir, el valor esperado es de $5,200, por lo tanto, de acuerdo con el criterio de decisión de que la $E(VPN) > 0$, le conviene a la Compañía Omega abrir la nueva sucursal.

Finalmente, los árboles de decisión son una representación gráfica de los posibles escenarios: flujos futuros que puede generar un proyecto de inversión. Al igual que en el análisis de escenarios, se le asigna una probabilidad de ocurrencia a los valores presentes de cada uno de los nodos de los árboles y se calcula la $E(VPN) > 0$. Los flujos de cada escenario se descuentan al costo de oportunidad de la inversión, lo cual es una diferencia con la metodología de opciones reales, la cual se explicará en el capítulo IV.

4. Técnica de Valuación de Acciones

Como ya se ha mencionado, el valor de cualquier instrumento depende del valor presente de sus flujos esperados. A este respecto, las acciones, de acuerdo con el artículo 111 de la Ley General de Sociedades Mercantiles (LGSM), "son títulos nominativos que servirán para acreditar y transmitir la calidad y los derechos de los socios..."

Básicamente, las acciones proveen a su poseedor dos clases de flujos, los dividendos recibidos durante la posesión de éstas y el precio de mercado obtenido al momento de su venta.

De acuerdo con los artículos 112 y 113 de la LGSM, en México las acciones se clasifican en acciones ordinarias y preferentes o también llamadas estas últimas de voto limitado.

El artículo 112 de la LGSM menciona que "Las acciones serán de igual valor y conferirán iguales derechos. Sin embargo, en el contrato social podrá estipularse que el capital se divida en varias clases de acciones con derechos especiales para cada clase..."

Asimismo, el artículo 113 de la LGSM, establece que "…..no podrán asignarse dividendos a las acciones ordinarias sin que antes se pague a las de voto limitado un dividendo del cinco por ciento. Cuando en algún ejercicio social no haya dividendos o sean inferiores a dicho cinco por ciento, se cubrirá éste en los años siguientes con la prelación indicada…. Al hacerse la liquidación de la sociedad, las acciones de voto limitado se reembolsarán antes que las ordinarias".

Tomando en cuenta lo anterior, el valor de una acción es igual a la suma del valor presente de "todos los dividendos" o, lo que es lo mismo, la suma del dividendo del próximo periodo más el precio de la acción en el siguiente periodo, tal como se muestra en las siguientes fórmulas:

$$P_0 = \frac{Div_1}{(1+r)} + \frac{P_1}{(1+r)}$$

$$P_1 = \frac{Div_2}{(1+r)} + \frac{P_2}{(1+r)}$$

Sustituyendo el valor de P_1 en P_0 se obtiene lo siguiente:

$$P_0 = \frac{Div_1}{(1+r)} + \frac{Div_2}{(1+r)^2} + \frac{P_2}{(1+r)^2}$$

Y así sucesivamente, hasta llegar a que:

$$P_0 = \sum_{t=1}^{\infty} \frac{Div_t}{(1+r)^t}$$

Donde:

- P_0 es el precio de la acción en t_0
- P_1 el precio de la acción en t_1
- Div_t el dividendo que recibe el poseedor de una acción en el periodo t.
- r es la tasa para descontar los dividendos y representa el costo de oportunidad de los accionistas.

Asimismo, este modelo puede ampliarse, considerando tres posibilidades sobre el pago de los dividendos: que no tengan crecimiento, con crecimiento constante y con crecimiento diferencial.

a) El valor de una acción sin tasa de crecimiento en los dividendos se calcularía conforme a la siguiente fórmula (es la fórmula de la perpetuidad vista en la sección 2.3.2):

$$P_0 = \frac{Div}{r}$$

b) Asimismo, el valor de una acción con una tasa constante (g) de crecimiento en los dividendos se obtendría de acuerdo con la siguiente fórmula:

$$P_0 = \frac{Div}{r - g}$$

c) Por último, si se tienen 2 tasas de crecimiento g_1 y g_2, que cambian en distintos periodos, y suponiendo que el segundo crecimiento se mantiene a perpetuidad, se puede utilizar la siguiente fórmula para calcular el precio:

$$P_0 = \sum_{t=1}^{T} \frac{Div(1 + g_1)^t}{(1 + r)^t} + \frac{\dfrac{Div_{T+1}}{r - g_2}}{(1 + r)^T}$$

Para los 3 modelos se supone una *r* constante, y para los dos últimos r>g, este supuesto resulta lógico, ya que la r representa las tasas que hay en la economía, y no hay empresas que en el largo plazo crezcan a una tasa mayor que la misma.

Dentro de estas fórmulas hay dos variables importantes: la tasa de crecimiento *g* y el costo de oportunidad de los accionistas *r*. Recuérdese que el costo de oportunidad de los accionistas se explicó anteriormente en el cálculo de la CPPC.

Respecto a la tasa de crecimiento g, el crecimiento de una empresa está en función de que sus operaciones agreguen valor, es decir, que las utilidades que genera la empresa sean capaces de financiar el crecimiento del negocio. A su vez, el crecimiento de las utilidades depende de la proporción que sea reinvertida, así como del rendimiento que se obtenga sobre esta inversión, es decir:

Utilidades del próximo año = Utilidades de este año + (Utilidades Retenidas x Rendimiento sobre las utilidades retenidas)

Si se quiere estimar el crecimiento de las utilidades (denotado como g), éste se obtendría dividiendo la fórmula anterior entre las utilidades de este año:

$$\frac{\text{Utilidades del próximo año}}{\text{Utilidades de este año}} = 1 + \frac{\text{Utilidades Retenidas}}{\text{Utilidades de este año}} \times (\text{Rendimiento/utilidades retenidas})$$

Donde la razón de (Utilidades Acumuladas/Utilidades de este año) representa la proporción que se retiene de las utilidades del ejercicio (denotada como *b*).

Asimismo, el rendimiento sobre la utilidades se puede aproximar a través del Retorno sobre el Capital Contable (ROE, por sus siglas en inglés), el cual se calcula dividiendo la Utilidad Neta entre el Capital Contable.

Por lo tanto, rescribiendo la fórmula obtenemos:

$$\frac{\text{Utilidades del próximo año}}{\text{Utilidades de este año}} = 1 + b \, x \, \text{ROE}$$

$$g = \frac{\text{Utilidades del próximo año - 1}}{\text{Utilidades de este año}} = b \, x \, \text{ROE}$$

$$g = bxROE$$

Donde:

- b es la tasa de retención de las utilidades.
- ROE es el Retorno sobre el Capital Contable. El cual se calcula dividiendo la utilidad del ejercicio entre el valor en libros del capital contable.

A continuación se muestra un ejemplo del cálculo del precio por acción, retomando la información de la Compañía Equis y considerando una tasa de crecimiento constante.

Como se puede ver en el ejemplo presentado en la sección 3 de este capítulo, la Compañía Equis reportó una utilidad neta durante el ejercicio de 2XX1 de $9,230, de acuerdo con su política de dividendos la empresa reparte el 94.5% de sus utilidades netas del ejercicio. El valor en libros del capital contable al 31 de diciembre de 2XX1 es de $80,700 y la empresa tiene 1,000 acciones en circulación.

¿Cuál será el valor de mercado del capital por acción al día de hoy, considerando que el costo de oportunidad del accionista es de 11.19% anual?

Lo primero que se debe calcular para obtener el precio de mercado de la acción, es la tasa de crecimiento g, para lo cual se deben determinar cada una de las variables que componen la fórmula:

b (tasa de retención de utilidades) = 1 – 0.945 (proporción que se reparte) = 0.055 = 5.5%

$$\text{ROE} = \frac{\$9,230}{\$80,700} = 11.44\%$$

$$g = 0.055 \times 0.1144 = 0.006292 = 0.6292\%$$

Si la empresa obtuvo una utilidad neta durante 2XX1 de $9,230 y de ésta se repartirá el 94.5% al cierre de sus estados financieros, por consecuencia, el valor total de los dividendos es de $8,722.35. Considerando que hay 1,000 acciones en circulación, el dividendo por acción al 31 de diciembre de 2XX1 es de $8.72235.

Como se mencionó, la fórmula de la perpetuidad calcula el valor presente de los flujos pero retrocediendo el valor descontado un periodo atrás. Por lo cual, si se requiere conocer el precio por acción al cierre de 2XX1, es necesario determinar el valor del dividendo al final del ejercicio siguiente. Así que, considerando la tasa a la cual están creciendo las utilidades de esta Compañía, es decir el 0.6292%, el dividendo por acción al final del próximo año será de:

$$\$8.72235 \times (1.006292) = \$8.77723$$

Finalmente, al aplicar la fórmula de la perpetuidad con crecimiento, se obtiene un precio por acción de:

$$P_0 = \frac{\$8.77723}{0.1119 - 0.006292} = \$83.111$$

De acuerdo con este modelo, el valor de mercado de la acción al 31 de diciembre de 2XX1, es decir, el valor que tiene cada acción considerando los flujos esperados durante toda la vida del negocio, así como su potencial de crecimiento en el futuro, es de $83.1111.

Este valor puede ser comparado con el valor en libros del capital contable por acción, el cual resulta de dividir el importe del capital contable al 31 de diciembre de 2XX1 contenido en el balance general entre el número de acciones en circulación:

$$\text{Valor del capital contable por acción} = \frac{\$80,700}{1,000} = \$80.70$$

El valor en libros del capital representa el importe del capital aportado más el capital ganado a una fecha determinada, mientras que el valor de mercado del capital es lo que valen las acciones considerando el importe de los flujos que se espera genere la empresa en el futuro, y representa en lo que se podrían negociar estas acciones en el mercado de capitales.

Asimismo, de acuerdo con estos resultados, la razón precio de mercado/valor en libros por acción es de:

Precio de mercado		83.11111		
	=		=	**$1.0299**
Valor en libros		80.7000		

En este ejemplo, el precio de mercado supera al valor en libros del capital en $0.0299 por acción.

A esta fórmula de perpetuidad con crecimiento se le conoce como Modelo de Crecimiento de Gordon, el cual puede ser aplicado en una empresa que se espera crecerá a una tasa constante, ya que supone que la tasa de crecimiento de los dividendos (g) se mantiene constante a lo largo de la vida de la empresa.

El supuesto de que la tasa de crecimiento de los dividendos se mantenga constante en el tiempo es un supuesto difícil de cumplir, considerando que las utilidades dependen de factores internos y externos a la entidad.

Adicionalmente, este modelo es muy sensible a variaciones en la tasa de crecimiento, de hecho, si la tasa de crecimiento se llegara aproximar fuertemente al costo de oportunidad del inversionista, el precio de la acción tendería a infinito.

El modelo de dividendos se basa en la premisa de que los únicos flujos que recibe el inversionista son los dividendos. Sin embargo, puede recibir otra clase de flujos como son los reembolsos de capital. Por lo que un modelo que considera una definición más extensa del tipo de flujos que puede recibir el accionista es el de Flujo de Efectivo Residual, el cual se obtiene descontándole/adicionándole, según corresponda, al Flujo de Efectivo Libre (explicado anteriormente) el flujo de la deuda con costo (el cual incluye los intereses, las amortizaciones al capital y los aumentos en los pasivos con costo).

A continuación se ejemplifica el cálculo del Flujo de Efectivo Residual (FER), retomando el resultado del ejemplo de la Compañía Equis.

El resultado del FEL obtenido anteriormente se reproduce enseguida:

Compañía Equis, S. A.
Flujo de Efectivo Libre 2XX1

Utilidad de Operación	$18,000
Impuestos sobre la Utilidad de Operación	(5,220)
Utilidad de Operación después de impuestos	**12,780**
Partidas Virtuales	12,000
Flujo Bruto	**24,780**
Cambios en el Capital de Trabajo	
Inventario	1,700
Cuentas por cobrar	1,000
Proveedores	(1,500)
Flujo de Operación	**25,980**
Cambios en los Inmuebles, Planta y Equipo	(10,000)
Flujo de Efectivo Libre	**$15,980**

La empresa se encuentra financiada con un préstamo bancario, cuyo saldo al 31 de diciembre de 2XX1 es de $35,000; sin embargo, la compañía tiene pensado refinanciar constantemente su adeudo. Por lo cual la única salida de efectivo sería los intereses a cargo, pagados en el ejercicio, cuyo importe es de $3,500 (el monto prestado, $35,000 por la tasa de interés de 10% anual). Sin embargo, cabe destacar que una porción de estos intereses son deducibles para efectos fiscales, por dicha razón el flujo neto de la deuda sería aproximadamente el monto de los intereses neto de impuestos: $3,500 x (1-.29) = $2,485.

Con lo cual, el flujo de efectivo residual para los accionistas sería el FEL menos el flujo de la deuda.

Flujo de Efectivo Libre	**$15,980**
Flujo de la deuda	(2,485)
Flujo de Efectivo Residual para el accionista	**$13,495**

Si se supusiera que la empresa va a mantener este FEL a perpetuidad, así como el mismo nivel de apalancamiento, se utilizaría como tasa de descuento el mismo CPPC calculado anteriormente, en consecuencia, el valor de toda la compañía se obtendría aplicando la fórmula de la perpetuidad, como se presenta a continuación:

$$\text{Valor de Mercado de la Compañía Equis:} = \frac{\$15,980}{0.099} = \$161,414.40$$

Por otra parte, el valor en libros de la empresa es $118,200; como se puede observar, existe una diferencia de $43,214.14, la cual es derivada del potencial que tiene la empresa para generar beneficios futuros.

En tanto, el valor de mercado del capital accionario se obtendría descontando el flujo de efectivo libre del accionista con su costo de oportunidad, el cual fue calculado con el modelo CAPM.

Por lo tanto, el valor de mercado del capital accionario de la Compañía Equis sería:

$$\text{Valor de mercado} = \frac{\$13,495}{0.1119} = \$120,598.75$$

Considerando que la empresa cuenta con 1,000 acciones en circulación, el precio de mercado por acción al 31 de diciembre de 2XX1, bajo el modelo de flujos descontados, es de $120.598.

Asimismo, como se vio con el modelo de dividendos descontados, el valor en libros del capital contable por acción resulta de dividir el importe del capital contable al 31 de diciembre de 2XX1, contenido en el balance general, entre el número de acciones en circulación:

$$\text{Valor del capital contable por acción} = \frac{\$80{,}700}{1{,}000} = \$80.70$$

Recalcando lo ya comentado, el valor en libros del capital representa el importe del capital aportado más el capital ganado a una fecha determinada, mientras que el valor de mercado del capital es lo que valen las acciones descontando los flujos esperados en el futuros.

Asimismo bajo este modelo, la razón precio de mercado/valor en libros por acción es de:

Precio de mercado	=	120.59875	=	**$1.4944**
Valor en libros		80.7000		

Por lo tanto, el precio de mercado supera al valor en libros del capital en $0.4944 por acción.

5. Valuación de Bonos (Obligaciones)

Las obligaciones son títulos de crédito que las sociedades anónimas pueden emitir y representan la participación individual de sus tenedores en un crédito colectivo constituido a cargo de la sociedad emisora.

De acuerdo con el artículo 209 de la Ley General de Títulos y Operaciones de Crédito, las obligaciones serán nominativas y deberán emitirse en denominaciones de cien pesos o sus múltiplos, excepto tratándose de obligaciones que se inscriban en el Registro Nacional de Valores e Intermediarios y se coloquen en el extranjero entre el gran público inversionista, en cuyo caso podrán emitirse al portador. Asimismo, los títulos de las obligaciones llevarán adheridos cupones.

Respecto al pago de los cupones, por lo general se efectúa en fechas determinadas y el principal se liquida al vencimiento.

Además, es importante mencionar que al emitir un bono se debe evaluar, entre otras cosas, la situación económica del país, el proyecto que se quiere financiar y la solvencia de la empresa.

En lo que respecta a la normatividad contable, estos instrumentos se encuentran regulados en los Boletines C-9 y C-12.

De acuerdo con el Boletín C-9, "el pasivo por emisión de obligaciones debe representar el importe a pagar de las obligaciones emitidas, de acuerdo con el valor nominal de los títulos, menos el descuento o más la prima por su colocación".

Adicionalmente, de acuerdo con el Boletín C-12, los instrumentos combinados (aquellos que incluyen componentes de pasivo y de capital), debe valuarse segregando cada uno de los componentes, "el monto atribuible al pasivo debe determinarse a través del valor presente de los flujos de efectivo que deberán ser entregados en el futuro, calculados a la tasa apropiada de descuento que corresponderían a la emisión del instrumento de deuda sin considerar el componente de capital". Una vez cuantificado el importe correspondiente al pasivo, "por diferencia con la contraprestación recibida se determina la porción del capital contable".

En esta sección se verá cómo determinar el precio de un bono mediante la aplicación de la técnica de valor presente, ya explicada, con ello se establecerá si éste fue emitido a descuento, con prima o a la par.

El valor de un bono es el valor presente de los flujos esperados descontados a la tasa de interés que refleje el riesgo de incumplimiento (*default*) del emisor.

Los bonos se clasifican en tres categorías:

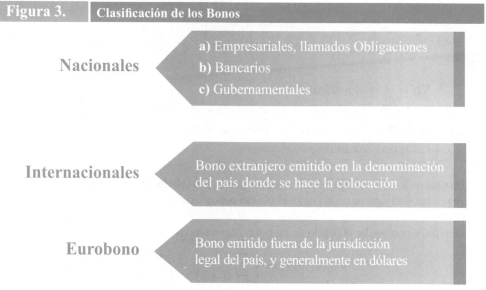

Figura 3. Clasificación de los Bonos

Nacionales
a) Empresariales, llamados Obligaciones
b) Bancarios
c) Gubernamentales

Internacionales
Bono extranjero emitido en la denominación del país donde se hace la colocación

Eurobono
Bono emitido fuera de la jurisdicción legal del país, y generalmente en dólares

Los elementos de un bono son:

- Fecha de la emisión, cuando la compañía emisora hace la colocación.
- Fecha de redención o vencimiento, cuando se liquida el valor nominal. Los bonos generalmente tienen vidas definidas a diferencia de las acciones, a excepción de los bonos llamados "Consol", ya que éstos son perpetuidades.
- Precio, es el valor presente de los flujos esperados.
- i_c, es la tasa cupón, fijada en términos porcentuales.

- Valor nominal, valor que toma como referencia el bono.
- i, tasa de rendimiento requerida.
- Cupón, es el resultado de multiplicar el valor nominal por la tasa cupón.

El precio del bono se obtiene descontando los flujos esperados (los cupones y el valor nominal) con la tasa de rendimiento requerida.

Adicionalmente, por sus flujos esperados, los bonos pueden catalogarse en bonos cupón cero y bonos cuponados.

Los *bonos cupón cero* no efectúan pagos periódicos, hasta el vencimiento recibe el valor nominal. Por lo cual, el poseedor obtiene como interés la diferencia entre el valor nominal y el precio.

La fórmula para obtener el precio de un bono cupón cero se muestra a continuación:

$$\text{Precio del bono} = \frac{VN}{\left(1 + \dfrac{i}{m}\right)^{mt}}$$

Donde:

- VN es el valor nominal.
- m es el periodo de capitalización de la tasa de rendimiento.
- t es el número de periodos hasta el vencimiento.
- i es la tasa de rendimiento requerida.

Por otra parte, los *bonos cuponados,* como su nombre lo indica, pagan cupones durante periodos regulares y al vencimiento pagan el último cupón más el valor nominal.

La fórmula para calcular el precio de un bono cuponado es:

$$\text{Precio del bono} = \sum_{t=1}^{n} \frac{C_t}{(1+i)^n} + \frac{VN}{(1+i)^n}$$

Donde:

- Ct, es el cupón esperado en el periodo t.
- n es el vencimiento del bono.

Si los cupones son cantidades iguales pagadas durante periodos regulares, el precio del bono puede obtenerse aplicando la fórmula de anualidad, como se muestra a continuación:

$$\text{Precio del bono} = C_t \left[\frac{1}{i} - \frac{1}{i(1+i)^t} \right] + \frac{VN}{(1+i)^n}$$

A continuación se ejemplifica el cálculo del precio de un bono:

La Compañía Siel emitirá obligaciones a 4 años. Estos instrumentos pagarán cupones trimestrales al 10% anual. El valor nominal del bono es de $1,000 y el rendimiento requerido es del 12% anual.

El primer paso consiste en hacer consistente la tasa cupón con los pagos:

$$i_c \text{ trimestral} = \frac{0.10}{4} = .025$$

Posteriormente, se calcula el importe de los cupones trimestrales = $1,000 x 0.025 = $25

El siguiente paso es hacer consistente la tasa de rendimiento con la periodicidad de los pagos.

$$i \text{ trimestral} = \frac{0.12}{4} = .03$$

El total de pagos que se realizarán durante la vigencia del bono son 16 (4 años x 4 trimestres al año) y el precio del bono será de:

$$\text{Precio del bono} = 25 \left[\frac{1}{.03} - \frac{1}{.03(1+.03)^{16}} \right] + \frac{1000}{(1+.03)^{16}} = \$937.19$$

Como se puede observar, el precio del bono es menor que el valor nominal, lo cual significa que este instrumento se emitió con descuento. Esta situación se explicará con mayor detalle al analizar los factores que afectan los precios de un bono.

Si este instrumento no hubiera pagado cupones, no se capitalizarían los intereses y por lo tanto su precio sería de:

$$\text{Precio del bono} = \frac{1000}{(1.12)^4} = \$635.52$$

5.1. Factores que afectan el precio de un bono

Existen tres relaciones importantes que afectan el precio de un bono:

- Relación entre la tasa de rendimiento y el precio del bono.
- Relación entre la tasa cupón, la tasa de rendimiento y el precio del bono.
- Relación entre el tiempo y el precio del bono.

En las siguientes secciones se explicarán cada una de estas relaciones.

5.1.1. Relación entre la tasa de rendimiento y el precio

El precio de un bono es inversamente proporcional a la tasa de rendimiento, es decir, cambia en dirección contraria ante variaciones en la tasa de interés.

Esta situación puede verse con mayor claridad al analizar la fórmula para obtener el precio del bono.

Si aumenta la tasa de interés y se mantiene constante el valor nominal, el precio del bono baja.

$$\downarrow\text{Precio del bono} = [\ \overline{VN}\ /\ (1+\uparrow i)\ ]$$

El caso contrario es cuando la tasa de interés baja, manteniendo el valor nominal constante, provoca que el precio del bono aumente.

$$\uparrow\text{Precio del bono} = [\ \overline{VN}\ /\ (1+\downarrow i)\ ]$$

Tomando los datos de la compañía Siel, se puede evaluar, tanto en la tabla como gráficamente, cómo cambia el precio del bono, variando únicamente la tasa de rendimiento.

Tabla 7.	Precio del bono vs. Tasa de rendimiento

Tasa de rendimiento	Tasa cupón	Precio del bono
2%	10%	$1,306.80
5%	10%	$1,180.25
7%	10%	$1,103.88
10%	10%	$1,000.00
12%	**10%**	**$937.19**
15%	10%	$851.62
17%	10%	$799.79
19%	10%	$751.75

Gráafica 4. | **Precio del bono vs. Tasa de rendimiento**

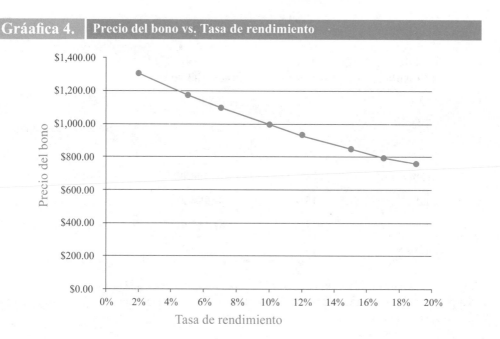

Como se puede observar en la **gráfica 4**, la relación no es lineal sino obedece a una función convexa, esto se da por el efecto de la composición en la tasa de rendimiento.

5.1.2. Relación entre la tasa cupón, la tasa de rendimiento y el precio

Si la tasa cupón cambia y la tasa de rendimiento se mantiene constante, la única variable que puede compensar al inversionista es el precio.

Cuando la tasa cupón es igual a la tasa de rendimiento, el precio del bono es igual a su valor nominal; en este caso se dice que el bono está a la par.

Cuando la tasa cupón es menor a la tasa de rendimiento, el precio del bono es menor al valor nominal, lo anterior debe compensar al inversionista, ya que el cupón es menor al rendimiento esperado, por lo tanto el bono debe venderse a descuento.

Por el contrario, cuando la tasa cupón es mayor a la tasa de rendimiento, el precio del bono es mayor al valor nominal y el bono se emite con prima.

Tomando los datos del ejemplo anterior, la variación en el precio ante cambios en la tasa cupón se muestra en la siguiente tabla y gráfica:

Tabla 8.	Precio del bono vs. Tasa cupón		

Tasa de rendimiento	Tasa cupón	Precio del bono	
12%	5%	$780.18	
12%	7%	$842.99	Bonos a descuento
12%	10%	$937.19	
12%	**12%**	**$1,000.00**	Bono a la par
12%	15%	$1,094.21	
12%	17%	**$1,157.01**	Bonos con prima
12%	19%	$1,219.82	

Tal como se puede observar en la tabla 8, los bonos a descuento, a la par y con prima se muestran para niveles de la tasa de rendimiento menores a 12%, exactamente 12% y superiores a 12%, respectivamente.

Asimismo, la gráfica 5 exhibe la relación positiva entre la tasa cupón de un bono y su precio.

Gráfica 5.	Precio del bono vs. Tasa cupón		

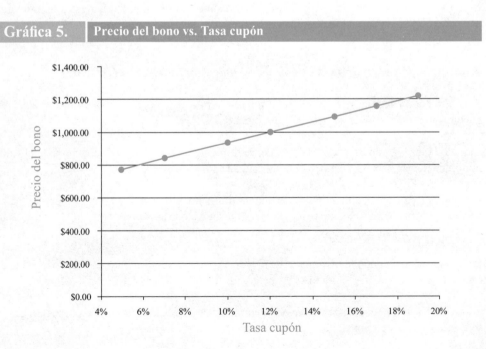

5.1.3. Relación entre el tiempo y el precio

Independientemente de si el bono fue emitido a la par, con prima o con descuento, conforme se aproxima la fecha de vencimiento el precio del instrumento se acerca a su valor nominal.

Retomando nuevamente los datos del ejemplo anterior, pero ahora variando el número de periodos y la tasa cupón, se comprueba en la tabla 9 que conforme se aproxima la fecha de vencimiento, el precio del bono se aproxima a su valor nominal.

Tabla 9.	Precio del bono vs. Tasa cupón		

	Tasa cupón		
Plazo de vencimiento	10%	12%	15%
16 trimestres	$937.19	$1,000.00	$1,094.21
8 trimestres	$964.90	$1,000.00	$1,052.65
2 trimestres	$990.43	$1,000.00	$1,014.35
0 trimestres	$1,000.00	$1,000.00	$1,000.00

(Precio)

Asimismo, la gráfica 6 muestra las distintas relaciones entre el número de periodos y el precio del bono, para los bonos a descuento, a la par y con prima, con tasas cupón de 10%, 12% y 15%, respectivamente.

Gráfica 6.	Precio del bono vs. Tiempo

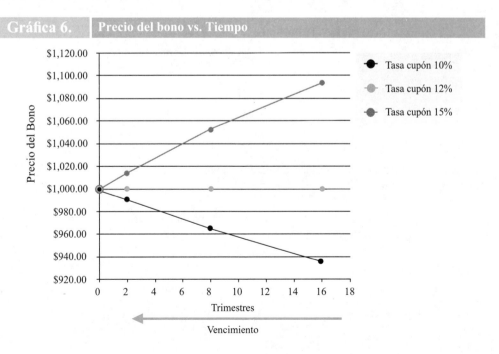

5.2. Medidas de rentabilidad de los bonos

Existen tres medidas para el evaluar el rendimiento que ofrece un bono: el rendimiento corriente, el rendimiento a vencimiento y/o el rendimiento anticipado.

A continuación se explican cada una.

5.2.1. Rendimiento Corriente

Este medidor evalúa la relación entre el cupón anual y el precio de mercado. Se calcula dividiendo el cupón anual entre el precio del bono.

$$\text{Rendimiento corriente anual} = \frac{\textit{Cupón anual}}{\textit{Precio del bono}}$$

Algunas de las características de este medidor son:

- Considera únicamente el cupón e ignora la pérdida o la ganancia en capital al comprar el bono a descuento o con prima, respectivamente.
- Ignora el valor del dinero en el tiempo.

El rendimiento corriente que obtendrán los poseedores del bono emitido por la Compañía Siel sería de:

$$\text{Rendimiento corriente anual} = \frac{\$25 * 4}{\$937.19} = \frac{\$100}{\$937.19} = 10.67\%$$

Cupón Trimestral

Número de Trimestres

Precio del bono

Asimismo, se pueden establecer las siguientes relaciones comparando el rendimiento corriente contra la tasa cupón:

- Si el rendimiento corriente anual es menor que la tasa cupón, entonces significa que el bono fue emitido con prima.
- Si el rendimiento corriente anual es mayor que la tasa cupón, entonces el bono fue emitido a descuento.
- Si el rendimiento corriente es igual que la tasa cupón, entonces el bono fue emitido a la par.

En el caso de la emisión efectuada por la Compañía Siel, el rendimiento corriente es de 10.67% anual, mientras que la tasa cupón es de 10% anual, lo cual corrobora que el precio del bono es menor que el valor nominal, es decir, el bono fue emitido con descuento.

5.2.2. Rendimiento a Vencimiento (RAV)

El análisis del bono se puede complementar con la evaluación del rendimiento a vencimiento, el cual se define como aquella tasa que hace que el valor presente de los flujos sea igual al precio del instrumento, considerando que el inversionista mantiene el bono hasta su vencimiento y que los cupones se reinvierten a la tasa cupón.

Este medidor es equivalente a la TIR de un proyecto.

La fórmula para calcularlo se muestra a continuación:

$$\text{Precio del bono} = \sum_{t=1}^{n} \frac{C_t}{(1 + RAV)^t} + \frac{VN}{(1 + RAV)^n}$$

Donde:

- RAV es el rendimiento a vencimiento.

El ejemplo del cálculo del RAV se presenta en seguida.

Una compañía emitió un bono a un precio de \$963.3321, con valor nominal de \$1,000, vencimiento a dos años. Los cupones se pagan semestralmente y la tasa cupón es de 8% anual.

Para obtener el RAV se deben seguir los pasos mostrados anteriormente en el cálculo del precio.

El primer paso consiste en hacer consistente la tasa cupón con los pagos:

$$i_c \text{ semestral} = \frac{0.08}{2} = .04$$

Posteriormente, se calcula el importe de los cupones semestrales:

Importe de cupones semestrales = \$1,000 x 0.04 = \$40

El total de pagos que se realizarán durante la vigencia del bono son 4 (2 años x 2 semestres al año).

Se iguala la fórmula de valor presente al precio de mercado del bono, teniendo como incógnita el RAV.

$$\$930.6978= \frac{40}{\left(1+RAV\right)^{1}} + \frac{40}{\left(1+RAV\right)^{2}} + \frac{40}{\left(1+RAV\right)^{3}} + \frac{40+1000}{\left(1+RAV\right)^{4}}$$

Con lo cual se llega a que el RAV es 6% semestral o 12% anual.

El RAV considera además del ingreso corriente del cupón, la ganancia o pérdida en capital por mantener el bono hasta su vencimiento, así como el valor del dinero en el tiempo.

5.2.3. Rendimiento Anticipado

Finalmente, el rendimiento anticipado se calcula cuando el poseedor del bono lo vende antes de su vencimiento. Éste se define como aquella tasa que hace que el valor presente de los flujos sea igual al precio del bono en la fecha en que es vendido.

La rentabilidad se obtiene al comparar el precio de adquisición contra los beneficios derivados de la adquisición y mantenimiento del instrumento antes de su vencimiento (cupones, ingreso proveniente de la reinversión de los cupones y el precio al que se venda el bono antes de su vencimiento).

Para ejemplificar el cálculo del rendimiento anticipado, se considerarán los datos del ejemplo anterior.

Suponiendo que el dueño del instrumento planea mantenerlo únicamente por un año, que los cupones recibidos se van a reinvertir a la tasa del 10% anual, y que, de acuerdo con el análisis del mercado, se espera que dentro de un año el RAV sea del 11% anual.

El rendimiento anticipado se obtendrá al comparar el precio al que se adquirió el instrumento contra los beneficios obtenidos.

Como se mencionó en la sección anterior, el precio de adquisición fue de $930.6978, mientras que los beneficios obtenidos fueron los cupones semestrales reinvertidos a la tasa del 5% semestral = 10%/2.[16]

Asimismo, para conocer el importe derivado de la reinversión, se calcula el valor futuro de los mismos, con la fórmula de la anualidad regular (ver sección 2.3.1):

$$VF = A\left[\frac{\left(1+i\right)^{n}-1}{i}\right] = 40\left[\frac{\left(1+.05\right)^{2}-1}{.05}\right] = \$82$$

---

16 Se divide entre dos porque durante el periodo de la reinversión (1 año) hay dos semestres.

Posteriormente, se obtiene el precio al que puede venderse el bono, considerando que le resta sólo un año (2 semestres) y que la RAV es de 5.5% semestral $=\frac{11\%}{2}$:

$$\text{Precio del bono} = 40\left[\frac{1}{.055} - \frac{1}{.055(1+.055)^2}\right] + \frac{1000}{(1+.055)^2} = \$972.305$$

Por lo tanto, el total de beneficios es de $1,054.3052 ($972.3052 + $82), mientras que el precio de mercado al que se adquirió el instrumento fue de $930.6978.

Por lo tanto, rendimiento anticipado implícito en esta operación es:

$$\$930.6978 = \frac{\$1054.3052}{(1+y)^2}$$

Donde:

- y es el rendimiento anticipado.

El exponente del denominador, en este caso "2", es el número de periodos restantes antes del vencimiento.

Haciendo un poco de álgebra se llega a que el rendimiento anticipado es:

$$(1+y) = \sqrt{\frac{1054.3052}{930.6978}} = 1.06434$$

y = .06434 semestral.

y = 12.87% anual.

Para que el inversor pueda decidir si debe vender el bono antes de su vencimiento o mantenerlo hasta el final, deberá comparar el RAV con el rendimiento anticipado, si el primero resulta mayor entonces deberá mantenerlo hasta el vencimiento, en caso contrario sería conveniente venderlo.

En este ejemplo el rendimiento anticipado es de 12.87% anual, mientras que el RAV es de 10% anual, por consecuencia le conviene al inversionista vender el bono un año antes de su vencimiento.

Finalmente, el Apéndice 3 explica brevemente cómo se calcula el valor del bono cuando las tasas de interés son estocásticas[17], es decir, a diferencia de los ejemplos anteriores, las tasas de rendimiento no son conocidas de antemano.

---

17 Se denomina estocástico a aquel sistema que funciona, sobre todo, por el azar.

CAPÍTULO III

Técnicas de Valuación de Instrumentos Derivados

1. Introducción

Debido a la globalización experimentada durante los últimos años, ha crecido el volumen, la complejidad y la incertidumbre de las operaciones que realizan las entidades, lo cual ha acrecentado el uso de instrumentos derivados y de cobertura.

Se denominan derivados "a los instrumentos financieros cuyo valor depende de otro instrumento", Fernández (1996).

Algunos de los instrumentos derivados más comunes en México son: las opciones, los futuros, los *forwards*, los *swaps* y los *warrants*.

Una opción es un contrato que le otorga al poseedor el derecho, mas no la obligación de comprar o vender un activo (llamado subyacente), a un precio determinado (precio de ejercicio) en una fecha establecida.

Los *forwards* son acuerdos entre un comprador y un vendedor con el objeto de realizar una compra o una venta en el futuro a un precio pactado en el momento de la realización del acuerdo. Los futuros son muy similares a los contratos *forwards*, pero con las siguientes diferencias:

- En los futuros, el comprador tiene como contraparte al mercado de futuros.
- En los futuros, el comprador y el vendedor deben depositar una garantía, la cual es utilizada en el caso de que alguna de las partes no cumpla sus obligaciones.
- En los *forwards*, las partes deben esperar a la fecha de vencimiento del contrato para realizar la transacción, mientras que en el futuro se establece una liquidación periódica, lo cual implica que el comprador y el vendedor van realizando o recibiendo pagos constantemente, en función de la variación en el valor del activo subyacente.
- En los *forwards*, las partes elaboran los contratos a la medida, mientras que los futuros son contratos estandarizados.
- En los *forwards* se busca la transmisión física del activo subyacente, mientras que en los futuros uno de los objetivos es servir como mecanismo de cobertura.

Los *swaps* son contratos donde se establece la obligación bilateral de intercambiar flujos de efectivo en fechas futuras preestablecidas, sobre el valor de referencia (nocional).

Un *warrant* es un contrato que compromete a la empresa emisora a entregar una acción nueva al poseedor del contrato, a cambio del denominado precio de ejercicio.

1.1. La evolución de los instrumentos derivados en México[1]

Las operaciones de contratos de futuros se remontan a principios del siglo XIX, entre los agricultores y los comerciantes de granos de Chicago. La producción de las granjas a orillas del lago Michigan estaba expuesta a bruscas fluctuaciones de precios, por lo cual los productores y comerciantes comenzaron a celebrar acuerdos de entrega en una fecha futura, a un precio determinado con anterioridad.

En 1848 se estableció el *Chicago Board of Trade* (CBOT), con el objeto de estandarizar la cantidad y calidad del grano de referencia. Pero no fue hasta 1865 cuando se negociaron los primeros contratos de futuro estandarizados en el CBOT.

Desde sus inicios, los participantes vieron la necesidad de crear una Cámara de Compensación, con el fin de asegurar el cumplimiento de las contrapartes.

El *Chicago Product Exchange* fue fundado en 1874 con el propósito de negociar a futuro productos perecederos, asimismo en el año de 1898 surge el *Chicago Butter and Egg Board*. Ambas instituciones dieron origen al *Chicago Mercantile Exchange* (CME), el cual fue constituido como bolsa de futuros sobre diversos productos agroindustriales.

Sin embargo, el mercado de futuros surgió de manera formal hasta 1972, cuando el CME crea el *International Monetary Market* (IMM), una división destinada a operar futuros sobre divisas. Otro avance importante se logró en 1982, cuando se comenzaron a negociar contratos de futuro sobre el índice de *Standard & Poor's* y sobre otros índices bursátiles, casi simultáneamente en Kansas, Nueva York y Chicago.

Por otra parte, el mercado de opciones tuvo sus inicios a principios del siglo XX, pero se formalizó con la *Put and Call Brokers and Dealers Association*; sin embargo, no se logró desarrollar un mercado secundario, ni se consiguió implantar mecanismos que aseguraran el cumplimiento de las contrapartes. El mercado formal para las opciones surge hasta 1973, cuando el CBOT estableció una bolsa especializada en este tipo de operaciones, el *Chicago Board Options Exchange* (CBOE). Dos años más tarde, se comenzaron a negociar opciones en el *American Stock Exchange* (AMEX) y en el *Philadelphia Stock Exchange* (PHLX). En 1976 se incorporó el *Pacific Stock Exchange* (PSE).

El mercado de futuros, opciones, *warrants* y otros productos derivados tuvo un desarrollo considerable hasta la década de los 80. A finales de esa década, el volumen de acciones de referencia en los contratos de opciones vendidos cada día, superaba al volumen de acciones negociadas en el *New York Stock Exchange* (NYSE).

Durante 1997 se operaron 27 trillones de dólares en productos derivados a nivel mundial, mientras que el valor de capitalización de las bolsas de valores alcanzaba los 17 trillones de dólares. Es decir, la negociación de derivados equivalía a 1.6 veces el valor de los subyacentes

---

1 Fuente: http://www.mexder.com.mx/MEX/Antecedentes.html

listados en las bolsas del mundo. En 1997, las bolsas de derivados de Chicago manejaban un volumen de casi 480 millones de contratos.

Desarrollo del Mercado de Derivados en México

A partir de 1978 se comenzaron a cotizar contratos a futuro sobre el tipo de cambio peso/dólar, los que se suspendieron a raíz del control de cambios decretado por el entonces presidente Miguel de la Madrid en 1982.

En 1983, la Bolsa Mexicana de Valores (BMV) listó futuros sobre acciones individuales y petrobonos,[2] los cuales registraron operaciones hasta 1986.

Asimismo, el Gobierno Federal ha emitido diversos instrumentos híbridos de deuda, los cuales incluyen contratos *forwards* para la valuación de los cupones y del principal, lo cual permite indexar estos valores nominales a distintas bases. Estos instrumentos han sido importantes para la constitución de carteras; sin embargo, no han tenido liquidez en los mercados secundarios.

Algunos ejemplos de este tipo de instrumentos son:

- Los Petrobonos, los cuales se encontraban indexados al petróleo calidad Istmo. Periodo de operación: 1977 a 1991.
- Los Pagafes, los que se encontraban indexados al tipo de cambio controlado. Periodo de operación: 1986 a 1991.
- Los Tesobonos, los cuales se encuentran indexados al tipo de cambio libre. Periodo de operación: 1989 a la fecha.

Pero no sólo el Gobierno Federal ha emitido instrumentos indexados, también el sector privado ha lanzado instrumentos con características similares.

A principios de 1987 se reinició la operación de contratos diferidos sobre el tipo de cambio peso/dólar, por medio de Contratos de Cobertura Cambiaria de Corto Plazo registrados ante el Banco de México.

Asimismo, en la década de los noventa se negociaron en el mercado extrabursátil, conocido por sus siglas en inglés como OTC (*Over-the-Counter*),[3] contratos *forward* sobre tasas de interés de títulos gubernamentales. Estos instrumentos fueron pactados en forma interinstitucional sin un marco operativo formal y fueron suspendidos a mediados de 1992.

---

2 Los petrobonos son certificados de participación que representan derechos para sus titulares sobre una parte alícuota de la propiedad del volumen de petróleo dado en fideicomiso, así como del producto de la venta del mismo patrimonio fideicomitado. Ese fideicomiso cuenta como patrimonio con barriles de petróleo crudo, que el gobierno adquiere de Petróleos Mexicanos.

3 Las operaciones *Over The Counter* (OTC) son negociaciones bilaterales de instrumentos financieros que se realizan fuera del ámbito de los mercados organizados.

A partir de octubre de 1992, la BMV inició la operación de *warrants* sobre acciones individuales, canastas e índices accionarios. Asimismo, durante 1992 y 1994 se listaron en la Bolsa de Luxemburgo y en la Bolsa de Londres diversos *warrants* sobre acciones e índices accionarios mexicanos.

A finales de 1992 se inició la negociación de opciones sobre ADR's[4] de Telmex serie "L" en el CBOT, y para 1994 ya se operaban diversas opciones sobre acciones mexicanas en el CBOE, en el AMEX, en el NYSE, en el PLHX, y en las bolsas de Londres y Luxemburgo. Adicionalmente, durante ese mismo año se celebraron contratos *forward* y *swaps* sobre el tipo de cambio, tasas de interés y *commodities*,[5] entre intermediarios extranjeros y entidades nacionales, sin reconocimiento ni protección jurídica.

En 1994, entraron en vigor las normas de Banco de México para la operación de contratos *forward* sobre la Tasa de Interés Interbancaria Promedio (TIIP) y sobre el INPC, sujetos a registro ante el banco central y cumpliendo las normas del Grupo de los Treinta,[6] para garantizar el control administrativo y de riesgo.

El Mercado de Derivados listados comenzó en 1994, cuando la BMV financió la Bolsa de Opciones y Futuros, denominada MexDer (Mercado Mexicano de Derivados, S. A. de C. V.), por su parte, S.D. Indeval, S. A. de C. V. (INDEVAL)[7] creó la cámara de compensación de derivados denominada Asigna, Compensación y Liquidación. Sin embargo, el MexDer comenzó a operar hasta el 15 de diciembre de 1998.

El MexDer se constituyó como una Sociedad Anónima de Capital Variable, autorizada por la Secretaría de Hacienda y Crédito Público e inició operaciones con cuatro Socios Liquidadores,[8] quienes operaron contratos de futuros sobre el dólar estadounidense.

---

4 Los *American Depositary Receipt*, conocidos por sus siglas en inglés como ADR's, representan acciones de una compañía extranjera que son custodiadas por un banco local y les da derecho a los accionistas sobre todos los dividendos y sobre las ganancias de capital.

5 Un *commodity* es una sustancia física, como alimentos, granos, y metales, que es permutable por otro producto del mismo tipo.

6 El Grupo de los Treinta (G-30) fue creado en el año de 1978. Es un órgano internacional privado, sin fines de lucro, integrado por personalidades de alto nivel de los sectores público y privado y los medios académicos. Tiene por objeto profundizar la comprensión de los aspectos económicos y financieros internacionales, explorar las repercusiones internacionales de las decisiones de política, y examinar las opciones de política sobre temas clave. Los miembros se reúnen en sesiones plenarias que tienen lugar dos veces al año para analizar los acontecimientos económicos, financieros y de política. El G-30 está financiado por fundaciones, bancos, empresas, bancos centrales y particulares.

7 El INDEVAL tiene, entre otros, los objetivos: de prestar al sistema financiero los servicios de interés público de guarda, custodia, administración, compensación y liquidación de valores, en un ámbito de máxima confianza y seguridad; y de buscar que las necesidades de los clientes sean cubiertas mediante servicios transparentes y efectivos y con altos estándares de calidad.

8 Los Socios Liquidadores (SL) son fideicomisos cuyo objetivo es celebrar las operaciones en la bolsa y compensar y liquidar los contratos por cuenta de las instituciones de banca múltiple, de las casas de bolsa y de los clientes.

Actualmente, se encuentran listados en el MexDer contratos de futuros sobre divisas (dólar estadounidense), sobre índices (Índice de Precios y Cotizaciones, IPC), sobre deuda (Cetes a 91 días, Tasa de Interés Interbancaria de Equilibrio a 28 días, Bono a 3 años y Bono a 10 años) y sobre acciones (Cemex CPO, FEMSA UBD, GCarso A1, Telmex L y América Móvil L). En lo que respecta a los contratos de opciones, se operan en el MexDer contratos de compra y de venta sobre el IPC, sobre acciones (Cemex CPO, FEMSA UBD, GCarso A1, Telmex L, Walmex V, G Modelo C, Televisa CPO, América Móvil L y NAFTRAC 02)[9] y sobre ETF's (Exchange Trade Fund) o Fondos Cotizados (Nasdaq 100, Standard & Poor's 500 y el Index Tracking Stock).

A continuación se muestra en las gráficas 1 y 2 el desempeño histórico del volumen operado hasta septiembre de 2007 de contratos de futuros y de opciones.

Gráfica 1	Volumen operado en el MexDer de contratos de futuros

Cifras en millones de contratos

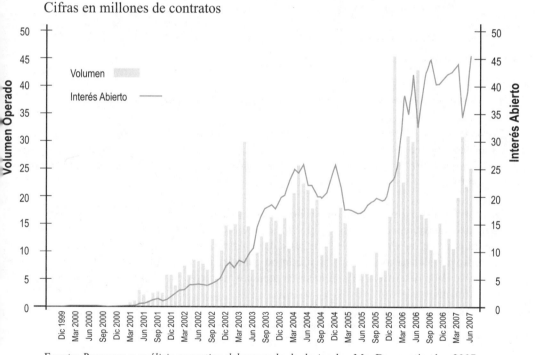

Fuente: *Resumen y análisis operativo del mercado de derivados.* MexDer, septiembre 2007

---

9 Nacional Financiera (Nafinsa) emitió en abril de 2002 el NAFTRAC, cuyo objetivo es reproducir el comportamiento del IPC de la BMV y facilitar a pequeños inversionistas el acceso a inversiones patrimoniales.

| Gráfica 2. | Volumen operado en el MexDer de contratos de opciones |

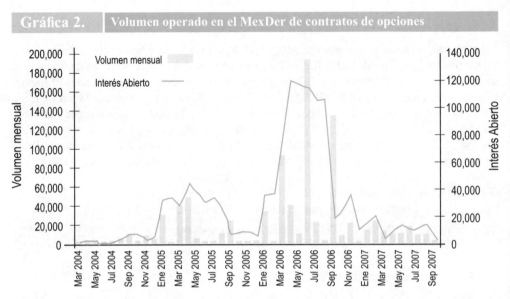

Fuente: *Resumen y análisis operativo del mercado de derivados.* MexDer, septiembre 2007

1.2. Normatividad Contable de los Instrumentos Derivados en México

Como se mencionó en el capítulo I de este libro, la Comisión de Principios de Contabilidad emitió los Boletines C-2, *Instrumentos financieros*, y C-10, *Instrumentos financieros derivados y operaciones de cobertura,*[10] considerando la importancia de estos instrumentos en el ámbito corporativo.

De acuerdo con lo dispuesto en dichos boletines, estos instrumentos deben valuarse a su valor razonable, entendiendo que cuando el valor de mercado satisface la condición de pactarse en una transacción de libre competencia, éste debe ser considerado como el valor razonable. Si no existe el valor de mercado, o bien éste no cumple con ser de libre competencia, el valor razonable debe determinarse con base en modelos técnicos de valuación reconocidos en el medio financiero.

Debido a lo mencionado anteriormente, en las siguientes secciones de este capítulo se explican las técnicas de valuación utilizadas para determinar el valor de los instrumentos derivados.

---

10 Actualmente estos boletines se encuentran contenidos en las Normas de Información Financieras.

2. Valuación de contratos forward y futuros

2.1. Valuación de contratos forward

Un *forward* es un contrato que obliga al poseedor (comprador) a adquirir una cantidad determinada de ciertos activos, en una fecha futura especificada y a un cierto precio predeterminado. Por su parte, el vendedor del *forward* queda obligado a vender el activo bajo las condiciones establecidas en el contrato.

A diferencia de las opciones, las partes contratantes del *forward* quedan obligadas a comprar o a vender el activo subyacente.

A continuación se muestran gráficamente las ganancias/pérdidas que pueden tener los poseedores de un contrato *forward*. Al comprador del contrato se le denomina posición larga, mientras que al vendedor se le llama posición corta.

Gráfica 3.	Esquema de ganancias/pérdidas para el comprador y para el vendedor de un contrato *forward*

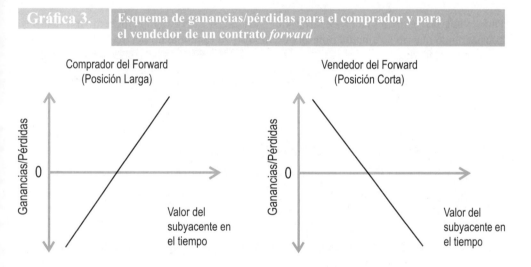

Al formalizarse la operación del contrato *forward*, las contrapartes no realizan ningún tipo de pago, lo cual sirve de condición para establecer la cantidad que deberá pagar en el futuro el poseedor del contrato.

El precio al que se ejercitará el contrato *forward* se llama precio *forward*.

Aunque al inicio de la operación las partes no efectuaron ningún pago por la realización del contrato, el valor del mismo varía conforme se modifica el precio del subyacente en el tiempo.

El esquema de flujos de la posición larga de un *forward* es similar al que tendría un individuo que pide prestado el valor del subyacente a pesos de hoy y que debe liquidar en el futuro. En la tabla 1 se muestran los flujos del comprador de un contrato *forward*.

Tabla 1.	Precio del contrato forward	

Acción	Hoy	Fecha de ejercicio
Compra del contrato *forward*	-x-	$St - F$
Pedir prestado	Fr^{-t}	$-F$
Compra del activo subyacente	$-S$	St
Flujos netos	$Fr^{-t} - S$	$St-F$

Fuente: *Opciones, futuros e instrumentos derivados,* Fernández (1996)

Para evitar las oportunidades de arbitraje,[11] los flujos en el tiempo deben ser iguales y, considerando que no se efectúa ningún desembolso en el momento del acuerdo, se llega a la siguiente igualdad:

$$Fr^{-t} - S = 0 \qquad Fr^{-t} = S \qquad F = Sr^t$$

Donde:

- St es el valor del subyacente al vencimiento (tiempo t).
- F es el valor del contrato *forward* al vencimiento.
- r es la tasa libre de riesgo.
- S es el valor del subyacente hoy.

Por lo tanto, el precio *forward* de un activo subyacente que no reparte dividendos se calcula de acuerdo con la siguiente fórmula:

$$F = Sr^t$$

En el siguiente ejemplo se muestra el cálculo del precio *forward* de una acción, el valor inicial del contrato y el valor del contrato después de cierto periodo de tiempo.

Supóngase que una persona realizó hace 6 meses un contrato *forward* con otra persona para comprar dentro de un año una acción de la Compañía Z. El precio de la acción al momento de

---

11 Arbitraje es una estrategia de comercialización, por medio de la cual se obtienen ganancias extra-normales sin riesgos.

realizar el contrato era de $55.54, esta acción no paga dividendos y la tasa libre de riesgo a un año era 7.46% anual.

A continuación se determinará:

1) El precio *forward* a un año de la acción de la Compañía Z al momento de la realización del acuerdo.
2) El valor inicial del contrato *forward*.
3) El valor del contrato *forward* seis meses después, considerando que la tasa libre de riesgo anual y el precio de la acción seis meses después son 7.70% anual y $62.39, respectivamente.

1) El precio *forward* a un año se calcula aplicando la fórmula anterior:
$$F = 55.54 \times 1.0746 = \$59.6832$$

2) El valor inicial del contrato es cero, ya que, como se comentó, las contrapartes no realizan ningún tipo de pago al momento de la formalización del contrato. Sin embargo, este valor cambia conforme se modifica el precio del subyacente.

3) El valor del contrato seis meses después será el siguiente:

$$(St\text{-}Fr^{\text{-}t}) = \left(St - \frac{59.5632}{(1+.0770)^{0.5}} \right) = \left(62.39 - \frac{59.5632}{(1+.0770)^{0.5}} \right) = (62.39 - 57.51) = \$4.879$$

Como se puede observar, el valor del contrato en el t_0 es cero; sin embargo, la variación en el precio de la acción incide en el valor del contrato, ya que durante seis meses el precio de la acción creció de $55.54 a $62.39, mientras que el valor de dicho contrato aumento a $4.879.

Si el subyacente pagara dividendos, el esquema de pagos sería el siguiente:

Tabla 2. Precio del contrato *forward* con subyacente que paga dividendos

Acción	Hoy	T	Fecha de ejercicio
Compra del contrato *forward*	-x-	-x-	St – F
Pedir prestado	Dividendo (D)	-D	-x-
Pedir prestado	$Fr^{\text{-}t}$		-F
Compra del activo subyacente	-S	D	St
Flujos netos	$D+ Fr^{\text{-}t} -S$	0	St-F

Fuente: *Opciones, futuros e instrumentos derivados*, Fernández (1996)

$$D + Fr^{-t} - S = 0 \qquad Fr^{-t} = S-D \qquad F=(S-D)r^t$$

En consecuencia, el precio *forward* de un activo subyacente que reparte dividendos es de:

$$F = (S-D)r^t$$

3. Valuación de contratos futuros

Los contratos *forward* y los futuros son muy similares, como ya se mencionó; sin embargo, existe una diferencia fundamental: el contrato de futuros requiere pagos periódicos de acuerdo con la fluctuación en el precio del subyacente.

Adicionalmente, en un contrato de futuros el pago requerido para comprar el subyacente al vencimiento es el precio del mismo en ese momento, debido a que todas las diferencias se liquidan durante la vigencia del contrato. Por lo que un contrato de futuros puede representarse como un conjunto de contratos *forward* a un día.

El precio de futuros debe cambiar con el transcurso del tiempo, de tal forma que el valor actual neto del contrato es igual a cero.

El esquema de pagos de un contrato de futuros se muestra en la tabla 3.

Tabla 3.	Precio del contrato futuros sin dividendos				
Concepto	t_0	t_1	t_2	t_3	t_N
Precio de la acción	S_0	S_1	S_2	S_3	S_N
Precio de futuros	F	F_1	F_2	F_3	F_N
Flujos de la posición larga	-x-	F_1-F	F_2-F_1	F_3-F_2	S_N-F_{N-1}

Fuente: *Opciones, futuros e instrumentos derivados*, Fernández (1996)

En el siguiente ejemplo se muestran los flujos que recibirá o pagará la posición larga de un contrato de futuros.

Supóngase que se compró un contrato de futuros sobre una acción cuyo precio al día de hoy es de $50, la tasa libre de riesgo es de 8% anual y el vencimiento del contrato es de 2 años.

De acuerdo con el análisis histórico de esta acción, existen 4 posibles trayectorias que pudiera seguir durante los próximos dos años.

Tabla 4.	Trayectorias del precio de la acción		

Trayectoria	t_0	t_1	t_2
1	$50	$65	$80
2	$50	$65	$60
3	$50	$40	$50
4	$50	$40	$40

El precio del contrato de futuros pactado el día de hoy con vencimiento a dos años, es de $50 x $(1.08)^2$= $58.32.

Consecuentemente, el precio que tendrá este contrato durante su vigencia se presenta en la tabla 5.

Tabla 5.	Precio del contrato futuros sin dividendos		

Trayectoria	t_0	t_1	t_2
1	$58.32	$65	$80
2	$58.32	$65	$60
3	$58.32	$40	$50
4	$58.32	$40	$40

Asimismo, los flujos que recibirá y pagará el comprador del contrato de futuros durante la vigencia del contrato, en cada uno de los escenarios, se muestran en la tabla 6.

Tabla 6.	Flujos del comprador del contrato de futuros		

Trayectoria	t_0	t_1	t_2
1	0	$6.68 = $65 -$58.32	$15 = $80 -$65
2	0	$6.68 = $65 -$58.32	-$5 = $60 -$65
3	0	-$18.32 = $40 -$58.32	$10 = $50 -$40
4	0	-$18.32 = $40 -$58.32	$0=$40 -$40

Como se puede observar, si el precio de la acción sigue una trayectoria ascendente (escenario 1), el comprador recibirá la diferencia entre precio del periodo anterior y el precio actual. Mientras que, en el caso de que el precio actual sea inferior al del periodo anterior, el comprador deberá liquidar esta diferencia.

En la siguiente sección se explicará qué son las opciones y algunos de los métodos utilizados para su valuación.

4. Valuación de opciones

"Una opción se define como el derecho, mas no la obligación, de comprar (conocida como *Call, C*) o de vender (conocida como *Put, P)* un activo específico (subyacente, *S*), pagando un precio determinado (precio de ejercicio, *K*) antes o en una fecha determinada (madurez o expiración). Si la opción puede ser ejercida antes de su madurez, se le llama una opción Americana; por otra parte, si sólo puede ser ejercida hasta su madurez se le denomina opción Europea", Trigeorgis (1999).

El comprador de la opción deberá pagar una prima por la realización del contrato, mientras que el vendedor de la opción recibirá como pago esta prima.

A continuación se presenta el esquema de pérdidas y ganancias para las opciones *Call* y *Put*, tanto para la posición corta como para la posición larga (gráfica 4)

Gráfica 4.	Esquema de ganancias/pérdidas para el comprador y para el vendedor de una opción

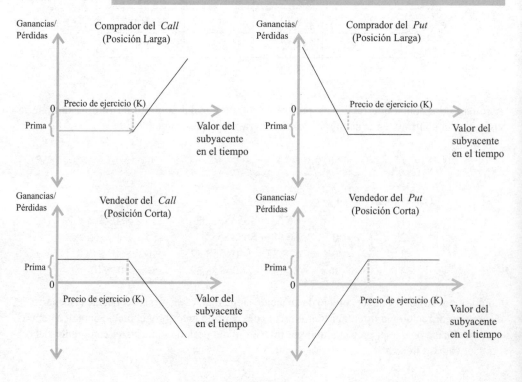

De acuerdo con la gráfica 4, la posición larga tanto del *Call* como del *Put*, tienen pérdidas limitadas (prima de la opción) y ganancias ilimitadas. Mientras que la posición corta en ambos casos tiene ganancias limitadas (prima de la opción) y pérdidas ilimitadas.

Como lo menciona De Lara (2005), la posición larga de la opción tiene el derecho a comprar/vender el activo subyacente al precio de ejercicio a cambio del pago de una prima, mientras que la posición corta tiene la obligación de vender/comprar el activo subyacente al precio de ejercicio a cambio del cobro de una prima.

El valor de este contrato depende de la trayectoria que siga el precio del subyacente a través del tiempo, del precio de ejercicio y de la fecha de vencimiento.

Adicionalmente, el valor de la opción incluye otro concepto: el valor temporal. Este valor depende del tiempo al vencimiento, la volatilidad del subyacente, la tasa libre de riesgo y, en su caso, los dividendos que pague el activo subyacente.

A la diferencia entre el valor del subyacente en un momento en el tiempo y el precio de ejercicio se le conoce como el valor intrínseco de una opción.

$$C = max\left(S_t - K, 0\right)$$

$$P = max\left(K - S_t, 0\right)$$

Donde:

- C es el valor intrínseco de la opción *Call*.
- S_t es el precio del subyacente en t.
- K es el precio de ejercicio.
- P es el valor intrínseco de la opción *Put*.

Cuando el valor intrínseco de la opción es positivo, se dice que la opción está "en el dinero", cuando este valor es cero, se dice que la opción está "en el dinero" y cuando el valor intrínseco es negativo, se dice que la opción está "fuera del dinero".

En las siguientes secciones se presentan dos modelos comúnmente utilizados para calcular el valor de la prima de la opción.

4.1 Modelo en tiempo discreto (Binomial)

Una técnica muy utilizada para describir el proceso que sigue una opción sobre un activo subyacente es el modelo binomial, el cual consiste en construir un árbol binomial, con el que se muestran las diferentes trayectorias que puede seguir el subyacente durante la vida de la opción. Esta propuesta es similar a la realizada por John Carrington Cox, Stephen Ross y Mark Edward Rubinstein en 1979 (Hull, 1999). El valor de la opción puede obtenerse a través del modelo binomial o calculando el portafolio de réplica.

El modelo binomial es utilizado para replicar el comportamiento de un activo financiero.

En cada periodo existen dos posibilidades: el valor del activo puede subir en un factor u ($u>1$), o bien bajar en un factor d ($d<1$). La probabilidad de que tenga un movimiento al alza o a la baja es de p,[12] los movimientos en cada periodo son independientes uno del otro.

Bajo este modelo, se puede aproximar el comportamiento del activo financiero (S_0), con los parámetros p, u, d, donde $0<p<1$, $0<d<1<u$, y $S_0 >0$.

El valor del activo sólo cuenta con dos posibilidades, subir u bajo una probabilidad p o bien bajar d con una probabilidad $1-p$, como se muestra en la figura 1.

Figura 1.	Trayectoria del valor del subyacente para dos periodos (Modelo Binomial)

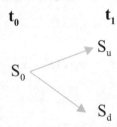

Un argumento similar puede ser utilizado para las opciones, pero es necesario suponer que no existen oportunidades de arbitraje. "No existen oportunidades de arbitraje, si y sólo si, existe una medida de probabilidad neutral al riesgo".[13] (Pliska, 1998).

Para soportar lo anterior, también es importante suponer que los individuos son neutrales al riesgo,[14] por lo que no es necesario que una inversión ofrezca una prima adicional por el riesgo tomado; en consecuencia, la tasa mínima de retorno que se espera sobre una inversión es la tasa libre de riesgo y el valor futuro de las opciones deberá ser descontado a esta tasa.

Pero tanto el mercado como los compradores deben evitar que sea un medio para obtener ganancias extranormales, para lo cual se deben eliminar todas las posibles oportunidades de arbitraje.

---

12 La probabilidad p se modela como una distribución binomial.

13 Es una probabilidad sintética, bajo la cual el valor esperado del instrumento es el justo o el de mercado.

14 Un individuo es neutral al riesgo, cuando no espera recibir una prima adicional sobre su inversión en un activo riesgoso.

Por dicha razón, el valor de este instrumento debe ser el *"justo"*, es decir, el que sea percibido por todo el mercado. Para conocer ese valor deben aislarse todos los posibles factores de subjetividad, como es el caso de la tasa de descuento utilizada de acuerdo con el grado de aversión al riesgo de cada inversionista; el modelo que toma en cuenta este problema es el de la valuación por *"martingala"*,[15] el cual descuenta los valores esperados a la tasa libre de riesgo y bajo unas probabilidades sintéticas, "probabilidad neutral al riesgo", las cuales se encuentran determinadas por *u, d* y la tasa libre de riesgo.

Para calcular la probabilidad neutral al riesgo, primero se deben obtener los choques a la alza (*u*) y a la baja (*d*), considerando la información disponible al momento de la valuación.

Suponiendo que la tasa de interés libre de riesgo (*r*) no cambia en el tiempo, la probabilidad neutral al riesgo se calcularía con la siguiente fórmula:

$$q = \frac{e^{r\Delta t} - d}{u - d}$$

Donde:

- *q*, es la probabilidad neutral al riesgo.
- Δt, es el lapso de tiempo que hay de un nodo a otro en el árbol binomial.

Otra presunción que debe hacerse para evitar la existencia de oportunidades de arbitraje es que los activos manejados pueden ser replicados a través de un portafolio que contenga H_1 unidades del subyacente y una cuenta bancaria, invirtiendo la cantidad H_0 en el instrumento libre de riesgo.

Como se mostró en la fórmula anterior, la probabilidad neutral al riesgo depende de *u* y de *d*. Estos parámetros, a su vez, dependen de la volatilidad del subyacente (denotada como σ), para un periodo corto de tiempo de longitud Δt, la volatilidad se obtendría multiplicando: $\sigma\sqrt{\Delta t}$, lo cual es equivalente a decir, que la varianza del rendimiento es igual a $\sigma^2 \Delta t$.

Sustituyendo la volatilidad en la fórmula de la probabilidad neutral al riesgo, se llega a que los valores de *u* y *d* se calcularían de la siguiente manera:

$$u = e^{\sigma\sqrt{\Delta t}} \quad \text{y} \quad d = e^{-\sigma\sqrt{\Delta t}}$$

Una vez calculados los parámetros anteriores, puede determinarse la prima de la opción.

El primer paso consiste en modelar la trayectoria que seguirá el valor del subyacente durante la vigencia de la opción. Este valor puede aumentar en *u* o bajar a *d*.

---

15 El que se valúe por *martingala*, implica que el valor de una variable aleatoria Z en el tiempo s+t de acuerdo con la información disponible es igual al valor que tenía la variable aleatoria en el tiempo *t*.

Posteriormente se elabora el árbol de la opción, comenzando con los últimos nodos del árbol. Se determinará para cada uno de los nodos finales el valor intrínseco de la opción (el máximo entre la diferencia del subyacente y el precio de ejercicio o cero).

Esquemáticamente, la trayectoria del valor de la opción se muestra en la figura 2.

Figura 2.	Esquema Modelo Binomial, de dos periodos para la opción *Call*

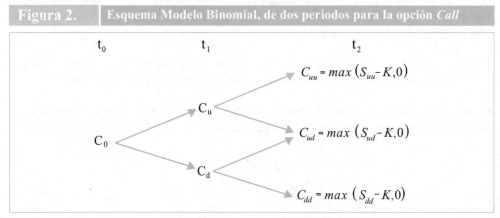

Fuente: Dubofsky, *Options Futures and Financial Futures*.

Si la opción es europea, los valores del último nodo son descontados a la tasa libre de riesgo, ponderando cada escenario con la probabilidad neutral al riesgo.

Considerando la notación de la figura 2, el valor del nodo superior de la opción en t_1 se calcularía con la siguiente fórmula:

$$C_u = E\left[C_u\right]_q = \frac{C_{uu}(q) + C_{ud}(1-q)}{(1+r)}$$

Donde:

- $E\left[C_u\right]_q$ es el valor esperado del nodo superior de la opción en t_1 descontado bajo la probabilidad neutral al riesgo.
- C_{uu} es el valor intrínseco de la opción en el nodo superior en t_2
- C_{ud} es el valor intrínseco de la opción en el nodo intermedio en t_2

De la misma manera se calcularía el valor esperado del nodo inferior en t_1:

$$C_d = E\left[C_d\right]_q = \frac{C_{ud}(q) + C_{dd}(1-q)}{(1+r)}$$

Donde:

- $E[C_d]_q$ es el valor esperado del nodo inferior de la opción en t_1 descontado bajo la probabilidad neutral al riesgo.
- C_{ud} es el valor intrínseco de la opción en el nodo intermedio en t_2.
- C_{dd} es el valor intrínseco de la opción en el nodo inferior en t_2.

Finalmente, el valor de la opción en t_0 se obtendría con la misma fórmula, pero tomando los valores descontados a t_1.

$$C_0 = E[C_0]_q = \frac{C_u(q) + C_d(1-q)}{(1+r)}$$

- $E[C_0]_q$ es el valor esperado del nodo inferior de la opción en t_0 descontado bajo la probabilidad neutral al riesgo
- C_u es el valor descontado de la opción en el nodo superior en t_1.
- C_d es el valor descontado de la opción en el nodo inferior en t_1.

El modelo binomial representa una buena demostración de un principio: "si el subyacente es una cadena de Markov, es decir su valor en t+1 sólo depende del valor en t, es probable que se pueda utilizar la distribución de probabilidad en el tiempo T para calcular el valor del activo bajo la medida de probabilidad neutral al riesgo", Pliska (1998).

Considerando el modelo binomial para "n" periodos el valor de la opción *Call* europea es:

$$C = \frac{1}{r^n} \left[\sum_{j=0}^{n} \frac{n!}{(n-j)!} q^j (1-q)^{n-j} \left(u^j d^{n-j} S - K \right) \right]$$

Donde:

- C valor de la opción *Call*
- r tasa libre de riesgo
- n número de periodos
- j periodo actual
- q probabilidad neutral al riesgo

En una opción americana, el poseedor tiene el derecho de ejercer la opción en cualquier momento τ, si se realiza el contrato en el tiempo t, y la madurez en el tiempo T, el ejercicio puede efectuarse en el lapso $t \leq \tau \leq T$.

Un proceso de este tipo se diferencia de la *martingala* en que el valor esperado puede ser menor o igual que el valor actual. Como ya se mencionó, es muy importante suponer que las opciones se comportan como una *martingala*, con objeto de conocer el valor real que tiene la opción, y que éste sea el percibido por todo el mercado, evitando de ese modo cualquier oportunidad de arbitraje.

La mecánica para determinar el valor de una opción americana es similar al de la europea, varía únicamente en el cálculo de los nodos intermedios, ya que por las características de estas opciones el poseedor de la posición larga puede ejercerla en cualquier momento hasta su vencimiento, por lo anterior puede escoger el máximo entre el valor intrínseco de la opción y el valor descontado bajo la probabilidad neutral al riesgo.

Al igual que en el caso anterior, si se toma la notación de la figura 2, el valor del nodo superior de la opción en t_1 sería:

$$C_u = Max\left(S_u - K, \left[\frac{C_{uu}(q) + C_{ud}(1-q)}{(1+r)} \right] \right)$$

Donde:

- S_u es el valor del subyacente en el nodo superior en t_1.
- K es el precio de ejercicio.

Todos los nodos intermedios se calcularían de manera similar, hasta llegar al valor en t_0, donde simplemente se obtendría el valor esperado descontado bajo la probabilidad neutral al riesgo.

4.2 Modelo en tiempo continuo (B&S)

El modelo, desarrollado en 1973 por Fisher Black y Myron Scholes (B&S), se basa en el hecho de que es posible replicar una opción de compra adquiriendo el subyacente y pidiendo prestado, es decir, construyendo un portafolio de réplica, o lo que es lo mismo, construir una cartera formada por el activo subyacente y la opción, de tal forma que se pueda garantizar un flujo de efectivo libre de riesgo. Se dice que es libre de riesgo porque tanto el subyacente como la opción se encuentran afectados por la misma fuente de incertidumbre: los movimientos en el precio del subyacente.

Existe una diferencia muy importante entre el modelo binomial y el de B&S. En este último, la posición que se toma es sin riesgo por un periodo de tiempo extremadamente corto, es decir, un instante, y para permanecer así, se deben efectuar ajustes frecuentes.

Algunos de los supuestos utilizados para la derivación de dicho modelo se presentan a continuación:

1) Mercado sin fricciones, no existen costos de transacción o impuestos.

2) El intercambio se efectúa continuamente.

3) Se puede pedir prestado y tomar posiciones en corto[16] en el activo sin restricción alguna.

4) La tasa de interés de corto plazo es determinista y constante en el tiempo.

5) El activo subyacente no paga dividendos ni efectúa otro tipo de pagos.

6) La opción considerada es europea.

7) Es posible comprar y/o vender fracciones del activo subyacente y de la opción.

8) La volatilidad del activo subyacente es una constante conocida.

La derivación de la fórmula de B&S parte del supuesto que el precio del activo (S) se comporta como un Movimiento Browniano Geométrico.[17]

Para el caso de una opción *Call*, la solución a la ecuación diferencial estocástica planteada por B&S es:

$$C = SN(d_1) - Ke^{-rt}N(d_2)$$

El valor de una opción *Put* se obtendría con la siguiente fórmula:

$$P = Ke^{-rt}N(-d_2) - SN(-d_1)$$

Donde N es la función de distribución normal estandarizada, S es el precio de la opción, K el precio de ejercicio, r es la tasa libre de riesgo, t el tiempo que le resta a la opción para su vencimiento y σ es la volatilidad del subyacente.

d_1 y d_2 se encuentran definidas de la siguiente forma:

$$d_1 = \frac{\ln\left(\frac{S}{K}\right) + \left(r + \frac{\sigma^2}{2}\right)t}{\sigma\sqrt{t}}$$

$$d_2 = d_1 - \sigma\sqrt{t}$$

---

16 Estar en largo significa comprar la opción y estar en corto significa vender la opción.

17 El movimiento browniano geométrico es un tipo de proceso Wiener. Como ya se mencionó, para que no existan oportunidades de arbitraje debe existir una medida de probabilidad neutral al riesgo, y la condición que se debe cumplir es que el precio del subyacente debe ser una martingala, también conocida como proceso estocástico Wiener, el cual forma parte de los procesos markovianos

Bajo este modelo, se debe realizar un seguimiento continuo durante la vigencia del contrato del precio del activo subyacente, de las tasas de interés y de la volatilidad.

Asimismo, como ya se mencionó, el modelo de B&S sólo se puede aplicar sobre opciones europeas. Para opciones americanas se utiliza un modelo alternativo llamado *opción pseudoamericana*, el cual brinda una aproximación de su valor; sin embargo, este valor obtenido es generalmente menor al real y únicamente es aplicable sobre opciones de compra.

En el modelo original de B&S se ignoran los efectos del pago de dividendos, impuestos y cambios en tasas de interés, entre otros. Por lo cual, han surgido modificaciones con objeto de incorporar estos factores; sin embargo, para situaciones más complejas, como es el caso de opciones de venta con pago de dividendos, el modelo carece de solución, por lo que se debe recurrir al modelo binomial.

4.3 Propiedades de las Opciones[18]

A continuación se presentan algunas de las propiedades de las opciones:

1) El valor de una opción no puede ser negativo.
2) A su madurez el valor máximo que puede tener una opción *Call* es S-K cuando S>K, en caso contrario es 0. Para una opción *Put*, el valor máximo que puede alcanzar a su vencimiento es K-S cuando K>S, de lo contrario es 0.
3) El valor de una opción de compra americana debe ser por lo menos igual a S-K, de lo contrario existen oportunidades de arbitraje, para una opción *Put* el valor debe ser K-S.
4) Una opción americana, con un periodo de expiración superior, es más cara que otra opción con iguales características pero con un periodo de madurez inferior.
5) Una opción americana tiene un valor igual o mayor que una opción de iguales características pero de tipo europeo.
6) Una opción *Call* con un precio de ejercicio menor es más valiosa que otra igual pero con un precio de ejercicio superior.
7) El valor de una opción *Call* no puede ser mayor que el valor de su subyacente.
8) El valor de una opción *Call* disminuye si el valor del subyacente cae.
9) El valor de una opción *Call*, cuyo subyacente no paga dividendos, es igual a la diferencia entre el valor del subyacente menos el valor presente del precio de ejercicio.
10) Una opción *Call* americana, cuyo subyacente no paga dividendos, nunca será ejercida antes de su madurez, por lo cual su valor deberá ser igual que el de una opción *Call* europea con iguales características.
11) El valor de una opción *Call* que no paga dividendos con madurez $T \rightarrow \infty$, se aproximará al valor del subyacente.

---

18 Fuente: *Real Options*, Lenos Trigeorgis

4.4. Volatilidad

Una variable determinante en el cálculo del valor de la opción es la volatilidad.

Existen varias formas de calcularla y se puede seleccionar la que se considere más adecuada o sencilla de obtener. Aquí se explicarán dos de ellas, la volatilidad histórica y el modelo General Autorregresivo de Heteroscedasticidad Condicional, mejor conocido por sus siglas en inglés como GARCH (*General Autorregresive Conditional Heteroskedasticity*) , el cual permite obtener la varianza de largo plazo.

Antes de calcular la volatilidad es muy importante inspeccionar visualmente el comportamiento de una serie de tiempo. Como lo menciona Enders, (1995) "se pueden caracterizar los factores clave de varias series con hechos estilizados".

1) **Muchas series contienen una clara tendencia.** Como es el caso del Producto Interno Bruto Real, el cual muestra una clara tendencia ascendente.

2) **Algunas series no presentan una clara tendencia.** Como por ejemplo, el tipo de cambio de libra por dólar no muestra una tendencia particular de ascenso o descenso.

3) **El impacto a una serie es mantenido por un periodo.** Por ejemplo, la tasa de los Fondos de la Federación en los Estados Unidos experimentó un fuerte incremento en 1973 y permaneció en altos niveles durante los siguientes dos años.

4) **La volatilidad de algunas series no es constante a través del tiempo.** Por ejemplo, durante la década de los 70 los precios al productor en los Estados Unidos tuvieron grandes fluctuaciones, en comparación con las fluctuaciones durante los 60 y 80. Estas series se les denomina de *heteroscedasticidad* condicional, la varianza incondicional (largo plazo) es constante; sin embargo, hay periodos en que ésta es relativamente alta.

5) **Algunas series comparten movimientos con otras series.** Se podría esperar que ciertos factores de la economía en Estados Unidos afecten en la misma forma a su industria y a la industria internacional. A este tipo de fenómenos se les llaman movimientos compartidos.

Resulta relevante mencionar que el análisis gráfico de una serie no sustituye al análisis formal para la determinación de la volatilidad.

4.4.1. Estimación de la volatilidad histórica

La volatilidad σ de un activo es una medida de incertidumbre de sus rendimientos. "La volatilidad puede ser definida como la desviación estándar del rendimiento de un activo sobre un periodo de tiempo" (Hull, 2002).

Para estimar la volatilidad histórica de una serie de tiempo, se toma un intervalo de tiempo fijo (por ejemplo: diaria, semanal, mensual, etc.).

Donde:

- n+1: Número de observaciones
- S_i, el valor del instrumento al final del i_{th} intervalo (i=0,1,.....n)
- τ, la longitud del intervalo en años

El rendimiento de un instrumento puede ser obtenido aplicando la siguiente fórmula:

$$u_i = \ln\left(\frac{S_i}{S_{i-1}}\right), \text{ para i=1, 2,....n.}$$

El estimador utilizado generalmente para obtener la desviación estándar (s) de u_i es:

$$s = \sqrt{\frac{1}{n-1}\sum_{i=1}^{n}(u_i - \bar{u})^2} \text{ donde } \bar{u} \text{ es la media de las } u_i\text{'s.}$$

La desviación estándar del cambio proporcional en el precio de un instrumento durante un pequeño intervalo de tiempo Δt es $\sigma\sqrt{\Delta t}$, lo cual es una aproximación de la desviación estándar del cambio proporcional en el precio del instrumento sobre un largo periodo de tiempo T, $\sigma\sqrt{T}$.

Sin embargo, en algunos casos, los datos muy antiguos no resultan muy relevantes para predecir el desempeño futuro, para lo cual se pueden utilizar modelos más sofisticados como el de GARCH.

Modelo de GARCH

Tim Bollerslev (1986) extendió el trabajo de Robert F. Engel al desarrollar una técnica que permite modelar la varianza condicional como un proceso ARMA (autorregresivo y de promedios móviles).

El modelo general es el *"Generalized Autorregresive Conditional Heteroscedacity"* GARCH(p,q),[19] el cual incorpora tanto los componentes autorregresivos como de promedios móviles de la varianza heteroscedástica.

El modelo GARCH (1,1) fue propuesto por Bollerslev en 1986, éste calcula σ^2_n a partir del promedio de la varianza de largo plazo V. Es el modelo utilizado con mayor frecuencia.

La ecuación que le representa es:

---

19 Donde los parámetros p y q representan las órdenes de los modelos autorregresivos y de promedios móviles, respectivamente.

$$\sigma_n^2 = \gamma V + \alpha u_{n-1}^2 + \beta \sigma_{n-1}^2$$

Donde γ es la ponderación que se le da a la V, α es la ponderación a los rendimientos del activo al cuadrado (u_{n-1}^2) y β es la ponderación a la varianza calculada bajo este modelo, pero desfasada un periodo (σ_{n-1}^2). Estas ponderaciones deben sumar 1, es decir, $\gamma+\alpha+\beta=1$.

Estableciendo ω como γV, este modelo puede ser escrito de la siguiente forma:

$$\sigma_n^2 = \omega + \alpha u_{n-1}^2 + \beta \sigma_{n-1}^2$$

Una vez estimados los coeficientes de la ecuación anterior se puede calcular $\gamma=1-\alpha-\beta$ y a partir de ello obtener la varianza de largo plazo $V=\omega/\gamma$. Para que el proceso GARCH(1,1) sea estable se pide que $\alpha+\beta<1$.

Para la estimación de estos parámetros puede aplicarse el método de *máxima verosimilitud*,[20] por medio del cual se calculan los valores de los parámetros de forma que se maximice la probabilidad de ocurrencia de los datos.

4.5. Ejemplo del cálculo de Opciones y de la Volatilidad

A continuación se ejemplifica el cálculo de una opción *Call* europea sobre una acción, con precio de ejercicio de $50, vencimiento a 2 años y tasa libre de riesgo de 8% anual. Para lo cual se aplicarán los modelos binomial y de B&S.

Se comenzará el ejercicio valuando la opción con el modelo binomial. A continuación se describen las etapas para su realización

Como paso número uno se deben estimar los parámetros mostrados anteriormente, es decir, la volatilidad (σ), los choques al alza (u), los choques a la baja (d), y la probabilidad neutral al riesgo (q).

El primer parámetro que se estima es la volatilidad, en este ejemplo se aplicará el modelo de GARCH (1,1).

En la primera y segunda columna se pone la fecha y los datos del subyacente, respectivamente, comenzando por el dato más antiguo.

Posteriormente, se calculan los cambios porcentuales de una fecha a otra (valor más reciente/valor más antiguo-1), después se determina la varianza con la fórmula $\sigma_n^2 = \omega + \alpha u_{n-1}^2 + \beta \sigma_{n-1}^2$ y finalmente se aplica la fórmula que se muestra en la última columna.

---

20 Hull John C., *Options, Futures & Others Derivates*; Prentice Hall

α	1.00000E-06	ω	0.015155267	β	1.00000E-07
DIAS	Si	u_i	ui^2	$vi=\sigma^2$	$-\ln(vi)-(ui^2/vi)$
1	30				
2	35	15.42%	0.023762432	0.01515527	2.621474879
3	38	8.22%	0.006763105	0.01515529	3.74315182
4	31.5	-18.76%	0.03519324	0.01515528	1.867229041
5	30	-4.88%	0.00238048	0.0151553	4.032332327
6	30.5	1.65%	0.000273218	0.01515527	4.171379
7	31	1.63%	0.000264405	0.01515527	4.171960669
8	39	22.96%	0.052704424	0.01515527	0.711776544
9	44	12.06%	0.014551111	0.01515532	3.229271404
10	45	2.25%	0.000505029	0.01515528	4.15608246
					28.70465815

$$\sigma^2 \text{ de LP= V} \qquad 1.52\%$$
$$\sigma \text{ de LP} \qquad 12.31\% \qquad \text{anual}$$

En el Solver[21] se busca maximizar la suma de la última columna, modificando los parámetros: ω, α y , β el programa itera los valores hasta encontrar la solución. La varianza se obtiene dividiendo: $\omega/(1-\alpha-\beta)$.

En este caso, la volatilidad anual de la acción es de 12.31%.

Una vez que se ha determinado la volatilidad del subyacente se calculan los parámetros u, d y q, considerando un lapso de un año ($\Delta t = 1$):

$$u = e^{\sigma\sqrt{\Delta t}} = 1.1310052$$

$$d = e^{-\sigma\sqrt{\Delta t}} = 0.8841692$$

$$q = \frac{e^{r\Delta t}-d}{u-d} = \frac{1.08328-0.8841}{1.1310052-0.8841692} = 0.7933$$

El árbol binomial se elabora multiplicando el precio del subyacente del periodo anterior por los choques a la alza y a la baja:

---

21 El Solver es una función del programa Excel, que se utiliza para la resolución de problemas de optimización lineal y no lineal.

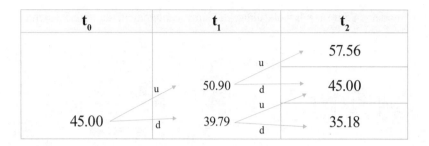

t_0	t_1	t_2
		57.56
	u 50.90 d	45.00
		u
45.00 d	39.79	35.18

Como la opción es europea, el comprador puede ejercerla hasta el vencimiento, por lo que es hasta t_2, cuando se compara el valor del subyacente contra el precio de ejercicio, y de estos valores se selecciona el mayor.

t_2
Max (57.56-50,0) = 7.56
Max (45.00-50,0) = 0.00
Max (35.18-50,0) = 0.00

De acuerdo con estos resultados, al poseedor de la opción le conviene ejercerla únicamente en el nodo superior, es decir, cuando el precio de la acción es de \$57.6 y el precio de ejercicio es de \$50, con lo cual el poseedor de la opción obtendrá una ganancia de \$7.56. Mientras que en los otros dos casos, el precio pactado de \$50 es superior al precio de mercado, por lo cual le conviene adquirirla en el mercado y no ejercer su derecho de compra.

Estos valores se traen a valor presente un periodo atrás con la fórmula de valor esperado, es decir, multiplicando los valores por su probabilidad de ocurrencia, y posteriormente se descuentan a la tasa libre de riesgo, como se muestra en el siguiente árbol.

t_0	t_1	t_2
		7.56
	5.56 =(7.56 x 0.79 + 0 x (1.79))/(1.08)	0.00
4.08=(5.56x0.79 +0x(1.79))/(1.08)	**0.00** =(0 x 0.79 + 0 x (1-.79))/(1.08)	0.00

Como se puede observar, el valor de la prima de una opción *Call*, sobre una acción cuyo precio de ejercicio es de \$50 calculada con el modelo binomial, es de **\$4.08.**

La prima, determinada con el modelo de B&S, se muestra a continuación:

En ambos modelos se utiliza la volatilidad del subyacente calculada anteriormente, en este caso el 12.31%.

Posteriormente, se calculan los parámetros d_1 y d_2.

$$d_1 = \frac{\ln\left(\frac{S}{K}\right) + \left(r + \frac{\sigma^2}{2}\right)t}{\sigma\sqrt{t}} = \frac{\ln\left(\frac{45}{50}\right) + \left(0.08 + \frac{(0.1231)^2}{2}\right)2}{0.1231\sqrt{2}} = 0.4008$$

$$d_2 = d_1 - \sigma\sqrt{t} = 0.4008 - .1231\sqrt{2} = 0.2267$$

Finalmente, el precio de la opción se obtiene aplicando la fórmula desarrollada por B&S:

$$C = SN(d_1) - Ke^{-rt}N(d_2) = 45 \times 0.6557 - 50e^{-0.08\times2} \times 0.5897 = \$4.38$$

En consecuencia, el valor del *Call*, bajo el modelo de B&S es de **$4.38**

Si en lugar de valuar la opción como europea fuera contratada como americana el modelo binomial resulta el más apropiado para determinar la prima de esta opción.

La mecánica es igual a la anterior; sin embargo, difiere al determinar los valores de la opción en t_1.

Al ser americana el poseedor tiene la opción de ejercerla antes del vencimiento, con lo cual puede escoger el máximo entre el valor presente esperado y el valor intrínseco de la opción, como se muestra a continuación:

t_0	t_1	t_2
		7.56
	5.56 = Max(50.90-50, (7.56x0.79+0x(1.79))/(1.08))	0.00
4.08=(5.56x0.79+ 0x(1.79))/(1.08)	**0.00** = Max(39.79-50, (0x0.79 + 0x(1.79))/(1.08))	0.00

Como se puede observar en el árbol de la opción americana, al poseedor no le conviene ejercerla antes de su vencimiento y, por consecuencia, el valor de la opción es idéntico al obtenido valuándola como europea.

Esta situación cambia cuando el subyacente paga dividendos, en cuyo caso los valores entre la europea y la americana difieren, siendo el valor de ésta última mayor.

En el siguiente capítulo, se mostrará la aplicación de la valuación con opciones pero tomando como subyacente proyectos o empresas, es decir, se explicará la metodología de opciones reales.

CAPÍTULO IV

Opciones Reales

1. Introducción

El objetivo de este capítulo es explicar la metodología de opciones reales, la cual servirá como referencia para la elaboración de informes que muestren el potencial de crecimiento de una compañía, así como la flexibilidad que tiene la administración de adaptarse a las circunstancias cambiantes.

2. Antecedentes de las Opciones Reales

Las opciones reales representan una extensión de la teoría de las opciones financieras aplicada sobre activos no financieros.

Esta teoría se basa en la flexibilidad que tiene la administración de cambiar sus decisiones. "En ausencia de esta flexibilidad, la distribución de probabilidad del valor presente neto podría ser razonablemente simétrica" (Trigeorgis, 1999), en cuyo caso los métodos de valuación tradicionales resultan adecuados; sin embargo, al momento en que la administración tiene la oportunidad de adaptarse a los cambios en el medio ambiente, el valor presente neto tradicional no resulta adecuado para reflejar esta situación, lo cual se ve reflejado en el hecho de que la distribución de probabilidad tenga un sesgo a la derecha.

"Esta asimetría introducida por la flexibilidad de la administración se le denomina el criterio del valor presente neto expandido, el cual refleja dos componentes: el tradicional o VPN estático, proveniente directamente de los flujos de efectivo, y la parte activa, la que incorpora el efecto de la competencia, la sinergia que trae un proyecto, la interacción entre diferentes etapas dentro de un proyecto y la respuesta de la administración a todos estos factores" (Trigeorgis, 1999).

Esta flexibilidad puede ser capturada de una mejor manera en lo que Trigeorgis (1999) denomina como el Valor Presente Neto Expandido, el cual se determina bajo la siguiente fórmula:

Valor Presente Neto Expandido= VPN tradicional + Prima de la opción

Como puede verse en la fórmula anterior, las opciones reales no sustituyen la valuación tradicional de flujos descontados, de hecho la complementa al incorporar la flexibilidad que tiene la administración de adaptarse a las circunstancias cambiantes.

Bajo esta metodología, una inversión puede ser vista como una colección de opciones sobre activos reales, con lo cual se puede aplicar la técnica de las opciones financieras.

En la tabla 1 se presentan las similitudes entre una opción real y una opción *Call*[1] sobre una acción:

---

1 La explicación de opciones financieras se encuentra en el Capítulo III de este libro.

Tabla 1.	Similitudes entre una opción financiera y una opción real

Opción *Call*	Opción real sobre un proyecto
Valor actual de la acción (S)	Valor presente de los flujos de efectivo proveniente de la valuación tradicional
Precio de ejercicio (K)	Inversión inicial
Tiempo de expiración (T)	Tiempo hasta que la oportunidad desaparece
Incertidumbre de la acción (σ)	Volatilidad de los flujos
Tasa de interés libre de riesgo (r)	Tasa de interés libre de riesgo

Fuente: *Real Options, Managerial Flexibility and Strategy in Resource Allocation.*

La analogía entre las opciones financieras y las reales es muy cercana pero no es exacta, sobre todo cuando se trata de proyectos no comerciales, como es el caso de un nuevo producto no existente en el mercado; en estos casos se presenta una gran dificultad en la estimación de los parámetros mostrados en la tabla anterior. Una manera de resolver este problema es tomar como referencia un "activo gemelo", es decir, un activo que tenga un riesgo y un rendimiento semejante al del proyecto que se está valorando y, además, que sea intercambiable en la economía; sin embargo, cada proyecto tiene un riesgo inherente, por lo cual debe ajustarse el rendimiento del activo gemelo por el riesgo adicional, como se muestra en la siguiente fórmula:

$$\rho = \alpha + \delta$$

Donde:

- ρ, representa el rendimiento esperado para el proyecto.
- α, es el rendimiento de un activo similar que se encuentra en el mercado.
- δ, la prima por el riesgo de ese proyecto, también conocida como *dividend yield*.

Las opciones reales más comunes se presentan en la tabla 2:

Tabla 2.	Tipos de opciones reales	
Categoría	**Descripción**	**Importante en:**
Opción de retraso	El inversionista mantiene una opción de compra sobre un recurso. Tiene la oportunidad de esperar x tiempo para que el precio del insumo sea adecuado para comenzar la inversión.	Industrias de extracción de recursos naturales, agricultura, construcción de inmuebles y fabricantes de productos derivados del papel.
Opción de cambiar la escala de operación (expansión, contracción, suspensión temporal)	Si las condiciones de mercado son favorables para la empresa, puede ampliar su escala de operación, pero si resultan menos favorables de lo esperado se puede optar por reducir la escala de producción, en casos extremos podría dejarse de operar y posteriormente comenzar de nuevo.	Industrias que operan sobre recursos naturales, como es el caso de las mineras, industrias cíclicas, bienes de consumos, entre otras.
Opción de abandono	Si las condiciones en el mercado son muy adversas, la administración puede abandonar definitivamente el proyecto y vender sus activos netos a su valor de rescate.	Industrias con fuertes inversiones de capital o empresas que lanzan productos totalmente nuevos en mercados inciertos.
Opción de inversión por etapas	Si se tiene la oportunidad de efectuar la inversión por etapas, cada etapa puede ser vista como una opción sobre el valor de las etapas siguientes y ser valuada como una opción compuesta.	Todas las industrias con fuertes costos de investigación y desarrollo, como son las farmacéuticas.
Opción de crecimiento	Una primera inversión es prerrequisito de una serie de inversiones interrelacionadas que permiten aumentar las oportunidades de expansión.	Industrias estratégicas, de alta tecnología, multinacionales y adquisiciones de negocios.
Opciones múltiples	Los proyectos de inversión pueden ser vistos como una serie de opciones cuyo valor difiere de la suma de esas opciones valuadas por separado.	Todas
Opción de cambiar insumos o productos	Si los precios o la demanda cambian, el administrador puede modificar la mezcla de producción. Alternativamente, puede modificar los insumos fabricando los mismos productos.	Cambio en la mezcla de producción: cualquier producto que se ha fabricado en lotes pequeños o que se encuentre bajo una demanda muy volátil. Cambio en los insumos: las empresas dependientes de suministros como el petróleo, la electricidad, ciertos químicos, etc.

Fuente: *Real Options in Capital Investment.*

Al igual que en las opciones financieras, las opciones reales pueden valuarse mediante la aplicación de modelos en tiempo discreto y modelos en tiempo continuo.

A continuación se estudiarán con mayor detalle algunas de las opciones contenidas en la tabla 2 mediante la elaboración de un ejemplo, para lo cual se aplicará el modelo binomial explicado en el capítulo anterior. En principio, se estudiarán estas opciones de manera individual (cada una por separado), posteriormente dicho resultado se comparará con el importe obtenido valuando las opciones de forma conjunta.

Por otra parte, el análisis en tiempo continuo, así como los procesos Wiener se explican en el Apéndice 4

3. Análisis en Tiempo Discreto

Se supondrá que una empresa A quiere ampliar sus canales de distribución, para lo cual tiene la oportunidad de comprar el 60% de las acciones de la Compañía B. La inversión sería de $115 millones.

La empresa A determinó el valor de mercado de la Compañía B mediante la aplicación del modelo de flujos de efectivo descontados, como resultado obtuvo que el importe de estos flujos a valor presente es de $100 millones, por lo que de acuerdo con el criterio de VPN, la empresa A no debe adquirir B al ser la inversión inicial superior al total de los flujos descontados (-$115+$100 =-$15<0).

Sin embargo, de acuerdo con información proporcionada por algunos ejecutivos de la Compañía B y considerando el análisis realizado acerca de la situación económica del país, se tienen las siguientes expectativas:

De acuerdo con el análisis de la demanda del producto que se está comercializando, el proyecto puede subir de valor en 120% o bajar 20% cada periodo.

La tasa libre de riesgo es del 8% anual.

Derivado de lo anterior, el árbol del flujo de efectivo de la empresa B sería el siguiente:

Figura 1. | Árbol de Flujos de la Compañía B

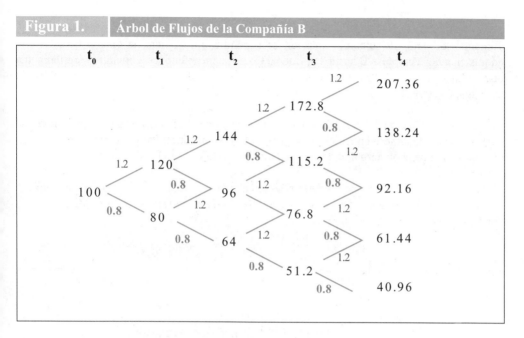

Considerando que no existen oportunidades de arbitraje, se obtiene la medida de probabilidad neutral al riesgo descontando los flujos a la tasa libre de riesgo:[2]

$$\frac{120q + 80(1-q)}{(1+0.08)} = 100 \quad , \qquad q = 0.70$$

3.1 Opción de retraso

Como fue comentado, en algunos casos se tiene la oportunidad de retrasar la realización de un proyecto por x tiempo, esperando que su valor justifique el desembolso inicial, por lo tanto la administración tiene el derecho, mas no la obligación, de efectuar la inversión en el siguiente periodo.

Esta opción de espera puede ser vista como una opción de compra americana (E^+ y E^+), donde el subyacente es el flujo de efectivo en cada estado de la naturaleza (V^+, valor al alza y V^-, valor a la baja), y el precio de ejercicio es la inversión inicial actualizada (I_t) al tiempo t.

Al ser vista como una opción de compra americana, el valor intrínseco de esta opción en cada escenario se calcularía con las siguientes fórmulas:

$E^+ = max(V^+ - I_t, 0)$
$E^- = max(V^- - I_t, 0)$

---

2 Esta fórmula se encuentra explicada en el capítulo anterior.

Tomando los datos del ejemplo anterior, se supondrá que A tiene la opción de diferir la adquisición de la empresa B hasta 2 periodos. Como se mencionó, esta opción es similar a una opción financiera de compra americana, por dicha razón se debe evaluar si es mejor aplazar la inversión o ejercer la opción antes de su expiración.

El valor actualizado de la inversión inicial para t_1 es igual a $115 millones multiplicado por el costo del valor del dinero en el tiempo[3] (1.08) = $124.20 millones. Para el segundo periodo (t_2) el valor de la inversión actualizado es igual a $124.2 x 1.08 = $134.136 millones.

El valor intrínseco de esta opción de retraso se calcularía comparando el valor de la empresa en cada uno de los nodos contra el valor actualizado de la inversión correspondiente a cada periodo, como se muestra en la figura 2:

Figura 2.	Valor intrínseco de la opción de retraso

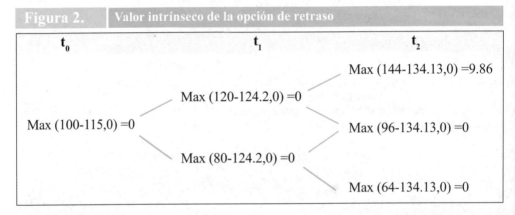

Como puede observarse en la figura 2, a la Compañía A le conviene retrasar la adquisición de la empresa B hasta el segundo periodo, es decir, hasta su vencimiento, por lo cual esta opción puede ser valuada como europea, ponderando los flujos futuros bajo la probabilidad neutral al riesgo y tomando la tasa libre de riesgo como factor de descuento.

La figura 3 presenta este cálculo.

Figura 3.	Valuación de la opción de retraso

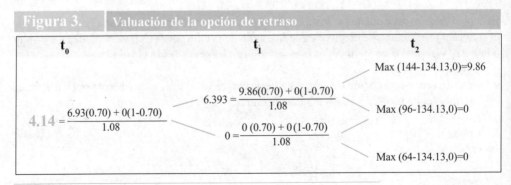

---

3 La tasa libre de riesgo.

Para poder tomar una decisión, se deben comparar en cada uno de los nodos el valor presente de los flujos del siguiente periodo (opción valuada como europea)[4] con el valor de ejercer la opción antes de su vencimiento (valor intrínseco); se debe seleccionar el mayor.

Como se puede observar en la figura 3, si la administración de la Compañía A incorpora en su valuación la posibilidad de retrasar la adquisición de la empresa B, la estrategia cambia por completo, ya que con el sistema de FED el VPN resultó negativo, mientras que con la metodología de opciones reales el valor presente neto expandido es positivo (**$4.14** millones), lo cual significa que es un proyecto rentable; sin embargo, la empresa A debe esperar hasta el segundo periodo para realizar la adquisición de la Compañía B.

Cabe mencionar que invertir antes implica sacrificar la opción de espera, por lo que sólo se justificaría invertir ahora si $V > I_t$ + el valor de la opción.

La diferencia de este modelo con un árbol de decisión es que se toma la tasa libre de riesgo y las probabilidades neutrales al riesgo para valorar la opción, lo cual evita las distorsiones provocadas por el uso de tasas subjetivas impuestas por la administración.

3.2 Opción de expansión

Una vez realizado el proyecto, el inversionista tiene la flexibilidad de cambiar su primera decisión.

Si las condiciones son favorables, se puede optar por aumentar la escala de producción en cierto porcentaje (%X), incurriendo en un costo adicional (I_t).[5] Esta alternativa es similar a una opción de compra americana.

Derivado de lo anterior, el valor intrínseco de esta opción en cada escenario se calcularía con las siguientes fórmulas:

$$E^+ = max(V^+ (1+\%X) - I_t, V^+) = V^+ + max(\%XV^+ - I_t, 0)$$
$$E^- = max(V^- (1+\%X) - I_t, V^-) = V^- + max(\%XV^- - I_t, 0)$$

Suponiendo que la empresa que se está tomando como ejemplo tuviera la oportunidad de ampliar la escala de producción de la Compañía B en 100%, únicamente durante el cuarto periodo incurriendo en un costo adicional de $90 millones. El valor intrínseco de la opción se obtendría comparando el valor de los flujos sin expandir (figura 4) contra el valor de estos flujos multiplicados por el factor de incremento 1.1[6] menos el costo de la expansión, como se muestra a continuación:

---

4 La explicación de las opciones tipo europeo se encuentra en el capítulo III.

5 I_t representa el importe de la inversión adicional requerida para la expansión del proyecto en el periodo *t*.

6 El factor de 1.1 se obtuvo de sumar 1+100%.

Figura 4. Valor intrínseco de la opción de expansión en t_4

$$t_4$$

Max $(207.36, 207.36 \times 1.1 = 414.72 - 90) = 324.72$

Max $(138.24, 138.24 \times 1.1 = 276.48 - 90) = 186.48$

Max $(92.16, 92.16 \times 1.1 = 184.32 - 90) = 94.32$

Conviene expandir la escala de operación

Max $(61.44, 61.44 \times 1.1 = 122.88 - 90) = 61.44$

Max $(40.96, 40.96 \times 1.1 = 91.92 - 90) = 40.96$

Es conveniente mantener la escala de operación actual

Considerando el análisis anterior, se puede concluir que a la empresa B le conviene ampliar la escala de operación si sus flujos de efectivo se encuentran en un rango de $207 a $92 millones, mientras que si resultan inferiores a este último importe es más adecuado mantener la escala de producción actual.

Una vez que se ha escogido la mejor alternativa en el cuarto periodo, estos importes deben ser descontados con la tasa libre de riesgo y bajo las probabilidades neutrales al riesgo hasta t_0, con el objeto de determinar el valor presente expandido. (ver figura 5)

De acuerdo con el resultado obtenido se puede decir que el valor presente expandido de la Compañía B, calculado con la metodología de opciones reales, es de $135 millones, mientras que el valor de la empresa, determinado con el sistema de FED, es de $100 millones, la diferencia de $35 millones radica en que el primer método incorpora la posibilidad de aumentar la escala de operación si las condiciones de mercado son favorables; por lo tanto, el valor de la posibilidad de expandirse es de $35 millones.

Como puede observarse, la metodología de opciones reales ofrece una visión un poco más apegada a la realidad, ya que incorpora en la valuación la posibilidad que tiene la administración de variar su estrategia inicial de acuerdo con las condiciones de mercado.

Figura 5. Valor de la Compañía B incluyendo la opción de expansión

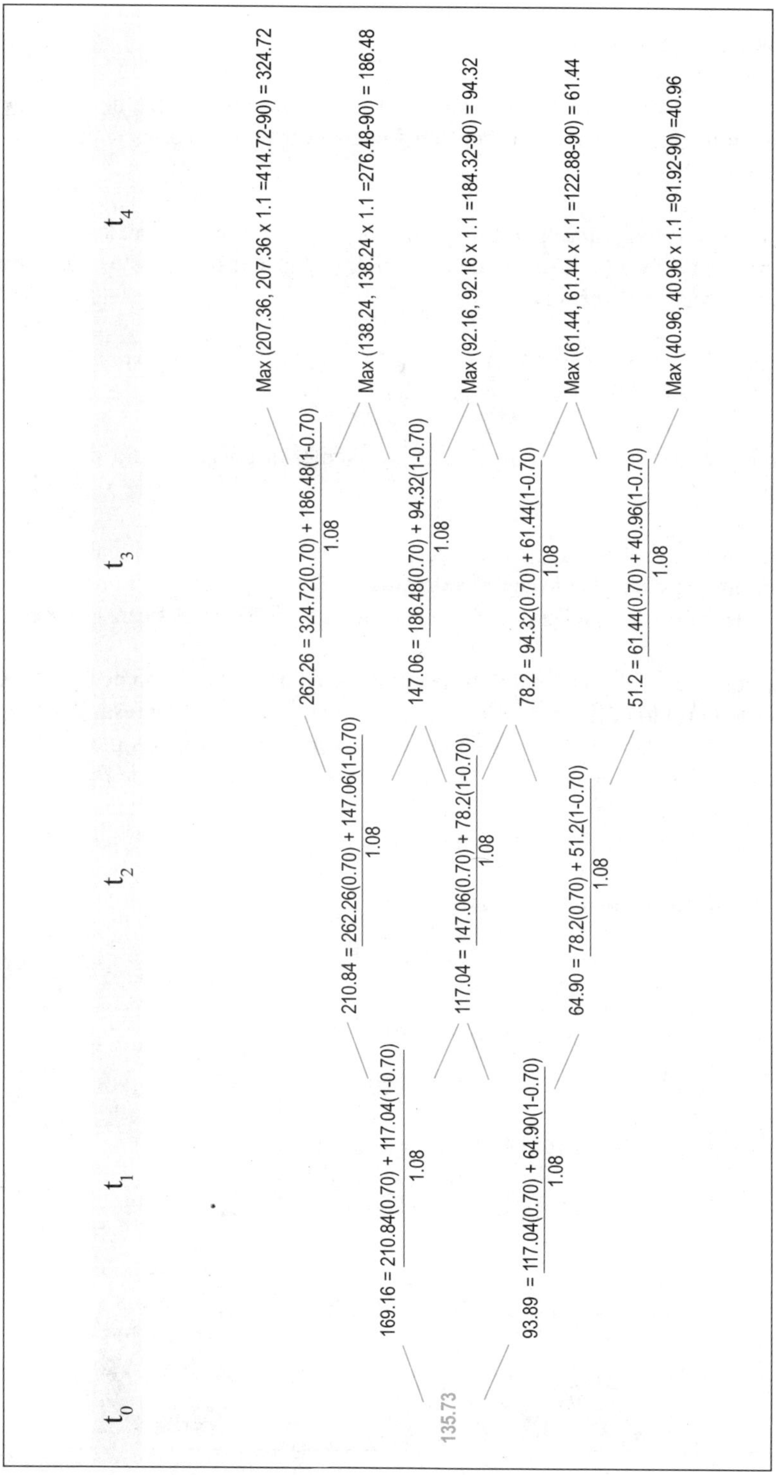

t_0 t_1 t_2 t_3 t_4

135.73

$169.16 = \dfrac{210.84(0.70) + 117.04(1-0.70)}{1.08}$

$93.89 = \dfrac{117.04(0.70) + 64.90(1-0.70)}{1.08}$

$210.84 = \dfrac{262.26(0.70) + 147.06(1-0.70)}{1.08}$

$117.04 = \dfrac{147.06(0.70) + 78.2(1-0.70)}{1.08}$

$64.90 = \dfrac{78.2(0.70) + 51.2(1-0.70)}{1.08}$

$262.26 = \dfrac{324.72(0.70) + 186.48(1-0.70)}{1.08}$

$147.06 = \dfrac{186.48(0.70) + 94.32(1-0.70)}{1.08}$

$78.2 = \dfrac{94.32(0.70) + 61.44(1-0.70)}{1.08}$

$51.2 = \dfrac{61.44(0.70) + 40.96(1-0.70)}{1.08}$

Max (207.36, 207.36 x 1.1 =414.72-90) = 324.72

Max (138.24, 138.24 x 1.1 =276.48-90) = 186.48

Max (92.16, 92.16 x 1.1 =184.32-90) = 94.32

Max (61.44, 61.44 x 1.1 =122.88-90) = 61.44

Max (40.96, 40.96 x 1.1 =91.92-90) =40.96

3.3 Opción de contracción

Análogamente, si las condiciones del mercado son menos favorables de las esperadas, la administración puede decidir operar por debajo de su capacidad teórica de producción y con ello disminuir sus costos.

Esta alternativa es similar a una opción financiera de venta americana sobre la parte del proyecto que puede reducirse (%X), con precio de ejercicio igual al ahorro en costos (ΔCostos), como se muestra en la siguiente fórmula:

$$E^+ = V^+ + \max(\Delta \text{Costos} - V^+ (\%X), 0) = \max (V^+, V^+ (1-\%X) + \Delta \text{Costos})$$
$$E^- = V^+ + \max(\Delta \text{Costos} - V^- (\%X), 0) = \max (V^-, V^- (1-\%X) + \Delta \text{Costos})$$

Considerando los datos de la Compañía B, se ejemplificará el cálculo de una opción de contracción.

Nuevamente, cabe aclarar que la ejemplificación de estas opciones se está realizando de manera independiente una de la otra. Por lo cual en este caso, únicamente se evalúa la posibilidad de reducir la escala de operación si las condiciones de mercado resultan desfavorables para la empresa B.

De acuerdo con el análisis efectuado por la administración y por el tipo de negocio de que se trata, el cuarto periodo de operación resulta muy incierto para la empresa. Por lo que existe la posibilidad de que las condiciones de mercado sean poco favorables para la Compañía B durante dicho periodo; sin embargo, la administración tiene la opción de reducir la escala de producción en 40% (la empresa trabajaría al 60% de su capacidad instalada) con lo cual se evitarían costos variables por $45 millones.

El valor intrínseco de la opción se muestra en la figura 6.

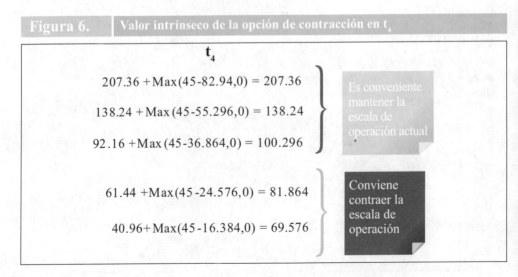

Figura 6. Valor intrínseco de la opción de contracción en t_4

t_4

$207.36 + \text{Max}(45-82.94,0) = 207.36$

$138.24 + \text{Max}(45-55.296,0) = 138.24$ — Es conveniente mantener la escala de operación actual.

$92.16 + \text{Max}(45-36.864,0) = 100.296$

$61.44 + \text{Max}(45-24.576,0) = 81.864$ — Conviene contraer la escala de operación

$40.96 + \text{Max}(45-16.384,0) = 69.576$

Figura 7. Valor de la Compañía B incluyendo la opción de contracción

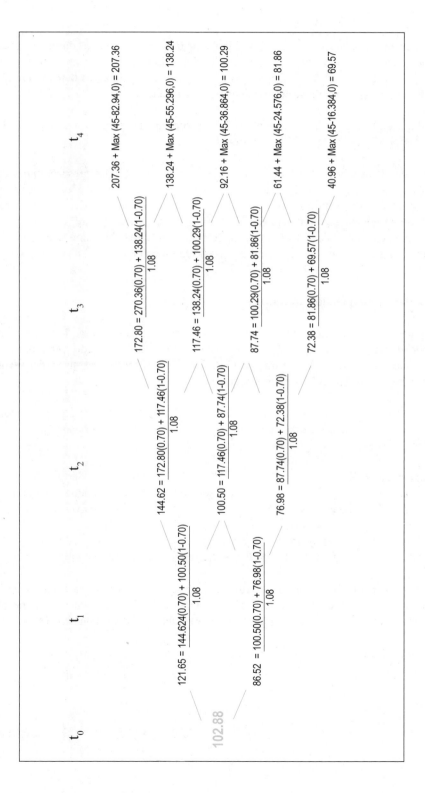

Como se puede observar en la figura 6, a la Compañía B le conviene contraer la escala de operación en los tres nodos inferiores (cuando los flujos de efectivo se encuentran en un rango de \$92 a \$41 millones), en tanto que en los nodos superiores (cuando los flujos son mayores a \$92 millones) es mejor mantener la escala de operación actual.

Al igual que en la opción de expansión, los flujos se descuentan periodo a periodo con la tasa libre de riesgo y bajo la probabilidad neutral al riesgo.

Derivado de lo anterior (ver figura 7) se puede concluir que el valor presente expandido de la Compañía B, calculado con la metodología de opciones reales, es de \$102.88 millones; sin embargo, el valor de la empresa, obtenido bajo la valuación tradicional de flujos descontados, es de \$100 millones, la diferencia de \$2.88 millones proviene de que el primer método incorpora la posibilidad de reducir la escala de operación si las condiciones de mercado son desfavorables; por lo tanto, el valor de la opción de contracción es de \$2.88 millones.

3.4 Opción de suspensión temporal

Por otra parte, si la situación se torna muy desfavorable para la empresa, de tal forma que la contribución marginal sea negativa (ingresos – costos variables), se puede optar por no operar temporalmente durante cierto periodo, siempre y cuando los costos de suspender y volver a activar la operación sean relativamente pequeños.

La operación en cada periodo puede verse como una opción de compra (*Call* americano), para adquirir los ingresos del siguiente periodo pagando los costos de operación variables como precio de ejercicio.

El inversionista tiene la opción de obtener el valor del proyecto o suspender y recibir a cambio el valor del proyecto disminuido con los ingresos en efectivo no recibidos ese año, como se muestra en la siguiente ecuación:

$$E^+ = (V^+ - \text{Costos fijos}) - \min (\text{Costos variables, Ingresos en efectivo no recibidos})$$
$$E^- = (V^- - \text{Costos fijos}) - \min (\text{Costos variables, Ingresos en efectivo no recibidos})$$

Para ejemplificar el cálculo de una opción de este tipo, se retomará la información de la Compañía B. Suponiendo que, de acuerdo con el estudio del mercado, se espera que las condiciones de mercado resulten sumamente desfavorables durante el cuarto periodo

En la tabla 3 se presentan los flujos brutos del cuarto periodo, los costos variables, los costos fijos y los ingresos no recibidos.

Tabla 3.	Información de flujos, costos e ingresos de la Compañía B para el periodo t_4 (Cifras en millones)			
Nodo	Flujos brutos	Costos variables	Costos fijos	Ingresos no recibidos
1	497.664	500	5	240
2	331.776	400	5	180
3	221.184	100	5	110
4	147.456	70	5	80
5	98.304	60	5	75

Con esta información pueden calcularse el valor de los nodos del cuarto periodo considerando la opción de suspensión temporal, como se presenta a continuación:

Figura 8.	Valor intrínseco de la opción de suspensión temporal en t_4

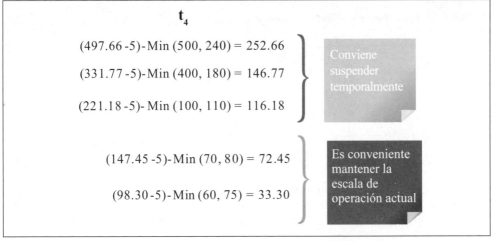

Como se puede observar, le resultaría más conveniente a la Compañía B suspender temporalmente sus operaciones cuando los flujos brutos se encuentren en un rango de \$498 a \$222 millones, los costos variables se encuentren en un intervalo de \$500 a \$100 millones y los ingresos no recibidos por suspender la operación estén entre \$240 y \$110 millones. Esta conclusión es bastante lógica, ya que en este intervalo de flujos la contribución marginal es negativa y el costo de oportunidad, es decir, los ingresos no recibidos, son menores a los costos variables.

Con objeto de calcular el valor de la empresa B en t_0 es necesario descontar el valor esperado de estos flujos bajo la probabilidad neutral al riesgo y con la tasa libre de riesgo, como se muestra en la figura 9:

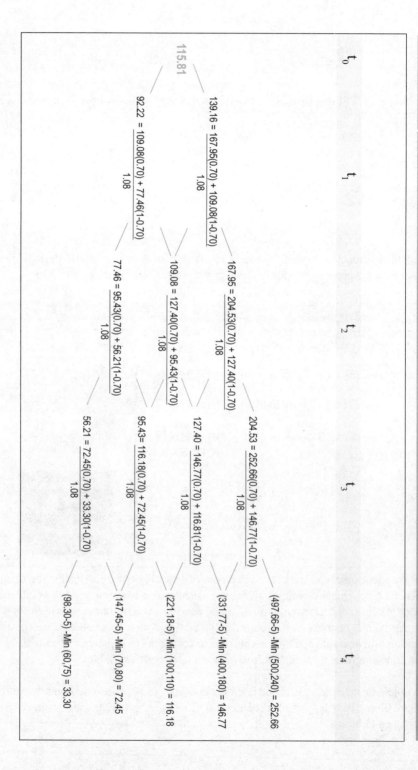

Figura 9. Valor de la Compañía B incluyendo la opción de suspensión temporal

t_0 t_1 t_2 t_3 t_4

115.81

$$139.16 = \frac{167.95(0.70) + 109.08(1-0.70)}{1.08}$$

$$92.22 = \frac{109.08(0.70) + 77.46(1-0.70)}{1.08}$$

$$167.95 = \frac{204.53(0.70) + 127.40(1-0.70)}{1.08}$$

$$109.08 = \frac{127.40(0.70) + 95.43(1-0.70)}{1.08}$$

$$77.46 = \frac{95.43(0.70) + 56.21(1-0.70)}{1.08}$$

$$204.53 = \frac{252.66(0.70) + 146.77(1-0.70)}{1.08}$$

$$127.40 = \frac{146.77(0.70) + 116.81(1-0.70)}{1.08}$$

$$95.43 = \frac{116.18(0.70) + 72.45(1-0.70)}{1.08}$$

$$56.21 = \frac{72.45(0.70) + 33.30(1-0.70)}{1.08}$$

$$(497.66-5) \text{ -Min } (500,240) = 252.66$$

$$(331.77-5) \text{ -Min } (400,180) = 146.77$$

$$(221.18-5) \text{ -Min } (100,110) = 116.18$$

$$(147.45-5) \text{ -Min } (70,80) = 72.45$$

$$(98.30-5) \text{ -Min } (60.75) = 33.30$$

En este caso se puede concluir que el valor presente expandido de la Compañía B, calculado con la metodología de opciones reales, es de $115.81 millones, en contraste, el valor de la empresa determinado con el modelo de flujos descontados es de $100 millones, la diferencia de $15.81 millones radica en que el primer método incorpora la posibilidad de suspender las operaciones temporalmente si las condiciones de mercado son desfavorables para la empresa; por consecuencia, el valor de la opción de suspensión es de $15.81 millones.

3.5 Opción de abandono

De forma alternativa a la opción de suspensión de operaciones, existe la posibilidad de abandonar totalmente el proyecto a cambio de obtener el valor de rescate de los activos utilizados en el proyecto.

Esta opción puede valuarse como una opción de venta americana, comparando el valor de rescate (A) contra el valor del proyecto en cada uno de los nodos.

Las ecuaciones que representan a esta opción son las siguientes:

$E^+ = (V^+, \text{Valor de rescate } A^+)$
$E^- = (V^-, \text{Valor de rescate } A^-)$

A continuación se ejemplifica el cálculo de la opción de abandono.

Suponiendo que, de acuerdo con el estudio del mercado, se espera que las condiciones sean muy desfavorables para la Compañía B durante el cuarto periodo, por lo cual ésta puede evaluar si le conviene dejar de operar de manera definitiva, en cuyo caso se obtendría el valor de realización de los activos.

Considerando las características de la industria donde se encuentra ubicada la Compañía B, la administración de la empresa elaboró el siguiente árbol binomial, el cual muestra la trayectoria que pudiera seguir el valor de mercado de sus activos durante los siguientes cuatro periodos. Asimismo, derivado del análisis realizado por la Compañía, se sabe que el valor de rescate de sus activos al día de hoy es de $85 millones de pesos y que dicho valor puede crecer periodo a periodo en 180% o bajar 40%.

| **Figura 10.** | **Árbol del valor de rescate de los activos de la Compañía B** |

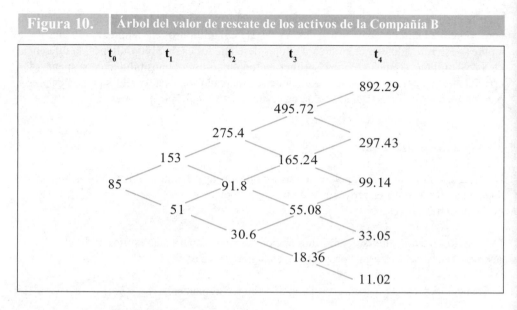

El siguiente paso consiste en analizar nodo por nodo lo que más le conviene a la empresa, suponiendo que esta opción puede ser ejercida únicamente en t_4. Se debe escoger el valor máximo entre abandonar y continuar operando (figura 11), con lo cual se obtiene el valor intrínseco de esta opción.

| **Figura 11.** | **Valor intrínseco de la opción de suspensión temporal en t_4** |

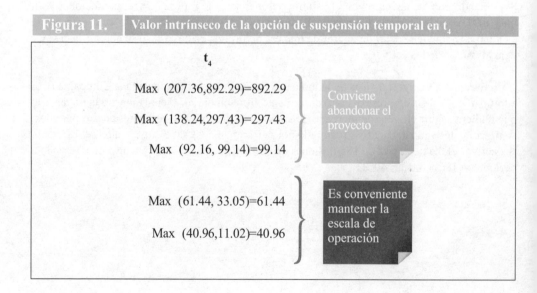

Figura 12. Valor de la Compañía B incluyendo la opción de abandono

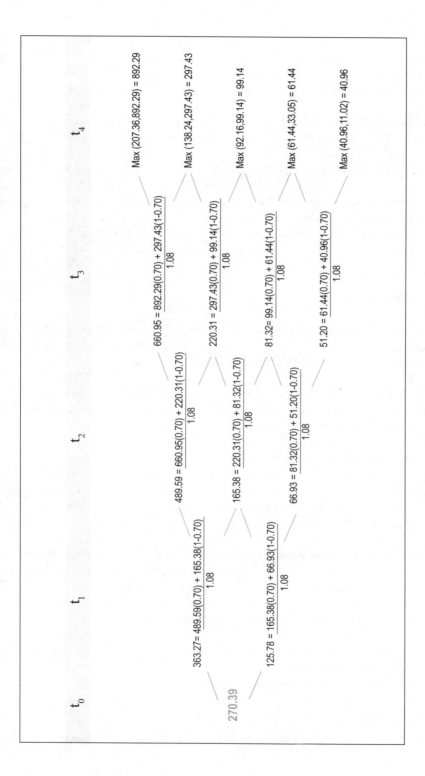

A la empresa B le conviene dejar de operar de forma definitiva si los flujos de efectivo fluctúan en el rango de $207 a $92, ya que el flujo proveniente de la realización de los activos es mayor al flujo generado por la operación. En cambio, si los flujos de la empresa se encuentran en el intervalo de $61 a $41 millones, le resulta más favorable continuar operando.

Al igual que en las opciones anteriores, se deben descontar los flujos futuros con la tasa libre de riesgo. La figura 12 (página anterior) muestra dicho cálculo.

Con esta opción el valor presente expandido de la Compañía B es de $270.39 millones, en contraste, el valor de la empresa obtenido bajo la valuación tradicional de flujos descontados es de $100 millones, la diferencia de $170.39 millones es originada porque el método de opciones reales incluye la posibilidad de abandonar el negocio si las condiciones de mercado son sumamente desfavorables; en consecuencia, el valor de la opción de abandono es de $170.39 millones.

3.6 Opciones múltiples

Un factor que debe tenerse en cuenta, al aplicar la metodología de opciones reales, es cuando una empresa tiene múltiples opciones; los valores individuales varían considerablemente de los importes obtenidos de manera conjunta.

De hecho, Trigeorgis (1999) menciona que: "las opciones tienden a ser aditivas cuando: son de tipos opuestos (una opción *Call* y una opción *Put)*, se encuentra muy próximas a su fecha de ejercicio y se encuentran muy fuera del dinero".[7]

Por lo tanto, en algunas ocasiones el valor real podrá estar subvaluado o sobrevaluado al sumarse simplemente los valores individuales. De forma particular, se puede decir que cuando la volatilidad es muy grande, las opciones valuadas de manera individual se encuentran subvaluadas con respecto a su valor real, mientras que a menor tasa de dividendos (*drift*) las opciones individuales se encuentran sobrevaluadas.

Esta desviación se origina al existir opciones secuenciales, es decir, una va alterando el valor de la otra de manera recursiva. Asimismo, el grado de interacción entre dos o más opciones es directamente proporcional a su probabilidad de ejercicio conjunto, como es el caso de las opciones de expansión y contracción. Cuando las interacciones son muy pequeñas, sus valores individuales se aproximan fuertemente a su valor conjunto.

Si se toman los datos del ejemplo de la Compañía B, y suponiendo que ésta tiene la flexibilidad de expandir, contraer o abandonar sus operaciones en el cuarto periodo, se obtiene el siguiente resultado al sumar los valores individuales de las opciones:

---

7 El detalle acerca de la explicación de "estar fuera del dinero" se encuentra en el Capítulo III.

Tabla 4.	Valor individual de las opciones de expansión, contracción y abandono de la Compañía B (cifras en millones)

Tipo de opción	Valor individual de la opción
Expansión	$35.73
Contracción	$2.89
Abandono	$170.40
Total	**$209.01**

Con lo cual el valor presente expandido de la Compañía B sería igual a la suma del valor presente de los flujos de efectivo ($100) más el valor de las opciones ($209.01), es decir, el valor de la empresa sería de $309.01 millones.

Sin embargo, si se considera la interacción entre las opciones, éstas deben evaluarse de manera conjunta, es decir, se debe seleccionar el valor máximo entre mantenerse con la escala de producción actual, expandirla, contraerla o abandonarla, como se muestra en la figura 13:

Figura 13.	Valor intrínseco de las opciones de expandir, contraer o abandonar el proyecto en t_4

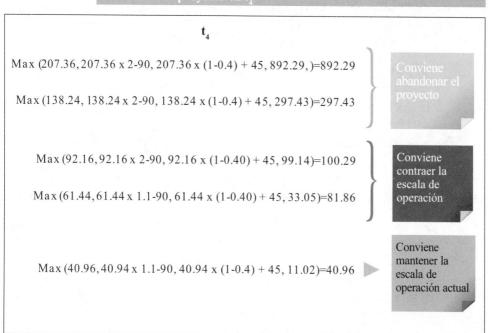

t_4

Max (207.36, 207.36 x 2-90, 207.36 x (1-0.4) + 45, 892.29,)=892.29

Max (138.24, 138.24 x 2-90, 138.24 x (1-0.4) + 45, 297.43)=297.43

Conviene abandonar el proyecto

Max (92.16, 92.16 x 2-90, 92.16 x (1-0.40) + 45, 99.14)=100.29

Max (61.44, 61.44 x 1.1-90, 61.44 x (1-0.40) + 45, 33.05)=81.86

Conviene contraer la escala de operación

Max (40.96, 40.94 x 1.1-90, 40.94 x (1-0.4) + 45, 11.02)=40.96

Conviene mantener la escala de operación actual

Considerando la valuación de forma conjunta, se puede observar que a la Compañía B le conviene abandonar el proyecto si sus flujos se encuentran entre $207 y $138 millones; asimismo, si sus flujos se encuentran en el rango de $92 a $61 millones es mejor contraer la escala de operación y, finalmente, si sus flujos son iguales o inferiores a $41 millones, le resulta más conviene mantener su escala de operación actual, al ser más costoso para la empresa abandonar o contraer la escala de operación.

Al igual que en los casos anteriores, estos flujos deben descontarse con la tasa libre de riesgo y bajo las probabilidades neutrales al riesgo. Con lo cual se llega a que el valor expandido de la Compañía B es de $271.92 millones y el valor de las opciones múltiples es de $171.92 millones.

En este ejemplo la suma de los valores individuales es superior al derivado de la valuación conjunta, lo cual significa que se estaba sobrevaluando el valor de la Compañía B.

En la siguiente sección se explica la valuación de los instrumentos de deuda y de capital mediante la aplicación de la metodología desarrollada por Black & Scholes.

4. Otras aplicaciones de las Opciones Financieras

La valuación por opciones puede ser aplicada sobre los instrumentos corporativos, como son las acciones y la deuda. En este caso, el subyacente es el valor de los activos de la empresa y el proceso de difusión será un Movimiento Browniano Geométrico:[8]

$$dV = (\alpha - D)Vdt + \sigma Vdz$$

Donde:
- α, representa el rendimiento esperado sobre la empresa.
- D, son los pagos efectuados a los accionistas o acreedores (dividendos, cupones e intereses).
- σ, es la desviación estándar del rendimiento de los activos de la empresa.
- dz, es el proceso Wiener.

La ecuación diferencial estocástica de F(V,τ) del activo contingente sobre el valor de la empresa V, con dividendo D, y vencimiento en τ es:

$$\frac{1}{2}\sigma^2 V^2 F''(V) + (r - D)VF'(V) - F_\tau - rF + d = 0$$

Esta es la ecuación general aplicable tanto a la deuda como al capital, los casos particulares se muestran en las siguientes secciones.

---

8 La explicación de los procesos Wiener se encuentra en el Apéndice 3.

4.1 Capital

En el capítulo II se definió lo que es una acción, así como los flujos que reciben los poseedores de este instrumento. Un accionista tiene un derecho residual sobre el flujo que genera la empresa. Si la deuda vence en t=0, recibirá la diferencia entre el flujo de efectivo libre menos la cantidad que se les deba entregar a los acreedores.

Si V>B, los acreedores recibirán D=B (donde B es el valor nominal de la deuda) y el accionista obtendrá E= V-B, es decir, el importe residual derivado de la diferencia entre el valor de la empresa menos el valor de la deuda. En cambio si V<B, el flujo del acreedor será igual a V=B, y el accionista no recibirá nada, E=0.

Como se puede ver, el valor de la empresa (V) es igual a la suma de la deuda (D) más el capital (E).

Considerando lo anterior, el capital puede asemejarse a una opción *Call* sobre el valor de los activos de una empresa (V) con precio de ejercicio igual a B.

E(V,0;B)= max (V-B,0)

Sustituyendo V por S y B por K en la ecuación de Black & Scholes, y tomando como la volatilidad del subyacente (σ) la varianza de los rendimientos de una empresa (σ_V), el valor del capital sería el siguiente (considerando que es una opción europea con vencimiento en t):

$$E(V,\tau;B) = VN(d_1) - Be^{-r\tau} N(d_2)$$

$$d_1 = \frac{\ln\left(\dfrac{V}{B}\right) + \left(r + \dfrac{\sigma_V^{\,2}}{2}\right)t}{\sigma_V \sqrt{t}}$$

$$d_2 = d_1 - \sigma_V \sqrt{t}$$

Donde:

- r, representa la tasa libre de riesgo.

4.2 Bono Cupón Cero

Como se ya explicó, los acreedores recibirán el menor entre B y V, es decir:

D(V,0;B)=min(V,B)

Por lo cual, un bono cupón cero puede modelarse con la siguiente ecuación diferencial estocástica (considerando que no se pagan dividendos ni cupones):

$$\frac{1}{2}\sigma^2 V^2 D''(V) + rVD'(V) - D_\tau - rD = 0$$

Bajo las condiciones frontera:

D(V,0)=min(V,B)
D(0,τ)=0
$D(V,\tau) \to Be^{-r\tau}$ conforme $V \to \infty$

Se puede llegar a una solución, considerando que D=V-E, y E es el valor obtenido en la ecuación *E(V, τ, B)*.

$$D(V,\tau;B) = Be^{-r\tau} N(h_1) + VN(h_2)$$

Donde:

$$h_1 = \frac{\ln\left(\frac{V}{B}\right) + \left(r - \frac{\sigma_V^2}{2}\right)t}{\sigma_V \sqrt{t}} \qquad h_2 = \frac{-\ln\left(\frac{V}{B}\right) - \left(r - \frac{\sigma_V^2}{2}\right)t}{\sigma_V \sqrt{t}}$$

Gráficamente estas opciones se muestran a continuación:

Gráfica 1.	Posiciones del Valor del Capital y de la Deuda

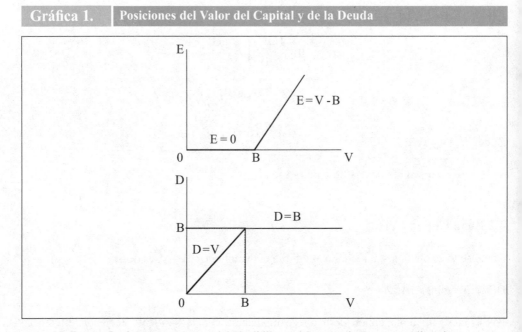

Fuente: *Real Options*, Managerial Flexibility and Strategy in Resource Allocation

4.3 Bonos Cuponados

Si la deuda puede ser liquidable en cualquier momento, el valor del capital se asemeja a una opción *Call* americana con cupones. El precio de ejercicio sería una variable dependiente del tiempo ($K(\tau)$).

Si la empresa, además de pagar dividendos (d), paga cupones (δ), el valor de la deuda $F(V,\tau;B)$ estaría representado por la siguiente ecuación:

$$\frac{1}{2}\sigma^2 F^{2''}(V) + \left(rV - d - \delta\right)F'(V) - F_\tau - rF + d = 0$$

Bajo las condiciones frontera:

$F(V,0)=\min(V,B)$
$F(0,\tau)=0$
$F(V^*(\tau),\tau)=K(\tau)$

Siendo $V^*(\tau)$ el valor umbral de la empresa, por encima del cual es óptimo para los tenedores del bono cobrar su deuda al precio $K(\tau)$.

Ya que se tienen dos incógnitas, el valor de la deuda F y el valor umbral $V^*(\tau)$, esta ecuación debe ser resuelta numéricamente.

4.4 Consideraciones de esta forma de valuación

Si se van a valuar los instrumentos de deuda y capital bajo esta metodología, es necesario tener en cuenta lo siguiente:

- Conforme se incrementa el valor de la empresa, se reduce la probabilidad de quiebra, aumentando el valor de la deuda (D).
- Entre mayor sea el plazo para el vencimiento de la deuda y más alta sea la tasa libre de riesgo, menor es el valor presente del valor nominal de la deuda (B), provocando que D tenga menor valor.
- Entre más alto sea el valor nominal (B), mayor es el valor de la deuda (D).
- Entre más alta sea la volatilidad de los rendimientos que genera la empresa, existirá una mayor probabilidad de quiebra (V<B), siendo menor el valor de la deuda (D).

CAPÍTULO V

Aplicación de las metodologías propuestas

Aplicación de las metodologías propuestas V

Ya se ha comentado la gran evolución que ha presentado la normatividad contable durante los últimos años, originada por el aumento en la complejidad de las operaciones que realizan las entidades.

En consecuencia, los actuales estados financieros son fruto de una mezcla de valores a lo largo de sus diferentes rubros; esta situación dificulta a los usuarios de la información financiera su interpretación y comparabilidad a través del tiempo.

Considerando esta situación, este libro propone que la administración financiera de la empresa, junto con el analista financiero, elaboren reportes que muestren de manera simultánea la incertidumbre y el potencial que tienen las entidades para generar beneficios en el futuro. Para lo cual se seleccionó la metodología de opciones reales, ya que complementa el resultado de la valuación tradicional con el valor de la flexibilidad que tiene la administración de adaptarse a las circunstancias cambiantes. Asimismo, esta metodología brinda un resultado más aproximado al valor de mercado de la empresa.

En la siguiente sección se aplicará la metodología de opciones reales en la valuación de tres empresas públicas, y con los resultados obtenidos se elaborarán dichos reportes financieros.

Para la realización de este caso práctico, se seleccionaron tres empresas públicas mexicanas con giros completamente distintos, las cuales se encontraban cotizando en la Bolsa Mexicana de Valores (BMV) durante el ejercicio de XXXX, que será considerado como el año base para efectos ilustrativos.

Cabe aclarar que el objetivo de la presente sección es mostrar la aplicación de la metodología de opciones en casos reales, así como la elaboración de reportes que muestren el valor de mercado de las empresas, y no analizar el desempeño actual y futuro de las empresas públicas que fueron tomadas como muestra. Se decidió modificar los nombres de las empresas, así como algunos otros datos tomados de las mismas.

La primera compañía seleccionada, de acuerdo con la clasificación utilizada por la BMV, se encuentra dentro del sector de la transformación (en adelante denotada como X), la segunda se encuentra dentro del sector de la construcción (en adelante denotada como Y) y la tercera se encuentra contenida en el sector de comunicaciones y transportes (en adelante denotada como Z).

Los factores considerados para seleccionar estas empresas fueron: en primer lugar, que tuvieran infraestructuras diferentes; en segundo, que la información fuera lo más completa posible y, finalmente, que se tuviera la mayor cantidad de datos.

Como se comentó en el capítulo IV, la metodología de opciones reales no sustituye la valuación tradicional de flujos descontados, por el contrario la complementa.

Derivado de lo cual, se comenzará esta sección describiendo la valuación de estas empresas con el modelo tradicional de flujos, para posteriormente con este resultado aplicar la metodología de las opciones reales.

1. Valuación Tradicional (Flujos de Efectivo Descontados)

De acuerdo con Koller, Goedhart y Wessels (2005), además de evaluar las estrategias de la empresa, las condiciones de la industria, los competidores, los clientes actuales y potenciales, los avances tecnológicos, puede resultar de utilidad, antes de comenzar la valuación, analizar la información pasada de la compañía.

En particular de acuerdo, con estos autores, los puntos que se presentan a continuación pueden ser de gran ayuda en el análisis del desempeño histórico:

a) El análisis de la variación de un periodo a otro de la utilidad operativa histórica después de impuestos, de las inversiones en capital y del flujo de efectivo libre.[1]

b) El cálculo y la evaluación del cambio de un periodo a otro del Rendimiento sobre el Capital Invertido[2] (conocido por sus siglas en inglés como ROIC) y del Valor Económico Agregado (conocido por sus siglas en inglés como EVA).

c) La descomposición de la variación de los ingresos en cuatro componentes: la variación real en los ingresos, los efectos inflacionarios, las adquisiciones y los efectos de los cambios contables.

d) El análisis de la salud financiera de la empresa, así como de la estructura de financiamiento de la misma.

Una vez que la administración ha evaluado el desempeño histórico de la empresa, sus objetivos actuales y futuros, así como las estrategias a seguir para alcanzarlos, se puede proceder a desarrollar la proyección de los flujos futuros esperados.

Como primer paso, se debe definir el periodo explícito de la proyección, el cual depende normalmente del ciclo del negocio; sin embargo, en términos generales se debe buscar el momento en el que se esperaría que la empresa o el proyecto:

❖ Crezca a una tasa constante y reinvierta una porción constante de sus utilidades operativas dentro del negocio.

❖ Obtenga una tasa de rendimiento constante sobre sus nuevas inversiones de capital.

❖ Obtenga un rendimiento constante proporcional al importe en el capital invertido.

Los autores mencionados recomiendan efectuar un pronóstico de 10 a 15 años, aunque tratándose de empresas cíclicas o con tasas de crecimiento muy grandes, resulta más adecuado realizar la proyección por periodos más largos.

---

1 Estos conceptos fueron explicados en el capítulo II.

2 La ROIC se calcula dividiendo la utilidad operativa después de impuestos entre el capital invertido. Esta razón evalúa la utilidad operativa obtenida por cada peso invertido en activos operativos.

El punto medular de la proyección se encuentra en el pronóstico de los ingresos, ya que de éstos depende el resto de la valuación. Por lo cual, se debe tener mucho cuidado en su determinación. Básicamente se pueden utilizar dos metodologías para pronosticar los ingresos:

- *Top-Down Forecast*, se estiman los ingresos considerando los factores externos, como son el tamaño del mercado, la participación de mercado y la proyección de los precios por unidad.
- *Bottom-Up Approach*, se proyectan los ingresos considerando la demanda de los clientes actuales, la rotación de los mismos y la estimación de los clientes potenciales.

Asimismo, es muy importante revisar si el pronóstico resulta consistente con las estrategias actuales y futuras de la empresa, con el desempeño histórico de la misma, con la situación de la industria donde se encuentra, con el impacto de la competencia, con las necesidades actuales y potenciales de los clientes, etc.

A continuación se procederá a describir la valuación de estas tres empresas.

Como primer punto se describirán los supuestos y premisas utilizados durante la valuación.

Se inició la valuación de las tres empresas estableciendo los supuestos y premisas que se iban a manejar durante la valuación.

1.1 Factores a considerar

Los factores que se tomaron en cuenta para pronosticar los flujos de efectivo fueron los siguientes: las ventas trimestrales de cada una de las compañías, la tasa de interés libre de riesgo para México (Cetes a 90 y a 364 días), la inflación trimestral de México, la tasa de interés libre de riesgo de Estados Unidos (T-Bill a un año y T-Bill a 10 años), los índices de precios y cotizaciones (IPC) de alimentos, servicios, comercio, cemento, construcción y de comunicaciones.

1.2 Pronóstico de las variables de mercado

Con excepción del tipo de cambio, el cual se proyectó considerando la teoría de la Ley de un Solo Precio, Parkin, (2000), todos los demás fueron pronosticados mediante el análisis de la serie de tiempo, considerando la serie histórica por el periodo comprendido del mes de marzo de (XXXX-10) al mes de diciembre de XXXX.

El objetivo de analizar de las series de tiempo mencionadas anteriormente fue encontrar si éstas se comportaban como procesos Autorregresivos (AR de orden p), de Promedios Móviles (MA de orden q), o bien una composición de ambos (ARMA o ARIMA).[3]

---

3 Si se desea obtener mayor información acerca del análisis de las series de tiempo, se puede consultar *Análisis Estadístico de Series de Tiempo Económicas*, Víctor M. Guerrero.

1.3 Pronóstico del Estado de Resultados

Como se comentó anteriormente, el punto de partida de la valuación por flujos es la proyección de las ventas.

Se comenzó la valuación de X, Y y Z proyectado los ingresos trimestrales para los próximos siete años (hasta el ejercicio de XX07).

1.4 Ventas

Lo más deseable sería descomponer este renglón en el precio de venta por unidad y el número de unidades y proyectar cada variable por separado.

En este caso, considerando la información pública disponible con la que se contaba fue imposible efectuar esta descomposición, por lo cual se proyectaron las ventas totales mediante la evaluación del análisis de la serie de tiempo.

En términos generales, si el valuador o la persona que va a realizar este tipo de reportes se encuentra dentro de la empresa bajo estudio, se esperaría que no tuviera tantas restricciones para la obtención de la información necesaria para la valuación; sin embargo, en este caso particular, únicamente se consideró la información pública disponible, lo cual resultó una limitante en el desarrollo del modelo.

1.5 Costo de Ventas y Gastos operativos

Al igual que para las ventas, si se posee la información detallada de los conceptos que integran los costos y gastos de operación, lo mejor sería, de acuerdo con las expectativas de la empresa, proyectar cada concepto por separado.

En caso contrario, el costo de ventas y los gastos de operación se pueden proyectar con base en los ingresos. Derivado del análisis de la información histórica, se puede aproximar el grado en que las variaciones en los ingresos explican los cambios en los costos y gastos operativos.

En este caso, el pronóstico de los costos y gastos de operación de cada empresa se realizó aplicando un análisis de regresión[4] lineal entre el cambio porcentual en las ventas contra el cambio porcentual en el costo de ventas y en los gastos operativos.

En las tres compañías las variaciones en los costos y gastos se encontraban explicadas en 99% por los cambios en las ventas.

---

4 De acuerdo con Gujarati, "el análisis de regresión está relacionado con el estudio de la dependencia de una variable, la *variable dependiente*, de una o más variables adicionales, las *variables explicativas* con la perspectiva de estimar y/o predecir el valor (poblacional) medio o promedio de la primera en términos de valores conocidos o fijos de las segundas".

Considerando la estrecha relación entre los ingresos, los costos y los gastos operativos, se proyectaron estos dos últimos sustituyendo el importe de las ventas proyectados en cada una de las ecuaciones lineales obtenidas para las empresas con el modelo de regresión lineal.

1.6 Resultado Integral de Financiamiento (RIF)

Hasta el 31 de diciembre de 2007 estuvo vigente el Boletín B-10 emitido por el IMCP, en el cual se explicaba que el Resultado Integral de Financiamiento (RIF) incluía lo siguiente: "En una época inflacionaria el costo de financiamiento se amplía para incluir, además de los intereses, las fluctuaciones cambiarias y el resultado por posición monetaria, debido a que estos factores repercuten directamente sobre el monto a pagar por el uso de la deuda".

Por su parte, de acuerdo con dicho Boletín, "el Efecto por Posición Monetaria nace del hecho de que existen activos monetarios y pasivos monetarios que durante una época inflacionaria ven disminuido su poder adquisitivo, al mismo tiempo que siguen manteniendo su valor nominal".

Sin embargo, a partir del primero de enero de 2008 entró en vigor la NIF B-10, "Efectos de la inflación", donde se establece que las entidades deberán reconocer los efectos de la inflación, siempre y cuando se acumule durante los tres ejercicios anteriores una proporción igual o mayor al 26%, o equivalentemente al 8% anual.

De acuerdo con dicha NIF, a partir del inicio en el que se confirma el cambio de entorno, la entidad debe dejar de reconocer en sus estados financieros los efectos de la inflación del periodo. Sin embargo, debe mantener en sus estados financieros los efectos de la reexpresión reconocidos hasta el periodo inmediato anterior, siempre que correspondan a activos, pasivos o componentes del capital contable o patrimonio contable que no se hayan dado de baja.

Asimismo, se decidió que la definición y conformación del RIF se debería encontrar en la NIF B-3, "Estado de Resultados". De acuerdo con dicha normatividad, este rubro se encuentra conformado por los intereses, las fluctuaciones cambiarias, los cambios en el valor razonable de los activos y pasivos y, en caso de que el país se encuentre en un entorno inflacionario de acuerdo con lo dispuesto en la NIF B-10, deberá incluir el resultado por posición monetaria.

Nuevamente, considerando la limitante de información sobre este renglón, se calculó para cada una de las empresas la razón promedio histórica del RIF con respecto a las ventas de los últimos cinco años. El RIF se estimó multiplicando esta razón promedio por el importe de las ventas proyectadas para cada uno de los años.

1.7 Otros Rubros del Estado de Resultados

Las demás partidas integrantes del estado de resultados de cada una de las empresas se calcularon a través de la aplicación del análisis vertical, se promediaron los porcentajes de los últimos cinco años y esa estructura se mantuvo constante durante todo el periodo de la proyección.

La provisión de impuestos se calculó aplicando la tasa del 28% sobre el Resultado antes de Impuestos.

1.8 Balance General

Las cuentas del capital de trabajo neto, es decir, las cuentas por cobrar, los inventarios, los impuestos por pagar, los pagos anticipados y los pasivos sin costo se proyectaron considerando la estrecha relación que existe entre los activos y los pasivos derivados de las operaciones normales con los resultados de operación.

Una empresa tiene cuentas por pagar, cuentas por cobrar e inventarios cuando se encuentra operando normalmente. Por lo tanto, resulta razonable proyectarlos tomando como punto de referencia la rotación de cuentas por cobrar, la rotación de cuentas por pagar (proveedores e impuestos por pagar) y la rotación de inventarios, entre otras.

A continuación se presenta el cálculo de algunas de estas razones financieras:

$$\text{Rotación de Cuentas por cobrar} = \frac{\text{Ventas}}{\text{Cuentas por cobrar}}$$

$$\text{Rotación de Inventarios} = \frac{\text{Costo de Ventas}}{\text{Inventarios}}$$

$$\text{Rotación de Cuentas por pagar} = \frac{\text{Costo de Ventas}}{\text{Cuentas por pagar}}$$

Al igual que en el caso de los otros rubros del estado de resultados, se calculó el promedio de los últimos 5 años de estas razones financieras y manteniendo fija esta rotación promedio se despejaron las cuentas del balance.

Los inmuebles, maquinaria y equipo de las tres empresas se obtuvieron considerando la relación entre esta partida con las ventas, la cual fue medida con la rotación del Activo Fijo.

$$\text{Rotación de Activo Fijo} = \frac{\text{Ventas}}{\text{Activo Fijo}}$$

Como en los anteriores rubros se determinó un promedio histórico, el cual se mantuvo constante durante el periodo de la proyección.

En lo que respecta a la proyección de la depreciación, Koller, Goedhart y Wessels (2005) recomiendan tres formas de calcularla:

1) Como porcentaje de los ingresos.
2) Como porcentaje de los inmuebles, maquinaria y equipo bruto.
3) Elaborar la cédula de las futuras adquisiciones y bajas de inmuebles, maquinaria y equipo, con base en ella calcular el importe de la depreciación como porcentaje de los activos proyectados.

En este caso, al igual que en los anteriores, debido a que no se poseía la cédula de activo fijo elaborada por la misma empresa, se calculó el porcentaje promedio histórico de la depreciación del ejercicio con respecto al saldo bruto de los inmuebles, maquinaria y equipo. Manteniendo este promedio histórico constante, éste se multiplicó por el monto proyectado de la propiedad, planta y equipo para cada uno de los años y con ello se obtuvo el importe de la depreciación del ejercicio proyectada.

Los pasivos con costo (aquéllos sobre los que se pagan intereses) se proyectaron de acuerdo con los vencimientos y tasas estipuladas sobre cada préstamo. Esta información se encontraba contenida en las Notas a los Estados Financieros de cada una de las empresas bajo análisis.

Con la descripción de los pasivos con costo se elaboraron las tablas de amortización, considerando el efecto cambiario sobre los pasivos en moneda extranjera.

Sin embargo, debido a la falta de información acerca de los pasivos a corto plazo, así como de la porción circulante del pasivo a largo plazo, se consideró una tasa de interés promedio obtenida dividiendo los gastos financieros entre los pasivos con costo; este promedio se calculó tomando la información financiera del último año histórico (del primer trimestre al cuarto trimestre de XXXX).

Las demás partidas del balance general se proyectaron considerando la tendencia histórica promedio de los últimos cinco años.

A continuación se presentan los flujos de efectivo proyectados con la metodología antes descrita hasta el ejercicio de XX07, para cada una de las compañías.

En primer lugar, en la tabla 1 se muestra el FEL obtenido para la Compañía X.

Tabla 1.	Flujo de Efectivo Libre de la Compañía X (Cifras en miles de pesos)						
Concepto	**XXX1**	**XXX2**	**XXX3**	**XXX4**	**XXX5**	**XXX6**	**XXX7**
Utilidad de operación	$4,372	$5,119	$5,993	$7,013	$8,205	$9,597	$11,223
Impuestos sobre la Utilidad de Operación	1,224	1,433	1,678	1,964	2,297	2,687	3,142
Utilidad de operación después de impuestos	3,148	3,686	4,315	5,049	5,908	6,910	8,081
Partidas Virtuales	1,737	3,975	4,326	4,748	5,214	5,762	6,323
Flujo de Efectivo Bruto	4,885	7,661	8,641	9,797	11,122	12,672	14,404
Cambios en el capital de trabajo	-1,767	-2,432	-709	-66	371	-742	-782
CAPEX	-4,550	-3,697	-4,685	-4,905	-4,069	-5,474	-8,278
Flujo Efectivo Libre	-$1,432	**$1,532**	**$3,247**	**$4,826**	**$7,424**	**$6,456**	**$5,344**

De acuerdo con el resultado del análisis de la serie de tiempo y considerando la proporción de costos y gastos operativos promedio de los últimos cinco años, la utilidad operativa creció a una tasa promedio anual de 16.12%.

Por otra parte, de acuerdo con los datos históricos, los costos y gastos operativos representaron en promedio el 91% de las ventas. A falta de mayor información, dicha proporción se mantuvo constante durante el periodo de la proyección.

Asimismo, de acuerdo con los datos históricos, se realizaron durante el periodo de la proyección inversiones anuales promedio en inmuebles, planta y equipo de $4,903 millones.

Como se comentó, debido a la falta de información, las proyecciones de ingresos, costos, capital de trabajo e inversiones en inmuebles, planta y equipo se realizaron considerando la información financiera histórica; sin embargo, si el analista financiero se encuentra dentro de la empresa, estas proyecciones pueden realizarse con una mayor exactitud considerando las estrategias y expectativas de la entidad.

Los resultados obtenidos para la compañía Y, se presentan en la tabla 2:

Tabla 2.	Flujo de Efectivo Libre de la Compañía Y (Cifras en miles de pesos)

Concepto	XXX1	XXX2	XXX3	XXX4	XXX5	XXX6	XXX7
Utilidad de operación	$19,499	$21,848	$24,699	$27,845	$31,313	$35,494	$18,507
Impuestos sobre la Utilidad de Operación	5,460	6,117	6,916	7,797	8,768	9,938	5,182
Utilidad de operación después de impuestos	14,039	15,731	17,783	20,048	22,545	25,556	13,325
Partidas Virtuales	12,396	11,441	12,348	13,319	16,338	15,367	9,239
Flujo de Efectivo Bruto	26,435	27,172	30,131	33,367	38,883	40,923	22,564
Cambios en el capital de trabajo	238	2,122	619	291	-797	-1,742	5,510
CAPEX	-8,380	-25,358	-19,921	-797	14,239	-171	2,080
Flujo Efectivo Libre	**$18,293**	**$3,936**	**$10,829**	**$32,861**	**$52,325**	**$39,010**	**$30,154**

Derivado del análisis de la serie de tiempo y manteniendo la estructura de costos y gastos operativos promedio de los últimos 5 años, la utilidad operativa creció en promedio a la tasa del 11.98% anual.

Por otra parte, de acuerdo con los datos históricos, los costos y gastos operativos representaron en promedio el 78% de las ventas. Debido a la falta de mayor información, dicha proporción se mantuvo constante durante el periodo de la proyección.

Asimismo, de acuerdo con los datos históricos, se proyectó que la empresa Y realizaría durante el periodo de la proyección inversiones anuales promedio en inmuebles, planta y equipo de $5,126 millones.

Finalmente, los resultados obtenidos para la Compañía Z se presentan en la tabla 3.

Tabla 3.	Flujo de Efectivo Libre de la Compañía Z (Cifras en miles de pesos)						
Concepto	**XXX1**	**XXX2**	**XXX3**	**XXX4**	**XXX5**	**XXX6**	**XXX7**
Utilidad de operación	$39,875	$35,098	$41,712	$43,310	$47,112	$66,956	$64,717
Impuestos sobre la Utilidad de Operación	11,165	9,827	11,679	12,127	13,191	18,748	18,121
Utilidad de operación después de impuestos	28,710	25,271	30,033	31,183	33,921	48,208	46,596
Partidas Virtuales	-11,888	31,495	35,113	39,097	42,801	51,386	51,321
Flujo de Efectivo Bruto	16,822	56,766	65,146	70,280	76,722	99,594	97,917
Cambios en el capital de trabajo	-3,876	3,792	-2,038	-650	-529	-177	1,699
CAPEX	-1,844	-523	32,102	-16,967	12,341	-21,226	-7,317
Flujo Efectivo Libre	**$11,102**	**$60,035**	**$95,210**	**$52,663**	**$88,534**	**$78,191**	**$92,299**

Derivado del análisis efectuado, en promedio las utilidades de la Compañía Z crecen a la tasa del 6.79% anual, cabe aclarar que la serie de tiempo histórica de sus ingresos posee una gran variabilidad, por lo cual el modelo dio como resultado periodos durante la proyección donde las utilidades crecieron en 35%, mientras que en otros ejercicios las utilidades decrecieron en casi 13%.

Por otra parte, de acuerdo con la información financiera histórica, los costos y gastos operativos representaron en promedio el 71% de las ventas. Debido a la falta de mayor información, dicha proporción se mantuvo constante durante el periodo de la proyección.

Asimismo, de acuerdo con los datos históricos y considerando que las empresas dentro de este sector deben estar siempre a la vanguardia tecnológica, se proyectó que Z realizaría durante el periodo de la proyección inversiones anuales promedio en inmuebles, planta y equipo de $9,649 millones.

Como se comentó en el capítulo II, el flujo de efectivo libre representa la cantidad de dinero con la cual cuenta la compañía para cubrir los costos de sus fuentes de financiamiento (deuda y capital).

Una vez que se ha obtenido el FEL, éste debe ser descontado con la tasa que mejor aproxime el costo de oportunidad para la empresa, la cual será explicada en la siguiente sección.

2. Tasas de descuento del Flujo de Efectivo y Flujo de Efectivo Descontado

La determinación de una tasa de descuento apropiada para la valuación de cualquier proyecto puede resultar complicada, ya que ésta debe incorporar el costo de oportunidad de las diversas fuentes de financiamiento.

Se puede tomar la tasa de retorno de proyectos con características similares, o bien, las tasas de instrumentos cotizados en los mercados financieros (Cetes, T-Bill, Libor etc.); sin embargo, estas tasas no reflejan el verdadero costo de oportunidad, ya que aunque se consideren proyectos similares, cada uno posee características particulares que lo distingue, por dicha razón la tasa que mejor refleja el riesgo del proyecto es el costo promedio ponderado de capital (conocido por sus siglas en inglés como CPPC).[5]

El fundamento económico–financiero del uso de esta tasa "radica en que cualquier proyecto de inversión o inversión ya realizada cuya rentabilidad esperada u obtenida sea superior al CPPC, aumentará (o debería aumentar) el valor de las acciones y, consecuentemente, el valor de la empresa, materializándose en una subida de la cotización de las mismas" (Mallo, *et al.*, 2000).

El CPPC se encuentra conformado por el costo de la deuda (Kd) y el costo del capital accionario (Ka).

El costo de la deuda (Kd) lo define Mallo como "aquella tasa de rentabilidad interna (efectiva) que iguala la corriente de fondos derivada de tal deuda respecto al valor de mercado de la misma. En el momento de la emisión dicho costo Kd, vendrá determinado por el montaje recibido por la empresa y los pagos que la misma se obliga a realizar hasta la total cancelación", es decir:

$$B = \sum_{t=1}^{n} \frac{iB(1-\tau)}{\left(1+K_d\right)^t} + \frac{B}{\left(1+K_d\right)^n}$$

Donde:

- B, es el valor nominal de la deuda.
- i, la tasa de interés contractual.
- τ, la tasa impositiva de ISR.
- Kd, el costo de la deuda después de impuestos.

El cálculo del costo de la deuda se efectuó de la forma como lo describe Mallo, la porción deducible de la deuda se obtuvo aplicando la disposición fiscal vigente para el ejercicio de XXXX contenida en el párrafo IX del Artículo 29 de la Ley del Impuesto sobre la Renta: "Los

---

5 La explicación detallada del cálculo del CPPC se encuentra en el capítulo II.

contribuyentes podrán efectuar las deducciones siguientes: los intereses devengados a cargo en el ejercicio sin ajuste alguno".

La diferencia entre el interés total y el monto considerado como deducible es la parte acumulable, la que para efectos del cálculo del CPPC es la porción con costo.

Posteriormente se determinaron los flujos de cada año convertidos a pesos mexicanos, considerando el tipo de cambio proyectado[6] (para el caso de los pasivos en moneda extranjera), finalmente con estos flujos se calculó la TIR[7], es decir, la Kd después de impuestos

Los resultados obtenidos para cada empresa fueron los siguientes:

- Para *X*, el costo promedio de la deuda de corto plazo fue de 14.27% anual y el de largo plazo fue de 13.29% anual.
- Para *Y*, el costo promedio de la deuda de corto plazo fue de 7.9% anual y el de largo plazo fue de 6.503% anual.
- Para *Z*, el costo promedio de la deuda de corto plazo fue de 5.47% anual y el de largo plazo fue de 7.6% anual.

Mientras que el costo del capital accionario (Ka), lo define Mallo como "aquella tasa de rentabilidad que los accionistas esperan obtener como compensación de los fondos aportados a la empresa y del riesgo asociado con la corriente futura de dividendos que se espera recibir. En la práctica, el costo del capital accionario es el que ofrece mayores dificultades de cálculo. Generalmente no es un costo explícito, ya que la rentabilidad del accionista depende fundamentalmente de la riqueza de la empresa, esto es de la situación económica-financiera, de los resultados de las inversiones, de la política de dividendos y de las interpretaciones del mercado de capitales".

Uno de los modelos utilizados para reflejar la relación riesgo-rendimiento es el CAPM, el cual tiene ventajas y desventajas, como ya se mencionó en el capítulo II; sin embargo, por su relativa facilidad de cálculo es el más utilizado.

En este ejemplo, los factores de mercado utilizados para el cálculo del CAPM se describen a continuación.

$$E\left(r_j\right) = R_f + \left[E\left(r_m\right) - R_f\right]\beta_j$$

Donde:

- R_f, es la tasa de Cetes a 90 días proyectada con el estudio de la serie de tiempo.
- $E(r_m)$, es el rendimiento ofrecido por el Índice de Precios y Cotizaciones (IPC), proyectado mediante el análisis de la serie de tiempo.

---

6 La explicación se encuentra en la Sección 1.3 del presente capítulo
7 La explicación de la TIR se encuentra en el capítulo II.

- β_j, representa la beta de la empresa, la cual se calculó midiendo la covarianza entre el rendimiento de la acción de cada empresa contra el que ofrece el portafolio de mercado (IPC), dividido entre la varianza del IPC. Este análisis se hizo por el periodo comprendido de enero de (XXXX-13) hasta diciembre del XXXX, la periodicidad de la serie es diaria.

Resultando las siguientes betas:

$\beta x = 0.72$
$\beta y = 1.22$
$\beta z = 0.85$

De acuerdo con el resultado de la beta, se puede ver que la acción de la Compañía Y es la que reacciona en mayor medida a los movimientos en el índice de mercado, mientras que la acción de la empresa X es menos sensible a las variaciones presentadas en el portafolio de mercado.

Con los datos obtenidos anteriormente, se obtuvo el rendimiento esperado para cada una de estas acciones.

La tabla 4 muestra el costo del capital accionario anualizado correspondiente a cada uno de los IV trimestres comprendidos durante el periodo de la proyección.

Tabla 4.	Costo del capital accionario de las empresas X, Y y Z						
Empresa	**IV XXX1**	**IV XXX2**	**IV XXX3**	**IV XXX4**	**IV XXX5**	**IV XXX6**	**IV XXX7**
X	15.61%	15.90%	17.25%	16.91%	17.62%	15.43%	15.79%
Y	21.07%	20.98%	20.77%	20.81%	20.68%	20.88%	20.83%
Z	16.57%	16.81%	17.39%	17.29%	17.67%	17.09%	17.24%

El rendimiento requerido por los accionistas de la Compañía X, bajo el modelo CAPM, fluctúa a lo largo del periodo de la proyección entre 15% y 17%.

Mientras que el de la Compañía Y se mantiene bastante estable a lo largo del periodo de la proyección en 21%.

Finalmente, el rendimiento requerido por los accionistas de la empresa Z, de acuerdo con dicho modelo, está entre 16% y 17%.

Una vez calculados los costos de las fuentes de financiamiento, se obtuvo el costo promedio ponderado de capital anual, al multiplicar las proporciones de la deuda y las del capital por sus respectivos costos. El CPPC varía, ya que a lo largo de la proyección las razones de deuda y capital a activo total cambian año con año.

La tabla 5 muestra el CPPC anualizado de cada uno de los IV trimestres comprendidos durante el periodo de la proyección.

Tabla 5.	Costo promedio ponderado de capital de las empresas X, Y y Z						
Empresa	IV XXX1	IV XXX2	IV XXX3	IV XXX4	IV XXX5	IV XXX6	IV XXX7
X	12.31%	12.76%	13.98%	13.95%	16.35%	14.45%	14.72%
Y	14.96%	15.83%	16.16%	17.67%	18.50%	17.72%	18.98%
Z	11.62%	12.35%	13.27%	13.72%	14.48%	14.52%	14.14%

De acuerdo con los resultados mostrados, se puede ver que el costo de las fuentes de financiamiento de X fluctúan durante el periodo de la proyección, entre 12% y 16%, por su arte el CPPC de Y va de 14% a casi 19%, finalmente, el CPPC de Z va de 10% a casi 15%.

El valor de cada una de las empresas se obtuvo sumando el importe de los flujos de efectivo libre descontados a finales de diciembre de XXXX, con el costo promedio ponderado de capital, mientras que el valor de mercado del capital accionario a finales de diciembre de XXXX se determinó sumando el valor descontado del flujo de efectivo libre para el accionista.[8]

Los resultados obtenidos para cada empresa se muestran en la tabla 6 que se muestra a continuación:

Tabla 6.	Valor de las empresas bajo la técnica de flujos descontados (Cifras en miles de pesos)	
Empresa	Valor presente de los flujos de efectivo libre a finales de diciembre de XXXX	Valor presente de los flujos para el accionista a finales de diciembre de XXXX
X	$48,226	$16,050
Y	$224,271	$87,045
Z	$668,609	$176,280

---

8 La explicación teórica del cálculo del FEL y del flujo de efectivo libre para el accionista se presenta en el capítulo II.

Como se puede observar, el valor de mercado de la Compañía X, a finales de diciembre de XXXX calculado con el método tradicional de flujos descontados, es de $48 millones, mientras que el valor de mercado del capital accionario, determinado con esta misma metodología, es de $16 millones.

En lo que respecta a la empresa Y, el valor de mercado de toda la empresa, determinado el modelo de FED a finales de diciembre de XXXX, es de $224 millones, mientras que el valor de mercado del capital accionario es de $87 millones.

Finalmente, de acuerdo con este modelo de valuación, el valor de mercado de la Compañía Z a finales de diciembre de XXXX es de $669 millones y el valor de mercado del capital accionario es de $176 millones.

Como se vio en el capítulo II, el FEL se calcula con el capital de trabajo neto, es decir, los activos menos los pasivos sin costo (por ejemplo, proveedores). Pero como el objetivo final del caso práctico es elaborar los estados financieros (valor total de la empresa) con cifras proyectadas, se calculó adicionalmente el valor total que tienen los activos sin deducir dichos pasivos.

Una vez obtenido los valores de cada una de las empresas con los modelos de flujos descontados, a continuación se analizarán los resultados bajo la metodología de opciones reales.

3. Valuación por Opciones Reales (Modelo Binomial)

En cualquier proyecto o empresa, la administración debe reaccionar ante las variaciones no contempladas inicialmente, porque resulta un tanto ilógico pensar que no se van a cambiar las decisiones tomadas en un principio si las condiciones de mercado son diferentes a las planteadas originalmente. Pero todas estas situaciones no son previstas en una valuación tradicional, por lo que la metodología de opciones reales pretende fortalecer la toma de decisiones contemplando todas estas posibles variaciones.

En este caso práctico se aplica esta metodología considerando únicamente cuatro opciones:

- Contracción.
- Expansión.
- Abandono sobre los Inmuebles, maquinaria y equipo.
- El Capital Contable valuado como una opción *Call* europea sobre el valor de la empresa expandido por las opciones de expansión y contracción.

El modelo, que por su sencillez permite valuar estas opciones múltiples, es el binomial, el cual fue explicado en la Sección 4.1 del capítulo III.

Se comenzará esta valuación describiendo el cálculo de los parámetros utilizados en el modelo, después se desarrollarán los árboles del subyacente, para finalmente evaluar las opciones mencionadas.

3.1 Parámetros

Los parámetros necesarios para el desarrollo del árbol son la volatilidad (σ), el choque al alza (u), el choque a la baja (d), la tasa libre de riesgo (r) y la probabilidad neutral al riesgo (q).

Este trabajo se desarrolló tomando como base el estudio efectuado por Graham A. Davis (1998).

3.1.1 Volatilidad

"La volatilidad es una medida de la incertidumbre de los rendimientos ofrecidos por un instrumento financiero" (Hull, 1999).

Se consideraron factores externos e internos en el cálculo de la volatilidad.

En este caso como el subyacente es el flujo de efectivo libre, lo que impacta básicamente es la volatilidad de los ingresos, ya que, como se mostró anteriormente, las variaciones en costos y gastos son explicadas por las variaciones en las ventas.

Asimismo, se trató de incorporar adicionalmente el impacto que tuvieran variables externas sobre cada una de las empresas, por lo cual se consideró la volatilidad de los índices mencionados en la sección de ventas.

Conjuntando estas variables, se obtuvo una volatilidad ponderada, se tomó como factor de ponderación el coeficiente de correlación resultante de la regresión entre el cambio porcentual en ventas contra el cambio porcentual en los índices correspondientes a cada sector.

El modelo aplicado para calcular la volatilidad de largo plazo fue el de GARCH, el cual fue explicado en el capítulo III. Como se comentó, este modelo considera la varianza de largo plazo; para este ejemplo se consideraron los ingresos trimestrales por el periodo comprendido del primer trimestre de (XXXX-13) al cuarto trimestre de XXXX.

Tabla 7.	Volatilidad trimestral de los ingresos de las empresas X, Y, Z

Empresa	Volatilidad trimestral de las ventas
X	5.523%
Y	9.314%
Z	4.873%

De acuerdo con los resultados presentados en la tabla 7, se puede observar que los ingresos de la Compañía Y son los que presentan la mayor dispersión, en contraste, los ingresos de la Compañía Z son los que poseen la menor volatilidad.

3.1.2 Determinación de la volatilidad de una Opción Real

El supuesto de que la volatilidad y la tasa de dividendos (*dividend yield*) permanecen constantes es matemáticamente conveniente; sin embargo, es poco realista. De hecho, la volatilidad del proyecto es una función del valor del mismo y del tiempo, por lo tanto, no es constante.

Davis parte del supuesto de que el precio del producto/servicio (subyacente) sobre el cual se hace la valuación de los flujos de efectivo se representa como un Movimiento Browniano Geométrico, por consecuencia se podría asumir que el proyecto se comporta de la misma forma. Tomando esto como base se llega a lo siguiente:

$$\sigma_V^j(V,t) = \sigma_S(S,t)\,\frac{\partial V^j}{\partial S}$$

$\sigma_V^j(V,t)$, volatilidad del proyecto
$\sigma_S(S,t)$, volatilidad del subyacente (S)

Si se mantiene la volatilidad del subyacente constante resulta la siguiente fórmula:

$$\sigma_V^j(V,t) = \frac{\partial V^j}{\partial S}\frac{S}{V}\,\sigma_S = \varepsilon^j\,\sigma_S$$

Donde:
- ε^j, es la elasticidad del proyecto ante cambios en el precio spot.
- $\varepsilon^j = \dfrac{\partial V^j}{\partial S}\dfrac{S}{V} > 0$

En principio se puede estimar ε^j utilizando la simulación Monte Carlo; sin embargo, este método no refleja las propiedades dinámicas de la elasticidad y de la volatilidad del proyecto, por lo que resulta más adecuado aplicar las siguientes ecuaciones (Davis, 1998):

$$\varepsilon_t^I = \frac{\theta S_t}{V_t} = \left(1 + \frac{\omega c_t}{V_t}\right) \geq 1 \qquad \forall\ V_t > 0$$

$$\varepsilon_t^A = \frac{\theta(t)S_t}{V_t} = \left(1 + \frac{\omega(t)c_t}{V_t}\right) \geq 1 \qquad \forall\ V_t > 0$$

ε_t^I, elasticidad precio de la opción de inversión.
ε_t^A, elasticidad precio de la opción de abandono.

Cuando los costos operativos son positivos, la volatilidad depende del tiempo y del valor del proyecto:

$$\sigma_{Vt}^{2I}(V,t) = \left(1 + \frac{\omega c_0 e^{\pi^I t}}{V_t}\right)\sigma_S^2$$

$$\sigma_{Vt}^{2A}(V,t) = \left(1 + \frac{\omega(t) c_0 e^{\pi^A t}}{V_t}\right)\sigma_S^2$$

Donde:

- $c_0 e^{\pi^I t}$, representa los costos unitarios ajustados por inflación.
- V_t, el valor del proyecto en t.
- ω, es el factor de descuento, la ecuación es:

$$\omega = (1 - tax)K\frac{1 - e^{-(r-\pi)T}}{(r - \pi)}$$

- K, es la capacidad de producción anual de la planta.
- r, tasa libre de riesgo.
- T, tiempo del proyecto.
- π, tasa de inflación ya sea para los costos de inversión (I) o el incremento en los costos de abandono (A).

Cuando ω depende del tiempo:

$$\omega(t) = (1 - tax)K\frac{1 - e^{-(r-\pi)N(t)}}{(r - \pi)}$$

- t, número del periodo actual.
- N(t), remanente en tiempo del proyecto.

Asimismo, de acuerdo con Davis "los proyectos sin flexibilidad operativa y producción constante tienen una volatilidad mayor a la del subyacente $\sigma_V \geq \sigma_S$, la diferencia depende básicamente del apalancamiento operativo (proporción de costos fijos). En general σ_V no es constante, depende del nivel de V y del tiempo, por lo tanto varía a través de la vida de la opción".

Si se analiza la fórmula anterior, se puede ver que la volatilidad del proyecto, además de incluir la volatilidad del subyacente, incorpora la proporción que representan los costos con respecto al flujo de efectivo libre, es decir, refleja el riesgo derivado del apalancamiento operativo así como el riesgo del producto o servicio proporcionado por la empresa.

Esta volatilidad dinámica fue la que se ponderó por las volatilidades obtenidas con el modelo GARCH(1,1) aplicado a los índices de comercio, servicios, comunicaciones, cementos, etc.

La volatilidad de los inmuebles, maquinaria y equipo se calculó aplicando el modelo antes mencionado. Ésta se ponderó con la volatilidad de los factores externos que se consideraron relevantes. En particular, los inmuebles se correlacionaron contra la tasa de interés (Cetes a 28 días) y el rendimiento que ofrece Grupo Acción, mientras que los rubros de maquinaria y otros equipos se correlacionaron contra el PIB de la maquinaria y equipo.

3.1.3 Determinación de la tasa de dividendos (dividend yield) de una Opción Real

Si el proyecto es un activo comerciable, es posible estimar esta tasa de dividendos con la información del mercado. En ausencia de esta información muchos analistas suponen que esta tasa es igual a cero.

Davis desarrolla el cálculo de dicha tasa considerando el riesgo del proyecto:

$$\delta_{V_t}^{I}(V,t) = (\delta_S - r)\varepsilon_t^{I}(V,t) + r + \frac{\omega c_0 e^{\pi^{I}t}\pi^{I}}{V_t}$$

Donde:

- $\delta_{V_t}^{I}(V,t)$, representa la tasa de dividendos que ofrece el proyecto.
- r, tasa libre de riesgo.
- $\varepsilon_t^{I}(V,t)$, representa la elasticidad precio de un proyecto de inversión, cuyo cálculo es:

$$\varepsilon_t^{I}(V,t) = \left(1 + \frac{\omega c_0 e^{\pi^{I}t}}{V_t}\right) \geq 1$$

- π^{I}, tasa de inflación de los costos de inversión.

Para la opción de abandono, el *yield* se calcula de manera similar, la diferencia se encuentra en la tasa de inflación tomada en uno y otro caso.

$$\delta_{V_t}^{I}(V,t) = (\delta_S - r)\varepsilon_t^{A}(V,t) + r + \frac{\omega c_0 e^{\pi^{A}t}\pi^{A}}{V_t}$$

$$\varepsilon_t^{A}(V,t) = \left(1 + \frac{\omega c_0 e^{\pi^{A}t}}{V_t}\right) \geq 1$$

Si se analiza la fórmula anterior, se puede encontrar cierta similitud con la del CAPM, ya que el rendimiento esperado por este proyecto es igual a la diferencia entre el rendimiento que ofrece el activo gemelo y la tasa libre de riesgo, multiplicada por la elasticidad precio, lo cual recuerda a la prima de mercado multiplicada por la beta de la acción.

En ambas fórmulas se le adiciona la tasa libre de riesgo, lo cual representa el rendimiento mínimo a obtener. Adicionalmente se le incorpora el riesgo proveniente de la estructura de costos del proyecto.

En este caso, el rendimiento del activo gemelo δ_S se obtuvo calculando el cambio porcentual promedio de los ingresos e inmuebles, maquinaria y equipo de cada compañía, por el periodo histórico mencionado anteriormente. Por consistencia, al igual que para la volatilidad, se obtuvo una tasa de *yield* ponderada con los índices de mercado comentados anteriormente.

3.1.4 Determinación de los parámetros u, d y la probabilidad neutral al riesgo

Hull (2002) explica cómo se relaciona la volatilidad del subyacente con la construcción del árbol binomial.

Suponiendo que el rendimiento esperado sobre el subyacente es μ y su volatilidad es σ, el precio del subyacente se moverá hacia arriba en una proporción igual a **u** o hacia abajo en una proporción igual a **d**. La probabilidad real que se den estos movimientos es **p**. Estos cambios se dan en una longitud de tiempo igual a Δt. Por que el valor esperado del subyacente al final del primer periodo es $S_0 e^{\mu \Delta t}$.

Considerando los valores en cada uno de los nodos, el valor esperando del subyacente es , $pS_0 u + (1 - p)S_0 d = S_0 e^{\mu \Delta t}$ despejando la probabilidad real:

$$p = \frac{e^{\mu \Delta t} - d}{u - d}$$

Como se vio anteriormente, la volatilidad de un instrumento es igual $\sigma \sqrt{\Delta t}$, lo cual es equivalente a decir que la varianza es igual a $\sigma^2 \Delta t$.

Tomando los datos de cada uno de los nodos del árbol, se llega a que la varianza del subyacente es igual a $pu^2 + (1 + p)d^2 - \left[pu + (1 - p)d \right]^2 = \sigma^2 \Delta t$, sustituyendo en las fórmulas anteriores, se obtienen las ecuaciones para obtener los choques a la alza (**u**) y a la baja (**d**).

$$u = e^{\sigma \sqrt{\Delta t}}$$

$$d = e^{-\sigma \sqrt{\Delta t}}$$

Considerando el supuesto de que no existen oportunidades de arbitraje, se puede sustituir la probabilidad real por la probabilidad neutral al riesgo:

$$q = \frac{e^{r \Delta t} - d}{u - d}$$

Para el cálculo de la probabilidad neutral al riesgo, se tomó la tasa de Cetes a 91 días, pronosticada para cada trimestre, el valor de los costos, el flujo de efectivo neto del proyecto anual, así como los parámetros antes mencionados, es decir, la volatilidad del proyecto, la tasa de dividendos, **u** y **d**, los cuales al variar trimestre con trimestre conllevan a tener una probabilidad neutral al riesgo diferente para cada periodo.

3.1.5 Descripción del árbol binomial y de los resultados

El desarrollo del árbol binomial se efectuó tomando como valor inicial del subyacente el valor presente de los flujos de efectivo explicado en la sección anterior.

La mecánica general para las tres empresas fue la siguiente:

- Primero se elaboró el árbol del flujo de efectivo, partiendo del valor presente al cuarto trimestre de XXXX y creciendo las ramas con los parámetros **u** y **d** hasta el cuarto trimestre de XXX7.

- Se ajustó el árbol descontándole en cada nodo el dividendo correspondiente a cada año, por ejemplo, para determinar el valor al alza, se tomó el valor que tiene el flujo en el nodo anterior, éste es multiplicado por el choque al alza y al resultado se le deduce el importe del dividendo (Su(1-%div)).

- La opción de expansión se valuó como una opción americana, con vigencia desde el primer trimestre de XXX1 hasta el último trimestre de XXX7. La inversión adicional varía de acuerdo con los planes de cada compañía, así como el incremento en los flujos esperados sobre cada proyecto. Si la inversión se encontraba originalmente expresada en dólares, se fue multiplicando por el tipo de cambio proyectado a cada trimestre. Esta cantidad se comparó nodo a nodo con el flujo incrementado con el porcentaje de expansión.

- La opción de contracción se valuó de la misma manera y por los mismos periodos que la de expansión; la mecánica para el cálculo se realizó de igual forma que la anterior, pero en lugar de tomar el flujo incremental (decremental en caso de que disminuya) de expandir la producción se consideró el proveniente de la reducción en la escala de operación. Cada empresa tiene la opción de contraer sus operaciones si las condiciones resultaran desfavorables en alguno de los segmentos del negocio.

- Se valuaron las opciones de manera conjunta, comparando nodo a nodo el máximo entre expandir ($V + max(\%XV- I_t,0)$), contraer ($V + max(\Delta Costos -V(\%X), 0)$), contra el valor esperado bajo la probabilidad neutral al riesgo.

- Sobre el árbol de las opciones compuestas (valor expandido), se valuó la opción del capital contable. Esta opción se consideró como un *Call* europeo (por facilidad en el cálculo) teniendo como precio de ejercicio (el pago de intereses y el abono a capital de sus pasivos).

- El árbol de los inmuebles, maquinaria y equipo, se elaboró partiendo del valor nominal al cuarto trimestre de XXXX. Lo que representa es el valor de abandono de cada activo fijo. El valor nominal se multiplicó por el choque al alza **u** y el choque a la baja **d**. Posteriormente, se le disminuyó el rendimiento que debe dar esta inversión, *yield*.

- Siguiendo la idea que plantea el Boletín C-15 contenido en las NIF, se espera que estos activos generen beneficios a futuro, por lo que para evaluar esta opción se escogió el máximo entre el flujo de efectivo a cada trimestre (obtenido de la valuación tradicional) multiplicado por la proporción con la que contribuye para su generación menos los costos de mantenimiento, vender el activo obteniendo como ganancia neta de impuestos la diferencia entre el valor en cada nodo (árbol del valor de abandono) menos el valor en libros, pero como la empresa no puede operar sin activos, se tiene adicionalmente la opción de arrendarlos o bien comprar un activo nuevo, suponiendo en ambos casos que genera por lo menos la misma cantidad de flujo actual.

- Se manejó como supuesto que el costo del arrendamiento es 1% trimestral del valor del inmueble, la maquinaria y/o el equipo, mientras que el mantenimiento representa un 0.8% trimestral del valor del activo.[9]

- Finalmente, se realizó un árbol para saber el tipo de decisión tomada en cada nodo.

A continuación se presentan las estrategias sugeridas para cada una de las empresas, de acuerdo con el análisis de opciones reales.[10]

Compañía X

1) De acuerdo con la valuación de opciones, le conviene expandirse en el primer trimestre de XXX1, si no lo hace en ese momento, la decisión sigue siendo la misma durante todo el XXX1, a partir de XXX2 tiene la opción de esperarse a tomar una decisión y es hasta el XXX7 cuando le resulta conveniente contraer sus operaciones.

2) Los inmuebles, bajo los supuestos comentados, le conviene venderlos y arrendar, en todos los casos.

3) La maquinaria, bajo los supuestos comentados, le conviene venderlos y arrendar en todos los casos.

4) Lo más conveniente es mantener su equipo hasta el XXX7, donde debería vender al valor de liquidación y arrendar.

Compañía Y

1) Le conviene esperarse a tomar la decisión hasta el cuarto trimestre de XXX7. Sí el valor de los flujos se encuentra por encima de los $153 millones, lo mejor es expandirse; si el valor se encuentra entre $118 y $42 millones, lo mejor es mantener su nivel de operaciones actual, y si los flujos se encuentran por debajo de los $42 millones, la mejor decisión es contraer.

2) En lo que se refiere a sus inmuebles, le conviene venderlos al valor de abandono y comprar nuevos en el primer trimestre de XXX1; si no toma la decisión, entonces

---

9 Esta información se obtuvo preguntando a diferentes arrendadores.

10 Cabe destacar, que estas estrategias son resultado de los supuestos y premisas utilizados en la valuación.

lo conveniente es esperarse hasta el cuarto trimestre de XXX7, donde si el valor de los mismos es menor a $116 resulta más conveniente venderlos y posteriormente arrendar.

3) Los otros equipos deben ser vendidos en el primer trimestre de XXX1, si no lo mejor es esperarse hasta XXX7 para venderlos y arrendar.

Compañía Z

1) Le conviene expandir sus operaciones desde el principio: si decidiera esperarse hasta el cuarto trimestre de XXX7, la mejor opción no cambiaría a menos que el flujo sea inferior a $154 millones, donde la mejor alternativa es mantener su capacidad de operación actual.

2) Las construcciones, suponiendo que se trate de infraestructura que tiene un valor de realización, se deben mantener hasta el segundo trimestre de XXX1, posteriormente lo mejor es venderlos y arrendar.

3) La maquinaria debe mantenerse hasta el tercer trimestre de XXX2, posteriormente la mejor decisión es venderla y arrendar posteriormente.

De acuerdo con lo establecido por la teoría, el valor de la empresa aumenta al incorporar la flexibilidad de contraer o expandir las operaciones. Esta afirmación pudo ser comprobada con estas empresas como se muestra en la tabla 8.

Tabla 8.	Valor expandido de las empresas X, Y, Z y Valor del capital accionario determinado como una opción *Call* (Cifras en miles de pesos)			
Empresa	Valor presente de los flujos de efectivo libre a finales de diciembre de XXXX	Valor presente de los flujos para el accionista a finales de diciembre de XXXX	Valor de la empresa expandido con el modelo de opciones reales a finales de diciembre de XXXX	Valor de mercado del capital accionario, calculado como una opción Call a finales de diciembre de XXXX
X	$48,226	$16,050	$50,655	$19,989
Y	$224,271	$87,045	$288,286	$235,017
Z	$668,609	$176,280	$767,558	$214,185

Como se puede observar en la tabla 8, el valor de la empresa X aumenta en 4.9% con la flexibilidad, mientras que el aumento en Y es de 25.1% y en Z es de 13.8%.

El impacto más importante en el valor del capital es en Y, en tanto que para X y Z esta flexibilidad representa un aumento promedio del 20%.

Asimismo, otro análisis que se puede realizar es comparar el precio por acción calculado con los resultados de cada valuación, según se muestra en la tabla 9:

Tabla 9.	Comparación del precio de mercado de las acciones contra el valor obtenido con cada uno de los métodos de valuación				
Empresa	Número de acciones en circulación (millones de acciones)	Precio de mercado de la acción finales de diciembre de XXXX	Valor en libros del Capital Contable por acción a finales de diciembre de XXXX	Precio por acción calculado con el modelo de valuación tradicional de Flujos a finales de diciembre de XXXX	Precio por acción calculado como una opción Call a finales de diciembre de XXXX
X	2	$16.89	$12.64	$13.65	$16.56
Y	5	$47.52	$13.91	$16.40	$44.29
Z	12	$16.90	$5.25	$13.79	$16.76

En los tres casos el precio de mercado es muy cercano al valor calculado con la metodología de opciones, lo cual significa que el mercado percibe las posibilidades que tiene cada compañía de expandirse o contraerse, es decir, percibe la flexibilidad de la administración de adaptarse a la circunstancias.

Es importante destacar que estos resultados coinciden con lo expuesto por la teoría de opciones reales; sin embargo, considerando el tamaño de la muestra no se pueden generalizar los resultados de la valuación, ya que ésta no es estadísticamente significativa.

Por otra parte, como fue comentado al inicio de este capítulo, con el valor expandido la administración financiera de la empresa, junto con el analista financiero, pueden elaborar estados financieros, que además de mostrar el potencial para generar beneficios futuros, pueden incorporar una pequeña porción de la incertidumbre del entorno, así como la flexibilidad de la administración de adaptarse a la misma.

Lo importante es ofrecerle al usuario de la información financiera un rango de valores sobre el cual pueda tomar decisiones de carácter financiero o estratégico.

A continuación se presenta la comparación de los estados financieros determinados con los modelos de valuación financieros presentados en este libro con los reportes elaborados bajo pronunciamientos contables.

Los reportes que se muestran a continuación incluyen la siguiente información:

1) En la primera columna se presenta el concepto de la partida.

2) En la segunda columna se muestra el valor de cada rubro determinado con la regulación contable.

3) En la tercera columna se muestra la proporción que representa cada concepto del estado de resultados, en tanto que para el balance general la proporción fue calculada con respecto al valor total de los activos de la empresa.

4) En la cuarta columna se muestra el valor de la empresa calculado con el modelo de valuación tradicional de flujos descontados. Cabe recordar que el resultado de este modelo es el valor total de la empresa menos los pasivos sin costo. Por lo cual, considerando la proporción actual de estos pasivos, se determinó el importe total de los activos sin deducir dichos pasivos.

   Con las proporciones actuales de costos, gastos, activos, pasivos y capital, se determinó el valor de cada uno de los rubros, multiplicando estos porcentajes por el valor presente de los flujos descontados.

5) Finalmente, la quinta columna muestra el valor de la empresa calculado con la metodología de opciones reales. Al igual que en el caso anterior, se multiplicaron las proporciones actuales de costos, gastos, activos y pasivos por el valor de la empresa determinado con este modelo financiero; sin embargo, en este caso el importe del capital contable no se calculó mediante la aplicación de los porcentajes actuales, este valor fue calculado directamente con la metodología de opciones financieras.

El objetivo de estos reportes es enfocarse sobre los puntos que la administración considera de mayor riesgo como son: las ventas, los costos, el efectivo, los pasivos, el capital, etc.

Compañía X,
Estado de Resultados
Por el periodo terminado el 31 de diciembre
(Cifras en miles de pesos)

Concepto (1)	NIF (2)	Análisis Vertical (3)	VP estado de resultados (4)	VP estado de resultados valuado con opciones reales (5)
	IV XXXX		IV XXXX	IV XXXX
Ventas Netas	$30,007	100.0%	$32,397	$40,346
Costo de Ventas	13,994	46.6%	$15,109	$18,816
Resultado Bruto	$16,013	53.4%	17,288	$21,530
Gastos de Operación	13,368	44.6%	14,433	$17,974
Resultado de Operación	$2,645	8.8%	2,855	$3,556
Costo Integral de Financiamiento	172	0.6%	186	$231
Resultado después del Costo Integral de Financ.	$2,473	8.2%	2,669	$3,324
Otras Operaciones Financieras	83	0.3%	89	$111
Resultado antes de Impuestos y PTU	$2,390	8.0%	2,580	$3,213
Provisión para Impuestos y PTU	1,085	3.6%	1,171	$1,458
Resultado Neto después de Impuestos y PTU	$1,305	4.3%	1,409	$1,755
Particip. en los Res. de Subsid. y Asoc. No Cons.	0	0.0%	0	$0
Resultado Neto por Operaciones Continuas	$1,305	4.3%	1,409	$1,755
Resultado por Operaciones Discontinuadas (Neto)	0	0.0%	0	$0
Resultado Neto Cons. antes de Part. Extraord.	$1,305	4.3%	1,409	$1,755
Partidas Extraord. Egresos (Ingresos) Neto	0	0.0%	0	$0
Efec. al Inicio del Ejer. por Camb. en Prin. de Contabilidad	$0	0.0%	0	$0
Resultado Neto	1,305	4.3%	1,409	$1,755
Participación Minoritaria	$48	0.2%	52	$64
Resultado Neto Mayoritario	**$1,257**	4.2%	**$1,357**	**$1,690**

Compañía X,
Balance General al 31 de diciembre
(Cifras en miles de pesos)

Concepto (1)	NIF (2)	Análisis vertical (3)	VP balance general (4)	VP balance general valuado con opciones reales (5)
	IV XXXX		IV XXXX	IV XXXX
Activo Total	**$31,843**	**100.0%**	**$52,957**	**$55,625**
Activo Circulante	6,024	18.9%	10,018	10,523
Efectivo e Inversiones Temporales	1,849	5.8%	3,075	3,230
Clientes y Documentos por Cobrar (neto)	2,331	7.3%	3,876	4,071
Otras Cuentas y Doc. por Cobrar (neto)	1,265	4.0%	2,104	2,210
Inventarios	515	1.6%	857	900
Otros Activos Circulantes	63	0.2%	105	111
Largo Plazo	854	2.7%	1,420	1,492
Cuentas y Doc. por Cobrar	0	0.0%	0	0
Invers. en Acciones de Subsid. y Asoc. No Cons.	854	2.7%	1,420	1,492
Otras Inversiones	0	0.0%	0	0
Inmuebles, Plantas y Equipo (Neto)	16,601	52.1%	27,609	29,001
Activo Diferido (Neto)	8,253	25.9%	13,726	14,417
Otros Activos	111	0.3%	184	193
	0			
Pasivo Total	**16,977**	**100.0%**	**36,907**	**35,637**
Pasivo Circulante	5,712	33.6%	12,417	11,990
Proveedores	1,517	8.9%	3,297	3,184
Créditos Bancarios CP	1,000	5.9%	2,173	2,098
Créditos Bursátiles CP	0	0.0%	0	0
Impuestos por Pagar	0	0.0%	0	0
Otros Pasivos Circulantes	3,195	18.8%	6,947	6,708
Pasivo a Largo Plazo	10,547	62.1%	22,928	22,139
Créditos Bancarios LP	4,047	23.8%	8,797	8,494
Créditos Bursátiles LP	6,500	38.3%	14,131	13,645
Otros Créditos LP	0	0.0%	0	0
Créditos Diferidos	718	4.2%	1,562	1,508
Otros Pasivos	0	0.0%	0	0

continúa...

Concepto (1)	NIF (2)	Análisis vertical (3)	VP balance general (4)	VP balance general valuado con opciones reales (5)
Capital Contable				
Capital Contable Consolidado	**14,866**	100.0%	**16,050**	**19,989**
Participación Minoritaria	383	2.6%	414	516
Capital Contable Mayoritario	14,483	97.4%	15,636	19,473
Capital Contribuido	6,715	45.2%	7,250	9,028
Capital Ganado (Déficit)	7,768	52.3%	8,387	10,445
Resultado Acumulado y Reservas de Capital	12,803	86.1%	13,823	17,215
Reserva para Recompra de Acciones	630	4.2%	680	847
Exceso (insuf.) en la Act. de Capital Contable	-6,923	-46.6%	-7,474	-9,308
Resultado Neto del Ejercicio	1,257	8.5%	1,357	1,690
Total Pasivo y C.C.	**$31,843**	100.0%	**$52,957**	**$55,625**

Número de Acciones en Circulación (Cifras en Millones)	2			
	valor de mercado	valor en libros	valor flujos descontados	valuación opciones reales
Precio por acción al cuarto trimestre de 2007	$16.894	$12.644	$13.651	$16.561

Si se efectúa un breve análisis con la información de X, se puede observar que la razón "Valor de mercado/Valor en Libros", considerando como valor de mercado a finales de diciembre de XXXX el derivado de los modelos financieros y como valor en libros el importe acorde a las NIF, el potencial de crecimiento de los ingresos es 1.079 veces el valor actual, bajo el enfoque de la valuación tradicional de flujos descontados, mientras que al incorporar la flexibilidad esta razón crece a 1.345 veces.

Si se efectúa este mismo análisis para el capital accionario, el valor esperado con el modelo de flujos descontados es 1.179 veces el valor en libros, mientras que con el modelo de opciones reales, esta razón es 1.344 veces el valor en libros, lo cual representa los beneficios potenciales que es capaz de ofrecer esta empresa.

Compañía Y,
Estado de Resultados
por el periodo terminado el 31 de diciembre
(Cifras en miles de pesos)

Concepto (1)	NIF (2)	Análisis vertical (3)	VP estado de resultados (4)	VP estado de resultados valuado con opciones reales (5)
	IV XXXX		IV XXXX	IV XXXX
Ventas Netas	20,178	100.0%	23,793	64,241
Costo de Ventas	11,477	56.9%	13,533	36,538
Resultado Bruto	8,701	43.1%	10,260	27,703
Gastos de Operación	4,250	21.1%	5,011	13,529
Resultado de Operación	4,452	22.1%	5,250	14,174
Costo Integral de Financiamiento	1,479	7.3%	1,744	4,708
Resultado después del Costo Integral de Financ.	2,973	14.7%	3,506	9,466
Otras Operaciones Financieras	919	4.6%	1,083	2,925
Resultado antes de Impuestos y PTU	2,054	10.2%	2,423	6,541
Provisión para Impuestos y PTU	284	1.4%	335	905
Resultado Neto después de Impuestos y PTU	1,770	8.8%	2,087	5,636
Particip. en los Res. de Subsid. y Asoc. No Cons.	35	0.2%	41	110
Resultado Neto por Operaciones Continuas	1,805	8.9%	2,047	5,526
Resultado por Operaciones Discontinuadas (Neto)	0	0.0%	0	0
Resultado Neto Cons. Antes de Part. Extraord.	1,805	8.9%	2,047	5,526
Partidas Extraord. Egresos (Ingresos) Neto	0	0.0%	0	0
Efec. al Inicio del Ejer. por Camb. en Prin. de Cont.	0	0.0%	0	0
Resultado Neto	1,805	8.9%	2,047	5,526
Participación Minoritaria	177	0.9%	208	563
Resultado Neto Mayoritario	$1,628	8.1%	$1,920	$5,183

Compañía Y,
Balance General al 31 de diciembre
(cifras en miles de pesos)

Concepto (1)	NIF (2)	Análisis vertical (3)	VP balance general (4)	VP balance general valuado con opciones reales (5)
	IV XXXX		IV XXXX	IV XXXX
Activo Total	**$178,615**	**100.0%**	**$236,969**	**$465,582**
Activo Circulante	**33,438**	**18.7%**	**44,362**	**87,160**
Efectivo e Inversiones Temp.	14,871	8.3%	19,729	38,763
Clientes y Documentos por Cobrar (neto)	4,882	2.7%	6,476	12,725
Otras Cuentas y Documentos por Cobrar (neto)	5,127	2.9%	6,802	13,364
Inventarios	7,546	4.2%	10,011	19,670
Otros Activos Circulantes	1,012	0.6%	1,343	2,638
Largo Plazo	8,077	4.5%	10,716	21,054
Cuentas y Documentos por Cobrar LP	1,906	1.1%	2,528	4,968
Invers. en Acciones de Subsid. y Asociados No Cons.	6,171	3.5%	8,187	16,086
Otras Inversiones	0	0.0%	0	0
Inmuebles, Plantas y Equipo (Neto)	99,917	55.9%	132,560	260,445
Activo Diferido (Neto)	37,183	20.8%	49,331	96,923
Otros Activos				
Pasivo Total	**104,796**	**100.0%**	**149,924**	**230,565**
Pasivo Circulante	**37,704**	**36.0%**	**85,258**	**82,954**
Proveedores	3,412	3.3%	7,716	7,508
Créditos Bancarios C.P.	15,483	14.8%	35,011	34,064
Créditos Bursátiles C.P.	0	0.0%	0	0
Impuestos por Pagar	2,203	2.1%	4,981	4,847
Otros Pasivos Circulantes	16,606	15.8%	37,550	36,536
Pasivo a Largo Plazo	**46,803**	**44.7%**	**105,831**	102,972
Créditos Bancarios LP	17,745	16.9%	40,125	39,041
Créditos Bursátiles LP	0	0.0%	0	0
Otros Créditos LP	29,058	27.7%	65,706	63,931
Créditos Diferidos	**13,399**	**12.8%**	**30,299**	29,480
Otros Pasivos	**6,890**	**6.6%**	**15,580**	15,159

continúa...

Concepto (1)	NIF (2)	Análisis vertical (3)	VP balance general (4)	VP balance general valuado con opciones reales (5)
Capital Contable				
Capital Contable Consolidado	**73,819**	100.0%	**87,045**	**235,017**
Participación Minoritaria	**12,343**	16.7%	**14,554**	**39,295**
Capital Contable Mayoritario	**61,476**	83.3%	72,491	195,722
Capital Contribuido	**38,804**	52.6%	45,756	123,540
Capital Ganado (Déficit)	**22,673**	30.7%	26,735	72,183
Resultado Acumulado y Reservas de Capital	83,326	112.9%	98,256	265,286
Reserva para Recompra de Acciones	6,174	8.4%	7,280	19,656
Exceso (insuf.) en la Act. de Capital Contable	-68,456	-92.7%	-80,721	-217,943
Resultado Neto del Ejercicio	1,628	2.2%	1,920	5,183
Total Pasivo y C.C.	**$178,615**	100.0%	**$236,969**	**$465,582**
Número de Acciones en Circulación (Cifras En Millones)	5			
	valor de mercado	valor en libros	valor flujos descontados	valuación opciones reales
Precio por acción al cuarto trimestre de 2007	$47.520	$13.910	$16.403	$44.286

El potencial de crecimiento de las ventas de Y, evaluado con la razón "Valor de mercado/Valor en libros" es 1.179 veces el valor actual, en tanto que con opciones reales este cociente es de 3.183 veces el valor en libros.

Si se efectúa este mismo análisis para el activo total, el valor esperado de la Compañía con el modelo de flujos descontados es 1.326 veces el valor en libros, mientras que con el modelo de opciones reales, esta razón representa 2.606 veces el valor en libros, lo cual representa los beneficios potenciales que es capaz de ofrecer esta empresa.

Como se puede ver, la flexibilidad incrementa fuertemente el valor de la empresa, lo cual resulta lógico, ya que al encontrarse Y dentro del sector de la construcción la volatilidad de los flujos es muy alta.

Compañía Z,
Estado de Resultados
por el periodo terminado el 31 De Diciembre
(Cifras en miles de pesos)

Concepto (1)	NIF (2)	Análisis Vertical (3)	VP Estado de Resultados (4)	VP Estado de Resultados Valuado con Opciones Reales (5)
	IV XXXX		IV XXXX	IV XXXX
Ventas Netas	104,103	100.0%	273,610	332,444
Costo de Ventas	61,642	59.2%	162,011	196,848
Resultado Bruto	42,461	40.8%	111,599	135,596
Gastos de Operación	11,701	11.2%	30,754	15,241
Resultado de Operación	30,760	29.5%	80,845	120,355
Costo Integral de Financiamiento	7,672	7.4%	20,163	8,869
Resultado después del Costo Integral de Financ.	23,088	22.2%	60,682	111,485
Otras Operaciones Financieras	0	0.0%	0	0
Resultado antes de Impuestos y PTU	23,088	22.2%	60,682	111,485
Provisión para Impuestos y PTU	9,001	8.6%	23,658	9,640
Resultado Neto después de Impuestos y PTU	14,087	13.5%	37,024	101,846
Particip. en los Res. de Subsid. y Asoc. No Cons.	-263	-0.3%	-690	-257
Resultado Neto por Operaciones Continuas	13,824	13.3%	36,334	102,103
Resultado por Operaciones Discontinuadas (Neto)	0	0.0%	0	0
Resultado Neto Cons. Antes de Part. Extraord.	13,824	13.3%	36,334	102,103
Partidas Extraord. Egresos (Ingresos) Neto	0	0.0%	0	0
Efec. al Inicio del Ejer. por Camb. en Prin. de Cont.	0	0.0%	0	0
Resultado Neto	$13,824	13.3%	$36,334	$44,147

Compañía Z,
Balance General al 31 de diciembre
(Cifras en miles de pesos)

Concepto (1)	NIF (2)	Análisis vertical (3)	VP balance general (4)	VP balance general valuado con opciones reales (5)
	IV XXXX		IV XXXX	IV XXXX
Activo Total	**$183,830**	100.0%	**$689,398**	**$791,424**
Activo Circulante	31,098	16.9%	116,622	133,881
Efectivo e Inversiones Temporales	9,912	5.4%	37,173	42,674
Clientes Y Documentos por Cobrar (Neto)	16,101	8.8%	60,382	69,318
Otras Cuentas y Documentos Por Cobrar (Neto)	1,815	1.0%	6,807	7,814
Inventarios	1,582	0.9%	5,934	6,812
Otros Activos Circulantes	1,687	0.9%	6,327	7,263
Largo Plazo	**899**	0.5%	**3,371**	**3,870**
Inmuebles, Plantas y Equipo (Neto)	142,921	77.7%	535,980	615,301
Activo Diferido (Neto)	776	0.4%	2,912	3,343
Otros Activos	8,136	4.4%	30,512	35,028
Pasivo Total	**116,760**	100.0%	**513,118**	**577,239**
Pasivo Circulante	30,212	25.9%	178,386	149,364
Proveedores	0	0.0%	0	0
Créditos Bancarios C.P.	5,558	4.8%	32,815	27,476
Créditos Bursátiles C.P.	4,664	4.0%	27,537	23,057
Impuestos por Pagar	3,521	3.0%	20,789	17,407
Otros Pasivos Circulantes	16,470	14.1%	97,245	81,424
Pasivo a Largo Plazo	62,036	53.1%	366,288	306,696
Créditos Bancarios L.P.	25,166	21.6%	148,592	124,418
Créditos Bursátiles L.P.	36,870	31.6%	217,695	182,278
Otros Créditos	0	0.0%	0	0
Créditos Diferidos	12,104	10.4%	71,468	59,840
Otros Pasivos	12,407	10.6%	73,257	61,338

continúa...

Concepto (1)	NIF (2)	Análisis vertical (3)	VP balance general (4)	VP balance general valuado con opciones reales (5)
Capital Contable				
Capital Contable Consolidado	**67,071**	**100.0%**	**176,280**	**214,185**
Participación Minoritaria	0	0.0%	0	0
Capital Contable Mayoritario	67,071	100.0%	176,280	214,185
Capital Contribuido	39,238	58.5%	103,129	125,304
Capital Ganado (Déficit)	27,832	41.5%	73,151	88,881
Resultado Acumulado y Reservas de Capital	86,536	129.0%	227,441	276,347
Reserva para Recompra de Acciones	0	0.0%	0	0
Exceso (Insuf.) en la Act. de Capital Contable	-72,528	-108.1%	-190,624	-231,613
Resultado Neto del Ejercicio	13,824	20.6%	36,334	44,147
	$183,830		**$689,398**	**$791,424**
Número de Acciones en Circulación (Cifras en Millones)	13			
	valor de mercado	valor en libros	valor flujos descontados	valuación opciones reales
Precio por Acción al Cuarto Trimestre de 2007	$16.900	$5.249	$13.796	$16.763

Finalmente, el inversionista de Z esperaría que su inversión creciera en un futuro, entre 2.628 y 3.193 veces su valor actual.

Mientras que la administración de Z esperaría que el valor de la empresa con el modelo de flujos descontados a finales de diciembre de XXXX sea 3.750 veces el valor en libros, con el modelo de opciones reales esta razón es 4.305 veces el valor en libros, lo cual representa los beneficios potenciales que es capaz de ofrecer esta empresa.

En términos generales, el objetivo de emitir este tipo de reportes es ofrecerle al usuario de la información financiera un rango de valores sobre el cual pueda tomar decisiones más acertadas, es decir, darle la mayor cantidad de herramientas sobre las cuales pueda decidir si hace o no nuevas inversiones, si vende algunos de sus activos, si reestructura sus pasivos, etc.

Evidentemente nunca se va a poder modelar la realidad por completo, pero lo importante es efectuar mejores análisis, con la mayor cantidad de información posible.

Derivado del análisis de las técnicas de valuación se puede concluir lo siguiente:

- El flujo de efectivo descontado es sencillo, no se necesita de grandes conocimientos matemáticos para su entendimiento, toma en cuenta el valor del dinero en el tiempo, utiliza flujos y no utilidades, no se requieren cálculos demasiado complejos y es fácil de interpretar. La mayor desventaja ya ha sido mencionada a lo largo de este capítulo y es que no considera la flexibilidad que posee la empresa de adaptarse a las circunstancias cambiantes.

- Las opciones reales aplicadas a través del modelo binomial brindan mayor información al usuario de la información y complementan el análisis de flujos descontados al incorporar la posibilidad que tiene la administración de adaptarse a las circunstancias cambiantes, lo cual se apega un poco más a la realidad; sin embargo, es complejo en el cálculo, puede ser un poco subjetiva la determinación de los parámetros y supone que el subyacente únicamente puede tomar dos valores, lo cual limita el análisis, ya que en la realidad el proyecto puede tomar una infinidad de valores a lo largo del tiempo. Esta desventaja se puede solucionar cambiando el supuesto de que el subyacente (V) se comporta como un Movimiento Browniano Geométrico, o bien utilizando árboles trinomiales o cuatrinomiales; sin embargo, esto vuelve el modelo más complejo.

Como se ha podido ver a lo largo de este capítulo y en general durante todo el libro, considerando la complejidad del mundo actual en el que se desempeñan las empresas y debido a la feroz competencia a la que se enfrentan día con día, resulta apremiante que las entidades presenten a los usuarios de la información ya no únicamente los estados financieros básicos, se debe proveer de la mayor cantidad de información posible para la adecuada toma de decisiones.

En conclusión, resulta indispensable que los contadores cuenten con la preparación necesaria no sólo para poder elaborar esta información, sino también para poder avalar que dicha información se haya preparado lo más adecuadamente posible. Dadas las limitaciones que poseen todos los modelos financieros, ningún modelo podrá reflejar la realidad completamente, pero tampoco es válido no intentarlo reflejando realidades totalmente inadecuadas.

CAPÍTULO VI
Perspectivas Futuras y Conclusiones

Perspectivas Futuras

A pesar de que la normatividad contable ha tratado de reflejar de la mejor manera posible la complejidad de las transacciones que realizan las entidades mediante la incorporación de técnicas de valuación cada vez más complejas, los estados financieros no satisfacen por completo a los diferentes usuarios de la información financiera. Esta preocupación no es exclusiva de México, de hecho ha sido un tema de gran importancia a nivel internacional.

De acuerdo con el reporte elaborado por Michael Bray, *New Directions in Business*, emitido por el Instituto de Contadores Públicos Australiano, "ha existido una creciente preocupación durante los últimos años debido a que los reportes corporativos resultan inadecuados al no haberse adaptado a los cambios constantes en el negocio, o bien, porque han fallado al no reconocer la gran diversidad de usuarios de la información financiera. Algunos críticos demandan cambios particulares, mientras que otros ofrecen programas amplios de reforma, a los que se denomina como **nuevos modelos de reporte**".

La mayor parte de las críticas hacia los reportes de negocios surgió durante la década de los 90, la gran preocupación se encontraba en la diferencia entre el valor en libros derivado de la contabilidad y el valor de mercado de la empresa. Sin embargo, los eventos ocurridos durante los últimos años, particularmente los escándalos contables, provocaron que esa diferencia se redujera sustancialmente. Asimismo se puso especial énfasis por mantener una gran integridad en las cifras presentadas en los reportes financieros tradicionales.

Sin embargo, a pesar del gran esfuerzo que se ha hecho a nivel internacional por mejorar y homologar las prácticas contables, no se ha conseguido restaurar o mantener la confianza en la información contenida en los estados financieros.

Derivado de lo anterior, diversos organismos como el *International Accounting Standards Board* y *The Canadian Institute of Chartered Accountant* han sugerido la elaboración de nuevos modelos de reporte, los cuales critican el modelo de la contabilidad tradicional basado en el valor histórico y proponen un nuevo esquema que incluye los estados financieros elaborados bajo un nuevo enfoque, así como indicadores de desempeño que son relevantes en el proceso de toma de decisiones de los distintos usuarios de la información financiera.

Básicamente se proponen 11 nuevos modelos, los cuales se listan a continuación:

1) El *Balanced Scorecard*
2) El Reporte de Jenkins (*Jenkins Report*)
3) La Compañía del Mañana (*Tomorrow's Company*)
4) El Reporte Anual del Siglo 21 (*The 21st Century Annual Report*)
5) El Cambio Inevitable (*The Inevitable Change*)
6) *Inside Out*

7) Dinámica de Valor (*Value Dynamics*)

8) GRI (*Global Reporting Initiative*)

9) Riqueza Invisible (*Unseen Wealth*)

10) *ValueReporting*™

11) El Principio de Hermes (*The Hermes Principles*)

A continuación se describirá con mayor detalle cada uno de estos reportes:

1) El Balanced Scorecard

Definición

El *Balanced Scorecard* reporta el desempeño de una entidad no sólo desde una perspectiva financiera, sino también desde la perspectiva del cliente, la de los distintos procesos de negocios y la de aprendizaje y crecimiento.

Propuesta

La idea central del Balanced Scorecard es que los administradores deben desarrollar las medidas clave de éxito que les permitan evaluar los negocios desde cuatro diferentes perspectivas:

- Aprendizaje y crecimiento (¿podemos continuar mejorando y creando valor?) –Por ejemplo: Tiempo de lanzamiento de nuevos productos al mercado.
- Procesos internos de negocios (¿en qué debemos ser excelentes?) –Por ejemplo: Tiempo del ciclo de manufactura.
- Clientes (¿cómo nos percibe el cliente?) –Por ejemplo: El tiempo de entrega.
- Financiero (¿cómo nos perciben los accionistas?) –Por ejemplo: Resultados operativos por división.

Las medidas consideradas son de causa-efecto, combinándose medidas de alerta temprana y de resultados, para entender la dinámica de creación de valor de la empresa.

Kaplan y Norton argumentan que aunque el *Balanced Scorecard* sea principalmente una herramienta administrativa, debería de convertirse en la base de análisis de los reportes externos, ya que la concentración únicamente en medidas financieras tiene una óptica de corto plazo descuidando los bienes intangibles, los cuales son el principal factor de éxito en el futuro.

2) El Reporte Jenkins

Definición

El reporte de mejoramiento empresarial –un enfoque del cliente--, generalmente conocido como el Reporte *Jenkins*, fue publicado por el Instituto Americano de Contadores Públicos

Certificados en 1994, para identificar los tipos de información más utilizados en la predicción de las utilidades y los flujos de efectivo, con el propósito de valuar los instrumentos de capital y analizar la posibilidad de pago de los instrumentos de deuda.

Los hallazgos encontrados muestran que los estados financieros proporcionan generalmente a los usuarios información esencial que tiene gran influencia en la toma de decisiones. No hay evidencia de que los usuarios abandonen el análisis de los estados financiero porque crean que la información es irrelevante o por alguna otra razón; sin embargo, se encontró que los usuarios critican firmemente ciertos aspectos de los estados financieros.

La crítica de los usuarios se dirige hacia algunos factores en particular, los puntos clave se muestran a continuación:

- Definición de los segmentos de negocios de forma muy general.
- Falta de información acerca de los inversionistas.
- Estándares contables que no son acordes con los nuevos instrumentos financieros. No se entienden los riesgos derivados de ciertas transacciones que, bajo ciertas reglas contables, no son reflejados en los estados financieros.
- Preocupación derivada de que las reglas contables actuales permitan la exclusión de los estados financieros de ciertos derechos y obligaciones que puedan aparentar un riesgo menor del que posee la compañía.
- Los estados financieros y las notas a los mismos no contienen suficiente información acerca de operaciones no recurrentes y poco usuales, no describen la imprecisión en la medición de ciertos activos y pasivos.

Propuesta

El Reporte *Jenkins* recomienda el desarrollo de un modelo de reporte de negocios. Éste contendría la información oportuna que los usuarios necesitan para valuar y analizar los riesgos de sus inversiones.

El reporte recomienda que los usuarios conozcan las necesidades de cambio, por lo cual el estado financiero debe contener lo siguiente:

a) Información desde una perspectiva a futuro, incluyendo los planes de la administración, oportunidades, riesgos y una medición de la incertidumbre.

b) Los factores que crean valor en el largo plazo, incluyendo mediciones no financieras que indiquen cómo se desempeñan los procesos claves del negocio.

c) Una mejor alineación de la información contenida en los reportes externos con la información proporcionada internamente para la toma de decisiones.

Este modelo incluye una lista de los 10 "principales componentes" que deben poseer los reportes sobre el negocio, de estos componentes los estados financieros representan únicamente uno.

Los componentes son los siguientes:

Información financiera y no financiera:
- Estados financieros y las notas a los mismos.
- Información de alto nivel sobre la operación y las medidas de desempeño que los administradores utilizan para gestionar la empresa.

Análisis gerencial de la información financiera y no financiera:
- Razones de cambio de la información financiera, de la operativa y del desempeño de la entidad, así como la identificación de los efectos pasados sobre las tendencias claves.

Información a futuro:
- Oportunidades y riesgos, incluyendo los resultados de las tendencias clave.
- Los planes de la administración, incluyendo factores críticos.
- Comparación del desempeño actual de la empresa con las oportunidades previamente divulgadas, los riesgos y los planes de la administración.

Información sobre la administración y los accionistas:
- Directores, administradores, compensaciones, accionistas mayoritarios, transacciones futuras y relaciones entre partes relacionadas.

Antecedentes de la empresa:
- Amplios objetivos y estrategias.
- Alcance y descripción de la empresa y sus propiedades
- Impacto de la estructura de la industria en la empresa

3) La compañía del mañana

Definición

La compañía del mañana plantea un enfoque incluyente entre la entidad y sus reportes financieros, se propone un enfoque más amplio en las relaciones con todas las partes involucradas y un menor énfasis en las medidas financieras.

De acuerdo con esta perspectiva, el factor clave del éxito empresarial consiste en cambiar de la explotación de los activos físicos de la compañía al análisis de la creatividad y del aprendizaje potencial de toda la gente con quien se tiene contacto, no únicamente de los empleados.

Propuesta

Para alcanzar el éxito, las compañías necesitan concentrarse menos en los accionistas y en las medidas financieras de éxito. En lugar de ello, deberán incluir las relaciones con todos los interesados, así como un rango más amplio de medidores, como son los objetivos y el desempeño de la compañía, se busca un reporte "incluyente". Las compañías necesitan ir más allá de la contabilidad tradicional, necesitan un nuevo criterio, nuevas medidas y un nuevo lenguaje de éxito.

El acercamiento incluyente puede resumirse en la figura 1:

Figura 1. **Compañía del futuro**

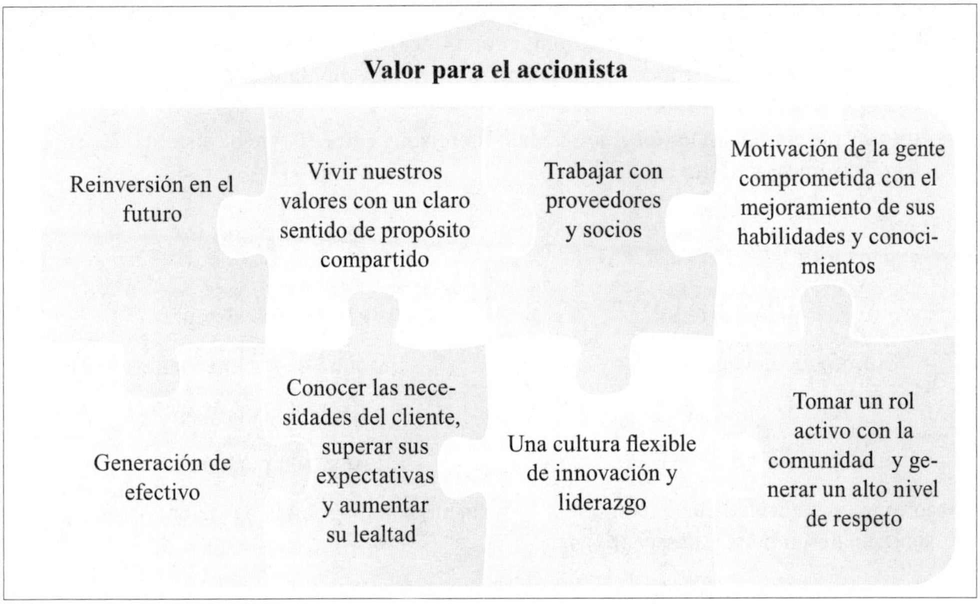

Fuente: *Sooner, Sharper, Simpler: A Lean Vision of an Inclusive Annual Report,* publicado por *Tomorrow's Company.*

4) El reporte anual del siglo XXI

Definición

El reporte anual del siglo XXI fue publicado por el Instituto de Contadores Certificados de Inglaterra y Gales en 1998, comprende principalmente una serie de conferencias editadas por Anthony Carey y Juliana Sancto.

En el reporte anual del siglo XXI, Chris Swinson, de BDO, y Stoy Hayward, entonces presidente del Instituto, se hace evidencia del descontento existente con los informes financieros basados en los costos históricos, los cuales no satisfacen las necesidades de información de todos los usuarios de la información financiera. Se argumenta que los activos y los riesgos no son medidos adecuadamente en los registros del costo histórico, situación muy inconveniente ya que estos son factores cada vez más determinantes en el éxito futuro del negocio. Tampoco el capital humano ni el capital intelectual son reflejados en la información financiera tradicional. Asimismo, muchos de los rubros contables no proporcionan indicaciones de la naturaleza y el posible alcance de las obligaciones ambientales.

Propuesta

Se reconoce la necesidad de reportar una mayor diversidad de indicadores relevantes en el desempeño financiero, así como la visión de todos los interesados. El reporte anual del Siglo XXI respalda el uso de Tecnologías de Información (TI) y de la tecnología basada en la Web, con el objeto de permitir a los usuarios contar con información de acuerdo con sus necesidades, así como tener acceso a la información de una manera más rápida y justa.

Los editores proporcionan un resumen de las diferencias entre el "viejo" sistema de reporte y el "nuevo" según se muestra en al tabla 1:

Tabla 1. El Reporte del Siglo XXI	
El "viejo" sistema	**El "nuevo" sistema**
Enfoque del accionista	Enfoque de los interesados
Basado en el papel	Basado en la Web
Información estandarizada	Información personalizada
Información controlada de la compañía sobre su desempeño y perspectivas	Información disponible desde una variedad de fuentes
Reportes periódicos	Reportes continuos
Distribución de la información	Diálogo
Estados financieros	Rango más amplio de medidas de desempeño
Desempeño histórico	Mayor énfasis en proyectos futuros
Costo histórico	Información substancial basada en el valor
Auditoría de las cuentas	Sistema de aseguramiento
Orientación nacional	Base global
Sistema esencialmente estático	Modelo de cambio continuo
Regulaciones dirigidas y preparadas	Satisfacción de las demandas del mercado

Fuente: *Information for Better Markets.* New Reporting models for business

Sir Brian Jenkins enfatizó los cambios en las TI: "Con la tecnología se abre una gama de oportunidades y nosotros estamos en un mundo a la carta, con un potencial infinito, menús alternativos de información disponible para proporcionar a los usuarios de la información financiera".

5) El cambio inevitable

Definición

El cambio inevitable argumenta que, para satisfacer las necesidades de los diferentes usuarios de la información, las empresas deben aplicar los avances en la tecnología de información con el objeto de dar a conocer la mayor cantidad de información en el menor tiempo posible.

Propuesta

El reporte establece un plan de negocio para la presentación de informes, se recomienda:

- Un recurso tipo biblioteca electrónica, considerando una base de datos corporativa, la cual estaría disponible para ser utilizada externamente.
- Explotar la tecnología existente con el objeto de enlazar la información de bases de datos externas a la compañía y que sea accesado gratuitamente.
- Un conjunto de información previamente elaborada, basada en estándares contemplados para cada grupo de interesados.
- Extensión del acceso general a las reuniones de la empresa vía emisiones en vivo y cuyas grabaciones sean puestas en la librería.
- Acceso extensivo de las reuniones de uno a uno (con los inversionistas) vía minutos en la librería.
- Disponibilidad de los principales cuestionamientos hechos a la administración vía una librería electrónica.

Mayor acceso de información donde exista una gran demanda externa:

- Se seleccionarán prospectos de información, los cuales serán proporcionados durante intervalos de tres a cinco años.
- Se proporcionará información que es actualmente capturada por los sistemas de información administrativa. Por ejemplo: Indicadores de desempeño; y
- Se proveerá de información que actualmente no es capturada por los sistemas de información administrativa. Por ejemplo: Capital intelectual, información biográfica de directores...

Definición

El *Inside Out* propone que las empresas que cotizan en bolsa deberían publicar más información acerca de sus estrategias y de sus causales de valor, incluyendo los medidores y los indicadores utilizados por el consejo de administración.

Por otro lado, muchos directores creen que "existe una gran diferencia entre la percepción interna acerca del potencial de una empresa y el mercado de valores", este informe explica por qué pueden existir estas diferencias.

"Los inversionistas de hoy desean información acerca del potencial de una compañía para crear valor al accionista. El valor es creado por el aumento de las expectativas futuras de una empresa y esto, en gran medida, se debe a una ventaja competitiva junto con la habilidad de la administración para elegir e implementar una estrategia, la cual permita explotar dicha ventaja. Los reportes anuales dan una perspectiva histórica y proveen información limitada sobre estas cuestiones, la notificación de información con visión de futuro por parte de las empresas es generalmente muy escasa. El futuro es incierto y no puede ser informado como hechos, por ello la presentación de información pasada ya no es suficiente."

Propuesta

La recomendación principal es que debe haber una mayor alineación entre la información externa e interna de una compañía. El informe propone una serie de revelaciones cualitativas principalmente de empresas que cotizan en bolsa, diseñadas para ofrecer a los inversionistas "información sobre el potencial de una compañía para crear valor al accionista" y para introducir "una perspectiva más orientada hacia el futuro en los informes anuales".

Las revelaciones propuestas reflejan interés por parte de los usuarios en aprender más acerca de las estrategias de las empresas y de los causales de valor claves. Se propone que el informe anual debe ser diseñado con el objetivo de alentar a los administradores a informar por qué se espera que sus estrategias conduzcan a la creación de valor en el largo plazo y por qué su visión dé los resultados obtenidos.

El enfoque *Inside Out* establece que "los medidores y los indicadores utilizados a nivel directivo para la gestión de una empresa son igualmente importantes en el mercado de valores, para asegurar un juicio justo del negocio así como proyecciones confiables de las futuras utilidades. La administración debe ser más abierta en la revelación externa de elementos clave de la información utilizada para la gestión del negocio."

El reporte resume algunas de las revelaciones clave que deberían acompañar a los estados financieros, como se muestra a continuación:

De la empresa en su conjunto:

- Sus ambiciones.
- Su dirección estratégica, junto con los objetivos y etapas para lograr sus objetivos.
- Una descripción del proceso de toma de decisiones estratégicas.
- Las medidas preferidas usadas internamente para supervisar el desempeño económico.

Además de lo anterior, para cada actividad de negocio importante y para propósitos administrativos:

- Una descripción de los causales de valor clave en el negocio, entre otras cosas:
  - Del mercado en el que opera la empresa, utilizando términos cualitativos y datos cuantitativos.
  - De la razón por la que la administración cree que es el mercado correcto para estar en él.
  - La posición competitiva del negocio en el mercado.
  - La anticipación de las tendencias futuras del mercado.
  - La forma en cómo la administración intenta mantener o modificar su posición de negocio en el mercado.

- Medidas de rendimiento adecuadas para el negocio, incluyendo medidas no financieras, y/o indicadores líderes, derivados de los causales de valor clave, que son utilizados internamente para vigilar el potencial en ese negocio.

El reporte pide a las compañías "que inmediatamente experimenten con la información adicional que se propone". También recomienda que "los hechos revelados en el análisis y en el portafolio de inversionistas deberían ser incorporados en el informe anual".

7) Value Dynamics™

Definición

Value Dynamics™ sostiene que las compañías deberían ser más transparentes y enfocadas al usuario en sus revelaciones; en particular, deberían mostrar los valores actuales de todos sus bienes, incluyendo los bienes intangibles que actualmente no se han reconocido en sus informes financieros.

Investiga la disminución a largo plazo en la razón del valor en libros sobre el valor de mercado de compañías americanas, señala las deficiencias de la contabilidad tradicional.

"Las organizaciones están creando valor en formas totalmente nuevas, utilizando activos y combinaciones de activos hasta ahora no reconocidos bajo los sistemas de contabilidad tradicionales –y desde luego no medidos. Métodos antiguos de administración y medición que no corresponden a la tarea, ya que en la Nueva Economía son activos intangibles, relaciones, conocimientos, gente, marcas y sistemas lo que sustenta las ventajas competitivas.

"Las empresas avanzadas se están dando cuenta de que sus sistemas de medición y administración no están alineados con los activos que están utilizando para crear valor. Las empresas deben reconocer que los viejos modelos de información para la toma de decisiones, como la medición y presentación de informes, están siendo obsoletos".

Propuesta

Las empresas se han "resistido a la revelación adicional de la mínima requerida por la legislación". Esto tiene que cambiar, "el modelo del futuro es transparente e influenciado por los usuarios y debe permitir a los interesados acceder fácilmente a la información que necesitan saber, en el momento preciso". Las empresas tendrán que medir la totalidad de sus activos que crean valor, a pesar de la dificultad para medir intangibles. Esta preocupación, acerca de medir e informar sobre todos los activos de una empresa, es originada por un enfoque basado en activos para el negocio, así como en la creación de valor que los autores refieren como *Value Dynamics*™, según se muestra en la figura 2:

Figura 2. Marco de activos *Value Dynamics*™

Físico
Terrenos
Edificios
Equipo
Inventario

Cliente
Clientes
Canales
Afiliados

Organización
Liderazgo Innovación
Estrategia Sistemas
Conocimiento Procesos
Valores Cultura
Marca PI

Financiero
Efectivo
Cuentas por cobrar
Deudas
Inversiones
Capital

Empleados & Proveedores
Empleados
Proveedores
Socios

Fuente: *Information for Better Markets*. New Reporting models for business

El *Value Dynamics*™ implica el análisis de todas las cuestiones relacionadas con la estrategia, el diseño del modelo de negocios, los procesos de negocios y la administración de riesgos en términos de cinco tipos de activos: físicos, de clientes, organizacionales, financieros, y de empleados y proveedores.

Los autores señalan que ellos no utilizan la palabra activo en la forma prescrita por las normas existentes. *Value Dynamics*™ define activo como todas las fuentes potenciales de beneficios económicos futuros que tienen la capacidad de contribuir al valor total de una compañía, a diferencia de las definiciones convencionales de contabilidad de activos que se basan en conceptos de control y exclusividad. En el caso de *Value Dynamics*™, los activos abarcan fuentes de valor, tanto dentro del control de una empresa, como fuera de ella. Estas fuentes de valor pueden incluir clientes, ya que son ellos los que proporcionan información y dinero, empleados y proveedores, ya que proporcionan productos, servicios, habilidades y conocimientos. Organizaciones que ofrecen una gama de productos --desde conocimientos patentados a sistemas y procesos codificados, y activos financieros, dado que proporcionan la capacidad de aumentar la deuda y la habilidad de incrementar el capital.

Los autores presentan un cuadro resumen de los cambios en la presente y en la futura presentación de informes:

Cuadro 1. Medición y presentación de informes de *Value Dynamics*

Medición / marco de presentación de informes	Estado actual	Estado futuro
Marco de presentación de informes	En los estados financieros (preparados y regulados)	Base de datos corporativa (preparadores y usuarios personalizan los informes en función de las necesidades)
Enfoque	Valor realizado	Valor creado (y realizado)
¿Qué se mide?	Activos financieros y físicos	Todos los activos tangibles e intangibles
Fuente de información	Información interna	Información integrada interna y externa
¿Cómo se mide / se informa?	Principalmente a costo histórico	Valor razonable, sobre todo para la medición de los activos intangibles
¿Cuándo es entregado?	Distribución de copias y distribución electrónica limitada	PC's y otros dispositivos, siempre que sea necesario
¿Cuando está disponible?	Periódica	Continua
¿En qué formato?	Números / palabras	Números / palabras / visualizaciones gráficas e interfaces interactivas
¿A quién se informa?	Ciertos interesados según sea necesario	Todos los interesados eventualmente
Información adicional	Limitada	Administración de riesgos, estrategia, etc.

Fuente: *Information for Better Markets.* New Reporting models for business

8) GRI (Global Reporting Initiative*)*

Definición

GRI ofrece una plantilla desarrollada para las empresas con el objeto de comunicar información midiendo sus resultados económicos, sociales y medioambientales.

Las directrices de la Presentación de Informes Sustentable también se refieren a la falla en la presentación de informes financieros para reconocer los activos intangibles. Varios observadores --incluyendo contadores-- reconocen que la caracterización de la economía de "ladrillos y mortero" del pasado no será suficiente para reflejar la situación económica actual.

Sin embargo, GRI no es un intento por resolver los problemas de la contabilidad de los intangibles. El punto clave del GRI es que la información financiera no refleja las nuevas expectativas de responsabilidad que son parte importante de los negocios; en particular, no permite a las personas evaluar si las actividades del negocio son compatibles con el desarrollo económico, ambiental y social: por ejemplo, ¿esas actividades representan una contribución global para la prosperidad económica, los recursos ambientales y el bienestar social de los interesados afectados por la empresa? De hecho, los informes financieros sólo cubren un subconjunto de los impactos económicos de un negocio.

Propuesta

Los defensores del GRI reportan las medidas económicas, ambientales y sociales, una empresa que informa bajo las Guías de Reportes Sustentables (*Sustainability Reporting Guidelines*) del GRI debe incluir, entre otros puntos, los siguientes elementos:

- Visión y estrategia.
- Perfil.
- Estructura de gobierno y sistemas de administración.
- Indicadores de rendimiento.

Las directrices incluyen extensas listas de indicadores económicos, ambientales y sociales de resultados, a partir de las cuales las empresas pueden elegir los que son más relevantes en sus circunstancias e impactos.

Las directrices también establecen que "la valuación de activos intangibles --capital humano, capital ambiental, alianzas y asociaciones, marcas y reputación-- deben complementar la valuación de los activos tangibles convencionales..."

GRI está desarrollando:

- Protocolos técnicos sobre indicadores de medición. Cada protocolo aborda un indicador específico o conjunto de indicadores ofreciendo definiciones detalladas, procedimientos, fórmulas y referencias para garantizar consistencia en los reportes; y

- Suplementos de orientación para los siguientes sectores: servicios financieros (desempeño social), operadores de turismo, automotor, y telecomunicaciones.

9) The Brookings Institution (la riqueza invisible)

Definición

Las recomendaciones de la Institución de *Brookings* están enfocadas en el problema del reporte de intangibles, por lo cual presentan un marco que permite a las compañías avanzar hacia la presentación de los valores de todos los intangibles relevantes.

El crecimiento económico ya no está siendo impulsado principalmente por la inversión en activos físicos, sino por las inversiones en activos intelectuales, organizacionales, institucionales y de reputación. Los factores que se han vuelto más importantes para el éxito de las empresas y para el crecimiento económico en las economías desarrolladas en el siglo XXI son los intangibles.

Sin embargo, existe una gran y creciente divergencia entre la importancia de los activos intangibles para el crecimiento económico y la capacidad de identificar, medir y contabilizar esos activos, lo cual se ha vuelto un grave problema para los administradores de empresas, para los inversionistas y para el gobierno. En general, la falta de información sobre los causales de valor más importantes en las empresas y en la economía en su conjunto, puede estar produciendo una mala asignación de los recursos de la sociedad, pudiéndose corregir con una mejor información.

"La riqueza invisible" argumenta que "los obstáculos más importantes para desarrollar mejor información sobre intangibles son las barreras cognitivas --la falta de modelos de negocio que describan con precisión y eficacia las actividades productivas en la Nueva Economía y la falta de vocabulario común, claro, consistente y definiciones sólidas de los factores que involucran la actividad productiva. La escasez de modelos sólidos y el vocabulario consistente para intangibles está en desarrollo para interpretación o medición de información que pudiera ser comparable entre las empresas".

Propuesta

"La riqueza invisible" sostiene que el progreso puede y debe hacerse desarrollando mejor información acerca de los intangibles y de su impacto en la valuación de empresas. Asimismo, identifica tres niveles de intangibles (desde el punto de vista de los problemas de medición):

1) Activos que pueden ser propios y vendidos.
2) Activos que pueden ser controlados, pero no separados y vendidos (por ejemplo, activos de reputación, procesos de negocio).

3) Bienes intangibles que no pueden ser totalmente controlados por la empresa (por ejemplo: el capital humano).

Para el nivel (1) de intangibles, "debería ser posible obtener información útil acerca de los gastos efectuados por las empresas en el desarrollo de los activos de esta categoría, así como del valor de estos activos". Sin embargo, "muchos de los factores relevantes para el nivel (2) y para el nivel (3) de intangibles probablemente no son medibles directamente, ya que no pueden separarse claramente de otros factores conexos. Por lo tanto, lo mejor es identificar y desarrollar indicadores indirectos, o un grupo de indicadores, con el objeto de tratar de comprender el papel desempeñado por estos factores en la productividad y en la creación de riqueza.

En el documento "Intangibles: Administración, Medición y Presentación de Informes", el profesor Lev propone una solución en dos etapas para ayudar a la presentación de informes financieros. La primera etapa es un "sistema de información satelital" a los informes financieros, éste se centrará en el concepto de un cuadro de "indicadores de la cadena de valor", el cual incluye medidas cuantitativas, estandarizadas y relevantes para cada una de las tres etapas de la cadena de valor, como se presenta a continuación:

1) El descubrimiento de nuevos productos o servicios o procesos.
2) La fase de desarrollo de estos descubrimientos y el establecimiento de la viabilidad tecnológica.
3) La comercialización de nuevos productos o servicios.

Adicionalmente, las empresas también pueden revelar información cualitativa, pero en un anexo a la tabla de indicadores.

Esta información deberá ser estandarizada para asegurarse de que es comparable entre las empresas, los estándares no incluirán revelaciones, pero serán estándares en el sentido en que proporcionarán un enfoque común. El profesor Lev sostiene que una vez que esas normas estén en vigor, las revelaciones las seguirán voluntariamente. "Las empresas con buenas noticias empezarán a revelar", lo cual representa una motivación para otros a sumarse a éstas.

Divulgaciones relevantes significan revelaciones que son de interés para los usuarios. De hecho, las medidas en el cuadro de indicadores deberán ser confirmadas con pruebas empíricas relevantes para los usuarios (en general, mediante el establecimiento de una asociación estadísticamente significativa entre las medidas y los indicadores de valor de la empresa, tales como rendimiento de acciones y la mejora en la productividad).

La segunda etapa del plan del profesor Lev son cambios en las normas contables obligatorias. Se propone el reconocimiento como activos de todas las inversiones en intangibles con beneficios atribuibles, las que han pasado determinadas pruebas de viabilidad tecnológica, una vez que comienza el reconocimiento de activos todos los proyectos relacionados con gastos de investigación y desarrollo también deberán reconocerse como activos, un periodo estricto de pruebas de deterioro deberá ser aplicado como prevención contra la sobrevaluación. El objeto de estos cambios será el de enfrentar el ingreso con los gastos en los resultados de cada compañía.

9) ValueReporting

Definición

La idea clave del *ValueReporting* es ofrecer una mayor transparencia a los usuarios de la información; lo cual conduce, entre otras cosas, a las recomendaciones para que las empresas informen sobre la ejecución de todas las medidas que utilizan internamente, así como el desarrollo de estándares en las revelaciones en la información no financiera voluntaria aplicable sobre ciertas industrias específicas.

Según la revolución del *ValueReporting*, "el modelo de presentación de informes corporativos ha fallado en su intento de mejorar la información. Ni las empresas que reportan, ni los inversionistas que escuchan, están bien. El modelo no ha alcanzado el ritmo de los cambios extraordinarios que sufren las entidades en la actualidad, la falta de un amplio conjunto de información ha contribuido a los incorrectos precios de las acciones y a la volatilidad extrema".

Propuesta

De acuerdo con esta propuesta, la necesidad primordial de las empresas es tener "un espíritu de transparencia, las corporaciones tienen la obligación de proporcionar voluntariamente a los accionistas la información necesaria para la toma decisiones". Este reporte establece una pirámide de tres niveles de transparencia corporativa, según se muestra en la figura 3:

Figura 3. Construyendo la confianza pública

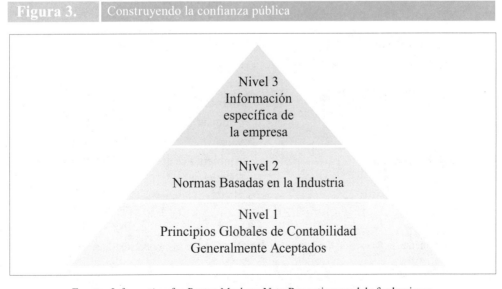

Nivel 3
Información
específica de
la empresa

Nivel 2
Normas Basadas en la Industria

Nivel 1
Principios Globales de Contabilidad
Generalmente Aceptados

Fuente: *Information for Better Markets*. New Reporting models for business

Estos niveles se refieren a la construcción de la confianza pública y estarán determinados por la generación de información de acuerdo a:

1) Un conjunto de principios contables generalmente aceptados globalmente.
2) Normas para la medición y presentación de información que son específicas de la industria, aplicados consistentemente y desarrollados por las propias industrias.
3) Directrices para la información específica de la empresa, tales como estrategia, planes, prácticas de gestión de administración de riesgos, políticas de compensación, gobierno corporativo y medidas de ejecución exclusivas de la compañía.

El *ValueReporting* tiene como objetivo proporcionar información para los niveles dos y tres de la pirámide. Las empresas deben reportar al mercado las medidas que utilizan internamente para administrar el negocio, así como otros factores importantes, incluyendo la responsabilidad social y ambiental.

Al poner en práctica esta propuesta, surge la llamada revolución del *ValueReporting*, cuya estructura se muestra en la figura 4:

Figura 4. Estructura del *ValueReporting*

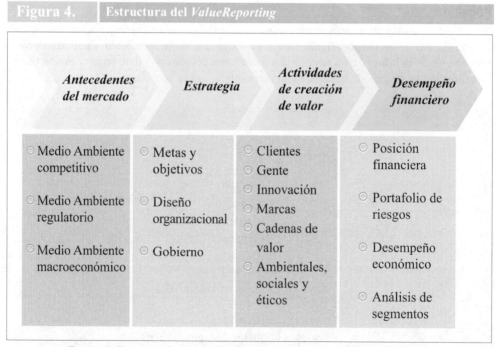

Fuente: *Information for Better Markets*. New Reporting models for business

El marco anterior es un extracto del *ValueReporting Review* de 2003, editado por PricewaterhouseCoopers LLP.

Cabe aclarar que el *ValueReporting* no es simplemente una forma de presentación de información externa de lo que utiliza la empresa internamente, es necesario que los administradores establezcan las medidas adecuadas para hacer funcionar el negocio y comparar estas medidas con lo que el mercado considera un factor importante. Estos puntos se reflejan en un proceso de cuatro pasos, los cuales se muestran a continuación:

Paso 1: Construir un modelo de negocios que muestre la relaciones de causa y efecto entre los principales causales de valor.

Paso 2: Desarrollar nuevas metodologías de medición, si es que no existen.

Paso 3: Validar el modelo de negocio y sus medidores.

Paso 4: Comparar la visión de la administración con la visión del mercado acerca de los medidores importantes.

El *ValueReporting* especifica ciertas revelaciones clave para las empresas, éstas incluyen una visión general del mercado y una estrategia de generación de valor que describa con el mayor detalle posible las estrategias de competencia de la empresa en el mercado. Esta descripción debe señalar explícitamente las ventajas competitivas de la empresa y la forma en que éstas son explotadas.

Adicionalmente, la estrategia de creación de valor debe de identificar las debilidades de la compañía, y la forma en que se corregirán o compensarán.

ValueReporting Revolution prescribe qué información debe revelarse en términos muy generales acerca del desempeño financiero, la estructura de capital, la administración de riesgos, el gobierno corporativo y la administración de la entidad, pide la revelación de medidas sobre los activos intangibles y los causales de valor no financieros

Finalmente, *ValueReporting Revolution* propone que el método principal de entrega de esta información sean los medios electrónicos, con el objeto de permitir a los usuarios el acceder a la información histórica, así como a la integración de las cifras, considerando niveles de acceso adaptados a las necesidades de información de cada individuo.

10) Los Principios de Hermes

Definición

Los Principios de Hermes se enfocan en las necesidades de información de los inversionistas; asimismo, hacen hincapié en la importancia de que exista una comunicación abierta con los accionistas sobre cuestiones clave y resaltan el papel central de los flujos de efectivo descontados para valuar los resultados de la entidad.

Propuesta

Las empresas deben buscar un diálogo honesto, abierto y permanente con los accionistas; deben comunicar claramente los planes que se están llevando a cabo, así como las posibles consecuencias financieras de los mismos. Adicionalmente, se deben incluir en el informe anual los objetivos, los planes y los procesos del negocio.

Las empresas deben poseer las medidas y los sistemas adecuados que identifiquen las actividades que contribuyen en mayor medida a la maximización del valor para los accionistas.

Según los Principios de Hermes, las decisiones de inversión deben hacerse considerando el valor presente de los flujos de efectivo de inversión,[1] descontados a un costo de capital adecuado.

Finalmente, los autores de esta propuesta apoyan la presentación de información base efectivo, ya que esta perspectiva señala que, si bien la contabilidad financiera moderna es una disciplina muy importante, ésta no puede medir el verdadero valor de la empresa. Por lo cual, las empresas deben tener en cuenta que el objetivo último de una entidad lucrativa es maximizar el valor de los accionistas, en consecuencia el valor presente de los flujos de efectivo es la mejor medida del desempeño de una organización.

Conclusiones

Hemos podido ver que a lo largo del desarrollo de las normas de información financiera a nivel internacional existen tres etapas importantes:

- Principios de Contabilidad Generalmente Aceptados. En esta etapa la palabra generalmente aceptados proviene del grado de aplicación y aceptación en la práctica, es decir, los principios carecen de sustento teórico.
- Marco lógico deductivo. En esta etapa no todo lo práctico es razonablemente correcto, la normatividad tiene que tener un fundamento teórico que garantice su correcta aplicación.
- Marco lógico deductivo centrado en las necesidades de los usuarios. En esta etapa el objetivo fundamental de la información financiera es la utilidad de la misma para los usuarios que desean tomar decisiones, este cambio en el marco conceptual hace que nos movamos del paradigma de medición del beneficio al paradigma de utilidad.

Este cambio de paradigma tiene repercusiones muy importantes en la teoría contable, ya que el predominio de la utilidad para el usuario dentro de un marco lógico deductivo que produzca información relevante para la toma de decisiones, tiene resultados de alto impacto en la forma de valuar y presentar la información financiera.

---

1 La explicación del cálculo del valor presente, así como de los flujos de efectivo se encuentran en el capítulo II

Las consecuencias del cambio de paradigma, de acuerdo a lo señalado por el doctor Tua, son las siguientes:

- Ampliación del concepto de "usuario".
- Discusión de objetivos de la información.
- Incremento de la calidad y cantidad de información.
- Obtención de información diferente, según los diferentes tipos de usuarios.
- Aceptación del carácter normativo de la contabilidad.
- Auge del interés por la regulación.
- Vinculación entre contabilidad y desarrollo.
- "Idilio" con la investigación empírica.
- Responsabilidad social.

En nuestro país primero surgió la aplicación de reglas específicas de valuación y presentación de ciertos rubros, como es el caso de los boletines C-8 y C-15, que ya obedecían a la tendencia internacional originada por la teoría lógica deductiva centrada en el usuario de la información financiera, y es ahora cuando se reconoce que estas aplicaciones son producto de un marco conceptual que no estaba plasmado en nuestra normatividad.

Por ello de alguna manera ya habíamos incorporado la enseñanza de estos boletines en nuestros cursos de contabilidad, pero enfatizando la parte práctica de aplicación y no el fundamento teórico de su marco conceptual, y quizá muchas veces haciendo énfasis en el registro y no en las técnicas alternativas de valuación aceptadas.

Si visualizamos de manera integrada el proceso de preparación de la información financiera bajo este nuevo marco conceptual, llegaremos a la conclusión de que tendremos que seguir los siguientes pasos lógicos en la enseñanza de los cursos de Contabilidad Financiera:

- Entendimiento del marco conceptual.
- Dominio de las diferentes herramientas necesarias para plasmar de manera correcta la situación financiera de la empresa, tales como: técnica contable, matemáticas financieras, finanzas, economía y derecho.
- Valuación y presentación de los diferentes rubros de los estados financieros, siguiendo el pensamiento lógico deductivo del marco conceptual, así como la utilización de las diferentes herramientas de apoyo que permitan reflejar de la mejor manera posible la situación financiera utilizando el criterio de costo-beneficio y el juicio profesional.

Lograr lo anterior no es tarea fácil, ya que enseñar el registro es la parte menos importante, enseñar el contexto del negocio, entender el tipo de operaciones que realiza la empresa, valuar su impacto y reflejarlo en los estados financieros se convierte en el verdadero reto para nuestra profesión.

Para los contadores, la preocupación fundamental de este tema se ha centrado en la utilidad de la información que se debe revelar, y no en la información que actualmente no podemos valuar.

De hecho, la formación del contador es intensa en el estudio de los Boletines (NIF), basados en la aplicación de reglas y criterios que implícitamente suponen que el problema de medición está resuelto, pero es muy ligera en los temas de valuación, sobre todo en el ámbito que no corresponde a la teoría contable basada en transacciones.

Nuestro entorno de valuación ha cambiado, la preparación del contador también debe hacerlo para proponer nuevos esquemas de medición que solucionen la problemática a la que nos enfrentamos.

Si bien el uso de las herramientas de valuación financiera ilustradas en este libro tiene riesgos si no se utilizan correctamente (haciendo los supuestos de manera conservadora y con juicio profesional), no podemos quedarnos con una valuación simplista que no contemple los escenarios complejos a los que se enfrentan las empresas hoy en día.

Cada vez es más importante para los usuarios de la información financiera realizar proyecciones y concluir sobre la viabilidad futura de las organizaciones sujetas a análisis, por ello el deseo de incorporar cada vez más información no financiera y los indicadores clave de éxito de la empresa e industria en que se participa, en una palabra, contar con Estados Financieros Integrales que comuniquen de manera más amplia la situación de la empresa y den mayor certidumbre sobre su desempeño futuro.

APÉNDICE 1

Antecedentes del uso del *fair value* (SFAS 157 y SFAS 159)

En 1938, los reguladores bancarios de los Estados Unidos acordaron adoptar el costo histórico como la principal medida para reflejar la situación financiera de los inversionistas y de los acreedores, debido a que las inversiones eran de largo plazo y a que las tasas de interés estaban reguladas y eran estables. El costo histórico funcionaba muy bien para reflejar fielmente la situación financiera de los bancos.

Sin embargo, el mundo cambio dramáticamente en los 80, cuando se desregularon las tasas de interés y el ambiente económico se convirtió más volátil. Prácticamente todos los días los bancos al cerrar tenían que buscar alternativas para controlar y confrontar su exposición a los cambios de tasa de interés.

En los 90, el supuesto histórico de que las inversiones se mantenían hasta su vencimiento se acabó, y fue entonces cuando las cifras que se presentaban ya no eran relevantes al mostrarse a su costo histórico, puesto que no reflejaban fielmente la situación financiera de los bancos. Así que mientras que el costo histórico se utilizó para prevenir y reportar distorsiones artificiales, su uso en los 90 precisamente distorsionaba y oscurecía la volatilidad real que existía.

Por lo que el costo histórico dejo de ser una medida realista para las instituciones financieras, haciendo evidente que las cifras del mercado eran más adecuadas y se tenían más oportunamente para tomar decisiones de inversión.

En esos momentos de crisis, en donde los bancos experimentaron pérdidas por más de 10,000 millones de dólares, la SEC decidió iniciar un estudio sobre un posible valor que sustituyera al costo histórico, que reflejará fielmente la realidad y que protegiera los intereses de los inversionistas.

La única alternativa era elegir una medida que fuera neutral, comparable y relevante. Por lo que la SEC apoyó el proyecto que FASB tenía desde 1986 sobre instrumentos financieros, proyecto que daría inicio a la "contabilidad a valor de mercado".[1] Proyecto en donde se enfatiza más y más la relación de la contabilidad con la teoría económica y las fuerzas del mercado.

Es así como el FASB ha emitido desde entonces los siguientes estándares con respecto a la incorporación del concepto de *fair value* en la información financiera:

---

1 Roberts, Richard, *Perspective on Market Value Accounting*. SEC. 1992. Washington D.C.

SFAS No.	Título	Fecha de Emisión
105	Revelación de Información de Instrumentos Financieros con operaciones de riesgo fuera de balance y con concentración por riesgo de crédito.	Marzo 1990
107	Revelación del valor justo de mercado de los instrumentos financieros.	Diciembre 1991
115	Contabilización de ciertas inversiones en instrumentos de deuda y capital.	Mayo 1993
130	Reporte de la utilidad integral.	Junio 1997
133	Contabilización de instrumentos derivados y actividades de cobertura.	Junio 1998
141	Combinación de negocios.	Junio 2001
142	Crédito mercantil y otros activos intangibles.	Junio 2001
155	Contabilización de ciertos instrumentos financieros híbridos incluyendo aclaraciones del FASB 133 y 140.	Febrero 2006
157	Medidas de valor justo de mercado	Septiembre 2006
159	Opción de valor justo de mercado para Activos y Pasivos Financieros incluyendo aclaraciones del FASB 115.	Febrero 2007

SFAS 157: "Fair Value Measurements"

El FASB decidió emitir esta normatividad debido a que existían diferentes definiciones de valor razonable y muy pocas guías que aclaraban este concepto. Estas guías se encuentran dispersas en diversas declaraciones, lo cual provoca mucha confusión y en algunos casos inconsistencias; por lo que se emite esta declaración para incrementar la consistencia y la comparabilidad entre las diferentes medidas del valor razonable y además para ampliar las revelaciones que se deben hacer con respecto a dichas medidas.

Se define el valor razonable como: el precio que se recibiría por vender un activo o que se pagaría por traspasar un pasivo en una transacción regular entre participantes del mercado en la fecha de la medición. La definición se enfoca en el precio que se recibiría por vender el activo o se pagaría por transferir el pasivo (un precio de salida), no un precio que se pagaría para adquirir el activo o se recibiría por asumir el pasivo (un precio de entrada).

Se enfatiza que el valor razonable es una medida en base a mercado (*market-based*) no una medida específica para la entidad (*entity-specific*). Esto implica que el valor razonable debe ser determinado con base en los supuestos que los participantes del mercado utilizarían en determinar el precio de un activo o de un pasivo. Por esto se determina una jerarquía que distingue entre:

- Supuestos de mercado desarrollados tomando en cuenta los datos del mercado, obtenidos de fuentes independientes de la entidad que reporta (*observable inputs*).
- Supuestos propios de la entidad que reporta acerca de los supuestos de mercado desarrollados con base en la información que se tiene disponible según las circunstancias (*unobservable inputs*). El concepto de *unobservable inputs* aplica cuando hay poca o nula actividad de mercado para el activo o el pasivo que se quiere valuar.

Se aclara también que los supuestos de mercado deben incluir:

- Supuestos sobre el riesgo, por ejemplo, el riesgo inherente de una técnica de valuación utilizada para medir el valor razonable, o el riesgo inherente en los datos de entrada que se utilizarán en la técnica de valuación. De igual forma, se debe incluir en el valor razonable un ajuste por riesgo (si el mercado incluye alguno) en la determinación del precio de un activo o de un pasivo, ya que si no, la medida que se utilice (por ejemplo, *mark-to-model*), no representaría una medida de valor razonable.
- Efectos, en caso de existir, sobre las restricciones de venta o de uso de un activo. Un valor razonable de un activo restringido debe considerar el efecto de la restricción si el mercado considera este efecto en la determinación del precio del activo.

En el caso de la determinación del valor razonable de un pasivo, éste debe incluir el riesgo de crédito (*credit risk*) junto con el riesgo de no ejecución (*nonperformance risk*), en todos los periodos en que el pasivo se mide a valor razonable.

Esta declaración también incluye una serie de requisitos de revelación (*disclosure*) acerca del uso del valor razonable para medir activos y pasivos en periodos anuales e intermedios con respecto a su reconocimiento inicial. Las reglas de revelación se enfocan en los supuestos de entrada (*inputs*) utilizados para medir el valor razonable tanto en el mercado observable como en el mercado no observable y en el efecto de las medidas sobre las utilidades del periodo. Estas reglas de revelación deben complementarse con otras establecidas en otros SFAS, como el SFAS 107 cuando sea pertinente.

Relación con el Marco Conceptual del FASB

El esquema de valuación del valor razonable considera los conceptos del FASB, *Concepts Statement* No. 2, Características cualitativas de la información contable. En el cual se enfatiza que el proveer información comparable permite que los usuarios de los estados financieros identifiquen similitudes y diferencias entre dos eventos económicos.

La definición de valor razonable considera los conceptos con respecto a los activos y pasivos en el FASB, *Concepts Statement* No. 6, Elementos de los estados financieros, en el contexto de los participantes del mercado. La medida de valor razonable refleja los supuestos que los participantes de un mercado tomarían en cuenta acerca de los flujos futuros asociados a un activo (*future economic benefits*) o los flujos futuros asociados con un pasivo (*future sacrifices of economic benefits*).

Se incorporan aspectos del FASB, *Concepts Statement* No. 7, Uso de la información del flujo de efectivo y del valor presente en las métricas contables, en cuanto a la aclaración o reconsideración de lo que se establece en esta declaración.

Las reglas de revelación acerca del uso del valor razonable para medir activos y pasivos debe proveer información a los usuarios de los estados financieros que sea útil para tomar decisiones de inversión, de crédito y decisiones similares. Lo cual representa el primer objetivo del FASB, *Concepts Statement* No. 1, Objetivos de los reportes financieros de las empresas.

Objetivo (párrafo 1)

Esta declaración define el valor razonable, establece un marco de referencia para medir el valor razonable y amplía las revelaciones sobre las mediciones del valor razonable. Cuando sea aplicable, esta declaración simplifica y codifica los lineamientos relacionados dentro de los Principios de Contabilidad Generalmente Aceptados (PCGA).

Alcance (párrafos 2, 3 y 4)

Esta Declaración se aplica bajo otros pronunciamientos de contabilidad que requieren o permiten mediciones del valor razonable, excepto por lo siguiente:

Esta Declaración no se aplica bajo pronunciamientos de contabilidad que se refieren a operaciones de pago con base en acciones: la Declaración FASB No. 123 (revisada en 2004), Pago con base en acciones, y sus relativos pronunciamientos contables de interpretación que se refieren a operaciones de pago con base en acciones.

Esta Declaración no elimina las excepciones de factibilidad a las mediciones del valor razonable en pronunciamientos de contabilidad dentro del alcance de este documento.

Esta Declaración no se aplica bajo pronunciamientos de contabilidad que requieran o permitan mediciones que sean parecidas al valor razonable, pero que no se proponen medir el valor razonable, incluyendo los siguientes:

Pronunciamientos de contabilidad que permitan mediciones que se basan en, o de otro modo usan, evidencia objetiva del valor razonable específica por vendedor.

ARB No. 43, Capítulo 4, "Fijación de precios de inventarios."

El Apéndice D enlista pronunciamientos del Consejo de Principios de Contabilidad (APB) y del FASB existentes a la fecha de esta Declaración que están dentro del alcance de la misma. El Apéndice E enlista los pronunciamientos APB y FASB que esta Declaración modifica.

Definición de valor razonable (párrafo 5)

Valor razonable es el precio que se recibiría por vender un activo o que se pagaría por traspasar un pasivo en una transacción regular entre participantes del mercado en la fecha de la medición.

El activo o el pasivo (párrafo 6)

Una medición de valor razonable es para un activo o pasivo en particular. Por tanto, la medición deberá considerar atributos que sean específicos al activo o pasivo; por ejemplo, la condición y/o ubicación del activo o pasivo y las restricciones, si las hay, sobre la venta o uso del activo en la fecha de la medición. El activo o pasivo podría ser un activo o pasivo independiente (por ejemplo, un instrumento financiero o un activo de operación) o un grupo de activos y/o pasivos (por ejemplo, un grupo de activos, una unidad que reporta, o un negocio). El que el activo o pasivo sea independiente o sea un grupo de activos y/o pasivos depende de su unidad contable. La unidad contable determina lo que se está midiendo por referencia al nivel en que el activo o pasivo se agrega (o desagrega) para fines de aplicación de otros pronunciamientos de contabilidad. La unidad contable para el activo o pasivo deberá determinarse de acuerdo con las disposiciones de otros pronunciamientos de contabilidad, excepto por lo dispuesto en el párrafo 27.

El precio (párrafo 7)

Una medición del valor razonable supone que el activo o pasivo se intercambia en una transacción regular entre participantes del mercado para vender el activo o traspasar el pasivo en la fecha de la medición. Una transacción regular es una transacción que supone una exposición al mercado por un periodo anterior a la fecha de medición para permitir las actividades de mercadeo que son normales y acostumbradas para transacciones que impliquen dichos activos o pasivos; no es una transacción forzada (por ejemplo, una liquidación forzada o una venta de remate). La transacción para vender el activo o traspasar el pasivo es una transacción hipotética en la fecha de medición, considerada desde la perspectiva de un participante del mercado que posea el activo o deba el pasivo. Por lo tanto, el objetivo de una medición del valor razonable es determinar el precio que se recibiría por vender el activo o que se pagaría por traspasar el pasivo en la fecha de medición (un precio de salida).

El mercado principal o el más ventajoso (párrafos 8 y 9)

Una medición del valor razonable supone que la transacción para vender el activo o traspasar el pasivo ocurre en el mercado principal del activo o pasivo o, a falta de un mercado principal, el mercado más ventajoso para el activo o pasivo.

El *mercado principal* es el mercado en el que la entidad que reporta vendería el activo o traspasaría el pasivo que tenga el *mayor volumen y nivel de actividad* para el activo o el pasivo.

El *mercado más ventajoso* es el mercado en el que la entidad que reporta vendería el activo o traspasaría el pasivo, con el precio que *maximice* el monto que se recibiría por el activo o *minimice* el monto que se pagaría por traspasar el pasivo, considerando costos de transacción en el (los) mercado(s) respectivo(s). En cualquiera de los dos casos, el mercado principal (o el más ventajoso) deberá considerarse desde la perspectiva de la entidad que informa, permitiendo por tanto las diferencias entre entidad y entidades con diferentes actividades.

Si hay un mercado principal para el activo o pasivo, la medición del valor razonable representará el precio de dicho mercado (ya sea que el precio sea directamente observable o se determine de otro modo usando una técnica de valuación), aun si el precio de un mercado diferente fuera potencialmente más ventajoso en la fecha de medición.

El precio en el mercado principal (o el más ventajoso) que se usa para medir el valor razonable del activo o del pasivo no deberá ajustarse por costos de transacción. Los costos de transacción representan los costos directos incrementales por vender el activo o traspasar el pasivo en el mercado principal (o el más ventajoso) para el activo o el pasivo. Los costos de transacción no son un atributo del activo o pasivo, más bien, son específicos a la transacción y diferirán dependiendo de cómo hace operaciones la entidad que reporta.

Sin embargo, los costos de transacción no incluyen los costos en que se incurriría por transportar el activo o pasivo a (o desde) su mercado principal (o más ventajoso). Si la ubicación es un atributo del activo o pasivo (como podría ser el caso para mercancías), el precio en el mercado principal (o más ventajoso) que se usa para medir el valor razonable del activo o pasivo se ajustará por costos, si los hay, en los que se incurriría por transportar el activo o pasivo a (o desde) su mercado principal (o más ventajoso).

Para entender mejor el concepto de mercado principal y los costos de transacción, consideremos el siguiente ejemplo:

Supongamos que una entidad puede vender el activo en dos diferentes mercados y ninguno es el mercado principal. El activo se puede vender en el mercado A en $50 con costos de transacción de $5. El activo se puede vender en el mercado B en $48 con costos de transacción de $2. El mercado B debe ser el más ventajoso debido a que la entidad recibirá neto $46 comparado contra los $45 que recibiría en el mercado A. Sin embargo, debido a que los costos de transacción no se consideran parte de la valuación, el valor razonable del activo es de $48.

	Mercado A	Mercado B	
Precio de venta	$50	$48	Valor razonable a utilizar
Costos de transacción	5	2	
Precio de venta neto	$45	$46	Más ventajoso

Participantes del mercado (párrafos 10 y 11)

Los participantes del mercado son compradores o vendedores en el mercado principal (o más ventajoso) para el activo o el pasivo, que son:

- Independientes de la entidad que informa, es decir, no son partes relacionadas.
- Conocedores, con un entendimiento razonable sobre el activo o pasivo y la transacción con base en toda la información disponible, incluyendo información que podría obtenerse mediante esfuerzos de debida diligencia que son usuales y acostumbrados.
- Con capacidad para hacer operaciones sobre el activo o pasivo.
- Dispuestos a hacer operaciones sobre el activo o pasivo, es decir, están motivados pero no forzados o de algún modo obligados a hacerlo.

El valor razonable del activo o pasivo se determinará con base en los supuestos que los participantes del mercado usarían para fijar precio al activo o al pasivo. Al desarrollar dichos supuestos, la entidad que informa no necesita identificar a participantes específicos del mercado. Más bien, la entidad que informa deberá identificar características que distingan a los participantes del mercado, generalmente, considerando factores específicos a: (a) el activo o pasivo, (b) el mercado principal (o el más ventajoso) para el activo o pasivo, y (c) los participantes del mercado con quienes la entidad que informa haría operaciones en dicho mercado.

Aplicación a activos (párrafos 12, 13 y 14)

Una medición de valor razonable supone el *más elevado y mejor uso* del activo por los participantes del mercado, considerando el uso del activo que sea físicamente posible, legalmente permisible y financieramente factible en la fecha de medición. En términos generales, el más elevado y mejor uso se refiere al uso de un activo por los participantes del mercado que maximizaría el valor del activo o del grupo de activos dentro del que se usaría el activo. El más elevado y mejor uso se determina con base en el uso del activo por los participantes del mercado, aun si el uso planeado del activo por parte de la entidad que informa fuera diferente.

El más elevado y mejor uso del activo establece la premisa de valuación que se usa para medir el valor razonable del activo. Específicamente:

a) *En-uso.* El más elevado y mejor uso del activo es en-uso si el activo diese un valor máximo a los participantes del mercado, principalmente, mediante su uso en combinación con otros activos como un grupo (ya establecido o, de otro modo, configurado para uso). Si el más elevado y mejor uso del activo es en-uso, el valor razonable del activo se medirá usando una premisa de valuación de en-uso. Generalmente, los supuestos sobre el más elevado y mejor uso del activo deberán ser consistentes para todos los activos del grupo dentro del cual se usaría.

b) *En-intercambio.* El más elevado y mejor uso del activo es en-intercambio si el activo proporcionase el máximo valor a los participantes del mercado, principalmente, en una base independiente. Si el más elevado y mejor uso del activo es en-intercambio, el valor razonable del activo deberá medirse usando una premisa de valuación de en-intercambio. Cuando se usa una premisa de valuación de en-intercambio, el valor razonable del activo se determina con base en el precio que se recibiría en una transacción corriente por vender el activo independiente.

Debido a que el más elevado y mejor uso del activo se determina con base en su uso por los participantes del mercado, la medición del valor razonable considera los supuestos que los participantes del mercado usarían al fijar precio al activo, ya sea usando una premisa de valuación de en-uso o una de en-intercambio.

Aplicación a pasivos (párrafo 15)

Una medición del valor razonable supone que el pasivo se *traspasa* a un mercado participante en la fecha de la medición, y que el *riesgo de no-ejecución* relativo a dicho pasivo es el mismo antes y después de su traspaso. El riesgo de no-ejecución se refiere al riesgo de que la obligación no sea cumplida y afecta al valor en que se traspasa el pasivo. La entidad que informa deberá considerar el efecto de su riesgo de crédito sobre el valor razonable del pasivo en todos los periodos en que el pasivo se mida a valor razonable. Ese efecto puede ser diferente, dependiendo del pasivo; por ejemplo, si el pasivo es una obligación de entregar efectivo (pasivo financiero), o una obligación de entregar bienes o servicios (un pasivo no financiero) y los términos de las ampliaciones del crédito relacionadas con dicho pasivo, si las hay.

Valor razonable en el reconocimiento inicial (párrafos 16 y 17)

Cuando se adquiere un activo o se asume un pasivo en una transacción de intercambio por dicho activo o pasivo, el precio de la transacción representa el precio pagado por adquirir el activo o recibido por asumir el pasivo (un precio de entrada). En contraste, el valor razonable del activo o pasivo representa el precio que se recibiría por vender el activo o que se pagaría por traspasar el pasivo (un precio de salida). Conceptualmente, los precios de entrada y los precios de salida son diferentes. Las entidades no necesariamente venden los activos a los precios pagados por adquirirlos. De modo similar, las entidades no necesariamente traspasan los pasivos a los precios recibidos por asumirlos.

En muchos casos, el precio de transacción será igual al precio de salida y, por lo tanto, representará el valor razonable del activo o pasivo en el reconocimiento inicial. Al determinar si un precio de transacción representa el valor razonable del activo o del pasivo en su reconocimiento inicial, la entidad que informa deberá considerar factores específicos a la transacción y al activo o pasivo.

Por ejemplo, un precio de transacción podría no representar el valor razonable de un activo o pasivo en el reconocimiento inicial si:

a) La transacción es entre partes relacionadas.

b) La transacción ocurre bajo coacción o el vendedor es forzado a aceptar el precio en la transacción. Por ejemplo, ése podría ser el caso si el vendedor está atravesando por dificultades financieras.

c) La unidad contable representada por el precio de transacción es diferente de la unidad contable por el activo o pasivo medido a valor razonable. Por ejemplo, ése podría ser el caso si el activo o pasivo medido a valor razonable es sólo uno de los elementos de la transacción; la transacción incluye derechos y privilegios no declarados que deberían medirse por separado, o el precio de transacción incluye costos de transacción.

d) El mercado en el que ocurre la transacción es diferente del mercado en el que la entidad que informa vendería el activo o traspasaría el pasivo, es decir, el mercado principal o más ventajoso. Por ejemplo, dichos mercados podrían ser diferentes si la entidad que informa es un operador de valores que hace operaciones en mercados diferentes, dependiendo de si la contraparte es un cliente al detalle (mercado detallista) u otro operador de valores (mercado entre operadores).

Técnicas de valuación (párrafos 18, 19 y 20)

Para medir el valor razonable deberán usarse técnicas de valuación que sean consistentes con el enfoque de mercado, enfoque por ingreso, y/o enfoque por costo. Los aspectos clave de dichos enfoques son:

a) *Enfoque de mercado.* El enfoque de mercado usa precios y otra información relevante generada por las transacciones del mercado que impliquen activos o pasivos idénticos o comparables (incluyendo un negocio). Por ejemplo, las técnicas de valuación consistentes con el enfoque de mercado a menudo usan múltiplos de mercado derivados de un conjunto de comparables. Los múltiplos pueden presentarse en gamas con un múltiplo diferente para cada comparable. Se puede requerir de juicio para la selección de dónde, dentro de la gama, cae el múltiplo apropiado, considerando factores específicos a la medición (cuantitativos y cualitativos). Las técnicas de valuación consistentes con el enfoque de mercado incluyen fijación matricial de precios. La fijación matricial de precios es una técnica matemática que se usa, principalmente, para valuar los valores de deuda sin depender sólo de precios cotizados por los valores específicos, sino más bien dependiendo de la relación de los valores con otros valores cotizados por punto de referencia.

b) *Enfoque por ingreso.* El enfoque por ingreso usa técnicas de valuación para convertir montos futuros (por ejemplo, flujos de efectivo o utilidades) a un monto presente único (descontado). La medición se basa en el valor indicado por las expectativas actuales del mercado sobre dichos montos futuros. Esas técnicas de valuación incluyen técnicas de valor presente, modelos de fijación de precios por opción, como la fórmula Black-Scholes-Merton y el modelo binomial, que incorporan técnicas de valor presente, así como el método de utilidades en exceso por múltiples periodos, que se usa para medir el valor razonable de ciertos activos intangibles.

c) *Enfoque por costo.* El enfoque por costo se basa en el monto que normalmente se requeriría para reemplazar la capacidad de servicio de un activo (mencionado a menudo como costo actual de reposición). Desde la perspectiva de un participante del mercado (vendedor), el precio que se recibiría por el activo se determina con base en el costo para un participante del mercado (comprador) por adquirir o construir un activo de reposición de utilidad comparable, ajustado por obsolescencia. La obsolescencia abarca el deterioro físico, la obsolescencia funcional (tecnológica) y la obsolescencia económica (externa), y es más amplia que la depreciación para fines de información financiera (una asignación de costo histórico) o para fines de impuestos (con base en vida de servicio especificada).

Para medir el valor razonable deberán usarse técnicas de valuación que sean apropiadas a las circunstancias y para las que haya suficiente información disponible. En algunos casos, será apropiada una sola técnica de valuación. En otros casos, serán apropiadas múltiples técnicas de valuación. Si se usan múltiples técnicas de valuación para medir el valor razonable, los resultados se deberán evaluar y ponderar, según sea apropiado, considerando lo razonable de la gama indicada por dichos resultados.

Las técnicas de valuación usadas para medir el valor razonable se deberán aplicar de manera consistente. Sin embargo, si es apropiado un cambio en una técnica de valuación o si su aplicación da como resultado una medición que sea igual o más representativa del valor razonable, se permite el cambio de técnica de valuación. Ese podría ser el caso si, por ejemplo, se desarrollan nuevos mercados, hay disponible nueva información, ya no está disponible información que se usó previamente, o mejoran las técnicas de valuación. Las revisiones que resulten de un cambio en la técnica de valuación o su aplicación deberán contabilizarse como un cambio en estimación contable (Declaración FASB No. 154, *Cambios contables y correcciones de error,* párrafo 19).

Datos de entrada para las técnicas de valuación (párrafo 21)

En esta Declaración, datos de entrada se refieren de manera amplia a los supuestos que los participantes del mercado usarían para fijar precio al activo o al pasivo, incluyendo supuestos sobre riesgo; por ejemplo, el riesgo inherente en una particular técnica de valuación usada para medir el valor razonable (como un modelo de fijación de precios) y/o el riesgo inherente en los datos de entrada a las técnicas de valuación. Los datos de entrada pueden ser observables o no observables:

a) *Datos de entrada observables*, son datos de entrada que reflejan los supuestos que los participantes del mercado usarían para fijar precio al activo o pasivo desarrollados con base en información de mercado obtenida de fuentes independientes de la entidad que informa.

b) *Datos de entrada no observables*, son datos de entrada que reflejan los propios supuestos de la entidad que informa sobre los supuestos que los participantes del mercado usarían para fijar el precio al activo o pasivo desarrollados con base en la mejor información disponible en las circunstancias.

Las técnicas de valuación usadas para medir el valor razonable deberán maximizar el uso de datos de entrada observables y minimizar el uso de datos de entrada no observables.

Jerarquía del valor razonable (párrafos del 22 al 31)

Para aumentar la consistencia y comparabilidad en las mediciones del valor razonable y revelaciones relacionadas, la jerarquía del valor razonable prioriza los datos de entrada para las técnicas de valuación que se usan para medir el valor razonable en tres niveles amplios. La jerarquía del valor razonable da la prioridad más alta a los precios cotizados (no ajustados) en mercados activos para activos o pasivos idénticos (Nivel 1), y la prioridad más baja a los datos de entrada no observables (Nivel 3).

La disponibilidad de datos de entrada relevantes para el activo o pasivo y la relativa confiabilidad de los datos de entrada podría afectar la selección de técnicas apropiadas de valuación. Sin embargo, la jerarquía del valor razonable prioriza los datos de entrada para las técnicas de valuación, no las técnicas de valuación. Por ejemplo, una medición de valor razonable que usa una técnica de valor presente podría caer dentro del Nivel 2 o Nivel 3, dependiendo de los datos de entrada que sean importantes para la medición en su totalidad y el nivel en la jerarquía del valor razonable dentro del que caen dichos datos de entrada.

Datos de entrada Nivel 1 (párrafos del 24 al 27)

La información de entrada de Nivel 1 son precios cotizados (no ajustados) en los mercados activos por activos o pasivos idénticos a los que la entidad que informa tiene capacidad de acceder en la fecha de medición. Un mercado activo para el activo o pasivo es un mercado en el que ocurren transacciones por el activo o pasivo con suficiente frecuencia y volumen para proporcionar información de fijación de precios de manera continua. Un precio cotizado en un mercado activo proporciona la evidencia más confiable del valor razonable y deberá usarse para medir el valor razonable siempre que esté disponible, excepto por lo discutido en los párrafos 25 y 26.

En algunas situaciones, un precio cotizado en un mercado activo podría no representar el valor razonable en la fecha de medición. Ese podría ser el caso si, por ejemplo, ocurren eventos importantes (transacciones de principal a principal, negociaciones por correduría o anuncios de salida a bolsa) después del cierre de un mercado, pero antes de la fecha de medición. La entidad que informa deberá establecer y aplicar de manera consistente una política para identificar los eventos que podrían afectar las mediciones del valor razonable. Sin embargo, si el precio cotizado se ajusta por nueva información, el ajuste produce una medición de nivel más bajo para la medición del valor razonable.

Si la entidad que informa posee una posición en un instrumento financiero único y el instrumento se negocia en un mercado activo, el valor razonable de la posición deberá medirse dentro del Nivel 1 como el producto del precio cotizado por las veces del instrumento individual contenido en la cantidad. El precio cotizado no deberá ajustarse debido al tamaño de la posición relativa al volumen de negociación (factor de bloque). Se prohíbe el uso de un factor de bloque, aun si el volumen diario normal de negociación de un mercado no es suficiente para absorber la cantidad retenida y si el colocar órdenes para vender la posición en una sola transacción pudiese afectar al precio cotizado.

Datos de entrada Nivel 2 (párrafos 28 y 29)

La información de entrada de Nivel 2 es información distinta de los precios cotizados incluidos dentro del Nivel 1, que es observable para el activo o el pasivo, ya sea de manera directa o indirecta. Si el activo o pasivo tiene un término (contractual) especificado, debe ser observable un dato de entrada de Nivel 2 por sustancialmente todo el término del activo o pasivo. Los datos de entrada de Nivel 2 incluyen lo siguiente:

- Precios cotizados por activos o pasivos en mercados activos.
- Precios cotizados por activos o pasivos idénticos o similares en mercados que no

sean activos, es decir, mercados en los que haya pocas transacciones por el activo o pasivo, en los que los precios no sean actuales, o las cotizaciones de precios varíen sustancialmente, ya sea después de un tiempo o entre los promotores del mercado (por ejemplo, mercados de corretaje), o en los que se libere, públicamente, poca información (por ejemplo, de mercado principal a mercado principal).

● Datos de entrada que no sean precios cotizados observables para el activo o pasivo (por ejemplo, tasas de interés y curvas de rendimiento observables en intervalos que se cotizan comúnmente, volatilidades, activaciones de prepago, daños por pérdida, riesgos de crédito y tasas de incumplimiento).

● Datos de entrada que se derivan, principalmente, de o se corroboran por datos de mercado observables por correlación u otros medios (datos de entrada corroborados por el mercado).

Los ajustes a datos de entrada de Nivel 2 variarán dependiendo de factores específicos al activo o pasivo. Esos factores incluyen la condición y/o ubicación del activo o pasivo, el grado al que los datos de entrada se relacionen con las partidas que son comparables con el activo o pasivo, y el volumen y nivel de actividad en los mercados dentro de los que se observan los datos de entrada. Un ajuste que sea importante a la medición del valor razonable en su totalidad podría hacer que la medición sea una medición Nivel 3, dependiendo del nivel en la jerarquía del valor razonable dentro del que caigan los datos de entrada usados para determinar el ajuste.

Datos de entrada Nivel 3 (párrafo 30)

Los datos de entrada Nivel 3 son datos de entrada no observables por el activo o pasivo. Los datos de entrada no observables deberán usarse para medir el valor razonable al grado en que no estén disponibles datos de entrada observables, permitiendo, por lo tanto, situaciones en las que haya poca, si es que la hay, actividad de mercado por el activo o pasivo en la fecha de medición. Sin embargo, el objetivo de la medición del valor razonable sigue siendo el mismo, es decir, un precio de salida desde la perspectiva de un participante del mercado que posea el activo o deba el pasivo. En consecuencia, los datos de entrada no observables deberán reflejar los propios supuestos de la entidad que informa sobre los supuestos que los participantes del mercado usarían para fijar precio al activo o pasivo (incluyendo supuestos sobre el riesgo). Deberán desarrollarse datos de entrada no observables con base en la mejor información disponible en las circunstancias, que podría incluir los propios datos de la entidad que informa. Sin embargo, la entidad que informa no deberá ignorar información sobre los supuestos de participantes del mercado que estén razonablemente disponibles sin costo ni esfuerzos indebidos.

Para ejemplificar mejor la jerarquía, se presenta el siguiente cuadro:[2]

---

2 Fuglister y Bloom, "Analysis of SFAS 157, Fair Value Measurements". *CPA Journal*. January 2008, 78. pp 37.

Jerarquía del Valor Razonable		
"Las técnicas de valuación utilizadas para medir el valor razonable, deberán maximizar el uso de datos de entrada observables y minimizar el uso de datos de entrada no observables." (SFAS 157, párrafo 21)		
Datos de entrada observable (mayor prioridad) ⟷		Datos de entrada no observables (Prioridad más baja)
Nivel 1: Precios cotizados (no ajustados) en mercados activos para activos o pasivos idénticos.	Nivel 2: Información de entrada basada en el mercado.	Nivel 3: Datos no observables que reflejan los supuestos de la entidad.
1) Precios cotizados (no ajustados) en los mercados activos por activos idénticos a los que la entidad que informa tiene capacidad de acceder en la fecha de presentación de los Estados Financieros.	1) Precios cotizados por activos o pasivos en mercados activos similares.	1) No existe precio de mercado similar, pero de cualquier forma se requiere estimarlo.
2) El valor razonable deberá medirse como el producto del precio cotizado por la cantidad y no deberá ajustarse debido al volumen de negociación.	2) El valor de entrada podrá ajustarse con precios cotizados por activos o pasivos idénticos o similares en mercados que no sean activos.	2) La entidad desarrolla su propio modelo riesgo-ajustado. El precio del modelo debe reflejar los supuestos que harían los participantes del mercado.
3) Si no se puede acceder a los precios cotizados de activos o pasivos, la entidad utilizará un modelo alternativo de determinación de precios. Sin embargo, el ajuste produce una medición de nivel más bajo para la medición del valor razonable.	3) Datos de entrada que no sean precios cotizados observables para el activo o pasivo. Si no existen activos o pasivos similares la entidad podrá utilizar modelos de precios con variables independientes como tasas de rendimiento, interés y volatilidades.	3) La entidad desarrolla sus propios datos de entrada, como flujos futuros de efectivo, solamente que no exista información independientemente disponible a un costo razonable.
4) Si un precio cotizado no representa el valor razonable, la entidad deberá efectuar ajustes. Sin embargo, el ajuste produce una medición de nivel más bajo dependiendo de los valores de entrada.	4) La entidad puede utilizar datos de entrada que se derivan de o se corroboran por datos de mercado observables por correlación u otros medios.	4) Si la entidad utiliza datos de entrada del Nivel 1 o 2 el activo o pasivo recae en el Nivel 3, si el modelo incluye datos no corroborados u observables.

De igual forma, el siguiente diagrama muestra cómo ir identificando qué nivel de valor razonable se debe aplicar dependiendo del tipo de mercado.

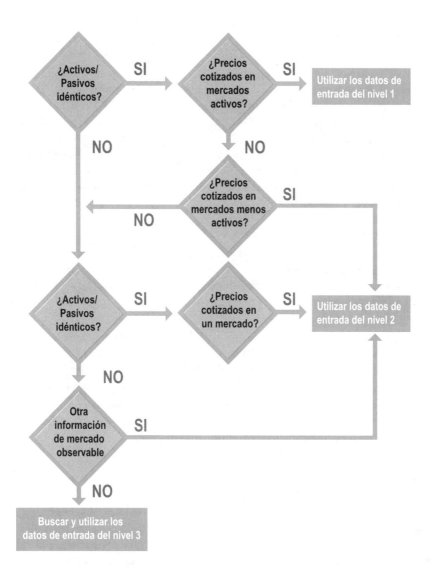

Datos de entrada basados en precios de oferta y demanda (párrafo 31)

Si un dato de entrada que se usa para medir el valor razonable se basa en precios de oferta (*bid*) y demanda (*asked*), deberá usarse el precio dentro del abanico oferta-demanda que sea más representativo del valor razonable en las circunstancias para medir el valor razonable, sin importar en qué parte de la jerarquía del valor razonable cae el dato de entrada (Nivel 1, 2 o 3). Esta Declaración no impide el uso de fijación de precios de mercado-medio u otras convenciones de fijación de precios como un expediente práctico para mediciones del valor razonable dentro de un abanico de oferta-demanda.

Revelaciones (párrafos del 32 al 35)

Para activos y pasivos que se midan al valor razonable, de manera recurrente, en periodos posteriores al reconocimiento inicial (por ejemplo, valores comerciales), la entidad que informa deberá revelar información que faculte a los usuarios de sus estados financieros a evaluar los datos de entrada usados para desarrollar dichas mediciones y para mediciones recurrentes del valor razonable que usen datos de entrada importantes no observables (Nivel 3), el efecto de las mediciones sobre utilidades (o cambios en activos netos) por el periodo. Para cumplir ese objetivo, la entidad que informa deberá revelar la siguiente información por cada periodo provisional o anual (excepto si se especifica distinto) por separado, por cada categoría principal de activos y pasivos:

a) Las mediciones del valor razonable en la fecha en que se informa.

b) El nivel dentro de la jerarquía del valor razonable en el que caen las mediciones del valor razonable en su totalidad, segregando las mediciones del valor razonable que usen precios cotizados en mercados activos por activos o pasivos idénticos (Nivel 1), otros datos de entrada importantes observables (Nivel 2) y datos de entrada importantes no observables (Nivel 3).

c) Para mediciones del valor razonable que usen datos de entrada importantes no observables (nivel 3), una conciliación de los balances de apertura y de cierre, que presente por separado los cambios durante el periodo atribuible a lo siguiente:

    i) Ganancias o pérdidas totales por el periodo (realizadas y sin realizar), segregando las ganancias o pérdidas incluidas en utilidades (o cambios en activos netos), y una descripción de dónde se reportan en el estado de resultados (o actividades) las ganancias o pérdidas incluidas en utilidades (o cambios en activos netos).

    ii) Compras, ventas, emisiones y liquidaciones (netos).

    iii) Traspasos hacia y/o fuera del Nivel 3 (por ejemplo, traspasos debidos a cambios en la observabilidad de datos de entrada importantes).

d) El monto de las ganancias o pérdidas totales por el periodo en el subpárrafo (c) (i) anterior incluidas en utilidades (o los cambios en activos netos) que sean atribuibles al cambio en ganancias o pérdidas no realizadas relativas a los activos y pasivos aún retenidos en la fecha de informar y una descripción de dónde se reportan en el estado de resultados (o actividades) esas ganancias o pérdidas no realizadas.

e) En los periodos anuales, solamente, la(s) técnica(s) de valuación usada(s) para medir el valor razonable y una discusión de los cambios en las técnicas de valuación, si los hay, durante el periodo.

Para activos y pasivos que se miden a valor razonable sobre una base no recurrente en periodos posteriores al reconocimiento inicial (por ejemplo, activos deteriorados), la entidad que informa deberá revelar información que facilite a los usuarios de sus estados financieros evaluar los datos de entrada que se usan para desarrollar las mediciones. Para cumplir con ese objetivo, la entidad que informa deberá revelar la siguiente información por cada periodo provisional y anual (excepto si se especifica algo distinto) por separado para cada categoría importante de activos y pasivos:

a) Las mediciones del valor razonable registradas durante el periodo y las razones para las mediciones.

b) El nivel dentro de la jerarquía del valor razonable en el que caen las mediciones del valor razonable en su totalidad, segregando las mediciones del valor razonable que usen precios cotizados en mercados activos por activos o pasivos idénticos (Nivel 1), otros datos de entrada importantes observables (Nivel 2), y datos de entrada no observables importantes (Nivel 3).

c) Para mediciones del valor razonable que usen datos de entrada no observables importantes (Nivel 3), una descripción de los datos de entrada y de la información usada para desarrollar los datos de entrada.

d) En periodos anuales solamente, la(s) técnica(s) de valuación usada(s) para medir el valor razonable y una discusión de los cambios, si los hay, en la(s) técnica(s) de valuación usada(s) para medir activos y/o pasivos similares en periodos anteriores.

Las revelaciones cuantitativas que requiere esta Declaración deberán presentarse usando un formato tabular. (Apéndice A)

Se recomienda, mas no se requiere, a la entidad que informa combinar la información del valor razonable revelada bajo esta Declaración con la información del valor razonable revelada bajo otros pronunciamientos de contabilidad (por ejemplo, la Declaración FASB 107, *Revelaciones sobre el valor razonable de los instrumentos financieros*) en los periodos en los que se requieren esas revelaciones, si es factible. Se recomienda también, mas no se requiere, a la entidad que informa revelar información sobre otras mediciones similares (por ejemplo, inventarios medidos al valor de mercado bajo ARB 43, Capítulo IV), si es factible.

Para ejemplificar mejor los requisitos de revelación, se presenta el siguiente ejemplo:[3]

---

3 Fuglister y Bloom, "Analysis of SFAS 157, Fair Value Measurements". *CPA Journal.* January 2008, 78. pp 38.

Ejemplos de los Requisitos de Revelación (SFAS 157)

1. Activos que se miden a valor razonable sobre una base recurrente (cifras en miles).

Activos	Total al 31/12/XX	Precios cotizados en mercados activos: Nivel 1	Otros datos de entrada importantes observables: Nivel 2	Datos de entrada significativos no observables: Nivel 3
Títulos comerciales	$230	$210	$20	
Emisiones	150	150		
Derivados	120	50	30	$40
Total	$500	$410	$50	$40

Una tabla similar se requiere para los Pasivos.

2. Activos que se miden a valor razonable sobre una base recurrente utilizando datos de entrada importantes no observables (cifras en miles).

Activos	Derivados
Balance de apertura	$28
Ganancias/pérdidas totales, realizadas/sin realizar en utilidades	22
en otros ingresos	8
Compras, ventas, emisiones y liquidaciones	(14)
Traspasos hacia y/o fuera del Nivel 3	(4)
Balance de cierre	$40

El monto de las ganancias/pérdidas totales por el periodo anterior incluidas en utilidades que sean atribuibles al cambio en ganancias/pérdidas no realizadas relativas a los activos aún retenidos en la fecha de informe es $14.

Una tabla similar se requiere para los Pasivos.

3. Activos que se miden a valor razonable sobre una base no recurrente (cifras en miles).

Activos	31/12/XX	Medición del Valor Razonable Utilizando			Ganancia/Pérdida Total
		Nivel 1	Nivel 2	Nivel 3	
Activos duraderos usados	$150		$150		($50)
Crédito Mercantil	60			$60	($70)
Activos duraderos destinados a la venta	52	52			($30)
Total					($150)

Una tabla similar se requiere para los Pasivos.

Fecha de vigencia (párrafo 36)

Esta Declaración entrará en vigor para estados financieros emitidos por años fiscales que comiencen después del 15 de noviembre de 2007, y periodos provisionales dentro de esos años fiscales. Se recomienda la aplicación antes de esa fecha, siempre y cuando la entidad que informa no haya emitido aún estados financieros por el año fiscal en cuestión, incluyendo cualesquier estados financieros por un periodo provisional dentro de dicho año fiscal.

Transición (párrafos 37, 38 y 39)

Esta Declaración se aplicará de manera prospectiva desde el principio del año fiscal en que esta Declaración se aplicó inicialmente, excepto por lo siguiente. Esta Declaración deberá aplicarse en forma retrospectiva a los siguientes instrumentos financieros desde el inicio del año fiscal en que se aplicó inicialmente esta Declaración (una forma limitada de aplicación retrospectiva):

a) Una posición en un instrumento financiero que se negocia en un mercado activo, en posesión de un corredor de bolsa o compañía de inversión dentro del alcance de las Guías de Auditoría y Contabilidad de AICPA para dichas industrias y que se midió a valor razonable usando un factor de bloque anterior a la aplicación inicial de esta Declaración.

b) Un instrumento financiero que se midió a valor razonable en el reconocimiento inicial bajo la Declaración 133 usando el precio de acuerdo con lineamientos de Nota al pie 3 de Asunto EITF No 02-3, "Asuntos implicados en la contabilización de contratos derivados retenidos para fines de negociación y de contratos relacionados con actividades de comercialización de energía y de administración del riesgo", antes de la aplicación inicial de esta Declaración.

c) Un instrumento financiero híbrido que se midió a valor razonable en el reconocimiento inicial bajo la Declaración 133 usando el precio de transacción de acuerdo con los lineamientos de la Declaración 133 (complementada por Declaración FASB No. 155, *Contabilización de ciertos instrumentos financieros híbridos*) anterior a la aplicación inicial de esta Declaración.

En la fecha en que se aplique inicialmente esta Declaración a los instrumentos financieros del párrafo 37(a)-(c), deberá reconocerse una diferencia entre los montos en libros y los valores razonables de dichos instrumentos como un ajuste del efecto acumulativo al balance de apertura de utilidades retenidas (u otros componentes apropiados de capital o activos netos en los estados de posición financiera) para dicho año fiscal, presentado por separado. No se aplican los requisitos de revelación de la Declaración 154 para un cambio en principio de contabilidad.

Los requisitos de revelación de esta Declaración (párrafos 32-35), incluyendo las revelaciones que se requieran en periodos anuales, solamente, deberán aplicarse en el primer periodo provisional del año fiscal en que se aplique inicialmente esta Declaración. Los requisitos de revelación de esta Declaración no necesitan aplicarse para estados financieros por periodos presentados antes de la aplicación inicial de esta Declaración.

Guía de implementación (Apéndice A)

En este apéndice se describen los pasos a seguir para implementar esta declaración y algunos ejemplos que ilustran lo establecido en la norma. A manera de resumen, identificamos los siguientes pasos para una implementación exitosa del SFAS 157:

Paso 1: Identificar los activos o pasivos que hay que registrar o reportar al valor razonable.

Paso 2: Identificar la unidad contable o cualquier otro atributo para cada activo o pasivo.

Paso 3: Definir la premisa de valuación para cada uno de los activos o pasivos identificados.

Paso 4: Identificar el mercado principal o más ventajoso para cada uno de los activos y pasivos.

Paso 5: Utilizar la técnica de valuación apropiada para cada activo o pasivo.

Paso 6: Definir los supuestos que se considerarán para determinar el precio del activo o del pasivo.

Paso 7: Identificar el nivel de jerarquía que se utilizará para determinar el valor razonable de los activos o de los pasivos.

SFAS 159: "The Fair Value Option For Financial Assets And Financial Liabilities"

Objetivo (párrafos 1 y 2)

Esta Declaración permite que las entidades puedan elegir el medir sus instrumentos financieros y otros conceptos relacionados al valor razonable, para los cuales actualmente no se tiene la obligación de medirlos a través de valor razonable. También se establecen en esta declaración diferentes reglas de presentación y de revelación diseñadas para hacer comparables diferentes medidas para activos y pasivos de una entidad similares al de otra entidad.

La opción de valor razonable (párrafos del 3 al 5)

Esta Declaración permite que todas las entidades escojan, en fechas específicas, medir los conceptos elegibles a valor razonable (la "opción de valor razonable"). Una entidad reportará las pérdidas y ganancias no realizadas en resultados, sobre conceptos para los cuales se ha escogido esta opción (o en otro indicador de desempeño si la entidad no reporta resultados) en cada fecha de reporte. Los costos y cuotas directamente relacionados con los conceptos para los que se ha escogido la opción de valor razonable se reconocerán en resultados en tanto sean incurridos y no se diferirán.

Los requerimientos relacionados con resultados y algunos otros requerimientos de esta Declaración se aplican de manera diferente para organizaciones sin fines de lucro. El párrafo 23 explica las diferencias.

La decisión relativa a la elección del valor razonable:

a) Se aplica instrumento por instrumento, excepto por lo dispuesto en el párrafo 12.

b) Es irrevocable (a menos que ocurra una nueva fecha de elección, como se discute en el párrafo 9).

c) Se aplica sólo a un instrumento completo y no a riesgos específicos, flujos de caja específicos o porciones de ese instrumento.

Términos clave (párrafo 6)

Los siguientes términos se utilizan en esta Declaración, con las siguientes definiciones:

a) Valor razonable: El precio que habría sido recibido por la venta de un activo o que habría sido pagado para transferir un pasivo en una operación ordenada entre los participantes de mercado en la fecha de medición.

b) Activo financiero: dinero en efectivo, evidencia de un interés de propiedad en una entidad, o un contrato que transmite a una entidad un derecho de (1) recibir efectivo u otro instrumento financiero de una segunda entidad o (2) intercambiar otros instrumentos financieros en términos favorables con la segunda entidad.

c) Pasivo financiero: un contrato que impone sobre una entidad una obligación (1) de entregar dinero en efectivo u otro instrumento financiero a una segunda entidad o (2) para intercambiar otros instrumentos financieros en condiciones potencialmente desfavorables con la segunda entidad.

d) Un compromiso: un compromiso con una parte no relacionada, obligatorio para ambas partes y por lo general legalmente exigible, con las siguientes características:

    i) El acuerdo especifica todos los términos importantes, en particular la cantidad que se intercambia, un precio fijo, y el momento de la transacción. El precio fijo podrá ser expresado como una cantidad determinada de una entidad de la moneda funcional o de una moneda extranjera. También podrá ser expresado como un interés específico o tasa de rendimiento específico.

    ii) El acuerdo incluye un desincentivo por incumplimiento, el cual es suficientemente grande como para hacer que el cumplimiento sea probable.

Alcance de los conceptos elegibles (párrafo 7)

Todas las entidades podrán elegir la opción del valor razonable para los siguientes conceptos (conceptos elegibles):

a) Un reconocido activo financiero y pasivo financiero, excepto las que figuran en el párrafo 8.

b) Un compromiso, que de otra forma no sería reconocido en la fecha de formalización y que involucra sólo instrumentos financieros (un ejemplo es un contrato de compra de futuros que no es fácilmente convertible en efectivo. Ese compromiso implica sólo instrumentos financieros --un préstamo y efectivo-- y de otra manera no sería reconocido porque no es un instrumento derivado).

c) Un acuerdo de préstamo por escrito.

d) Los derechos y obligaciones bajo un contrato de seguro que no son un instrumento financiero (ya que requiere o permite a la aseguradora proveer de bienes o servicios en lugar de una liquidación en efectivo), pero cuyos términos permiten al asegurador finiquitar por medio del pago a un tercero para proporcionar los productos o servicios.

e) Los derechos y obligaciones bajo garantía que no es un instrumento financiero (ya que requiere o permite al que ofrece la garantía proveer de bienes o servicios en lugar de un finiquito en efectivo), pero cuyos términos permiten al que emite la garantía finiquitar a un tercero para proporcionar los productos o servicios.

f) Un instrumento financiero principal resultante de la separación de un instrumento derivado no financiero de un instrumento no financiero híbrido, según el párrafo 12 de la Declaración de FASB N ° 133, *Contabilización de instrumentos derivados y actividades de cobertura*, sujeto a las excepciones de alcance en el párrafo 8. (Un ejemplo de este tipo de instrumento híbrido no financiero es un instrumento en el cual el valor del derivado fijo incluido se paga en efectivo, servicios o mercancías, pero la deuda del instrumento principal se paga en efectivo.)

Activos financieros y pasivos financieros reconocidos que no son conceptos elegibles (párrafo 8)

Ninguna entidad podrá elegir la opción del valor razonable para los siguientes activos y pasivos financieros:

a) Una inversión en una filial de la entidad que tiene la obligación de consolidar.

b) Un interés en una entidad de interés variable que la entidad tiene la obligación de consolidar.

c) Obligaciones de empleadores y de los planes para las prestaciones de pensiones, otros beneficios post-retiro (incluida la salud, la atención y los beneficios de seguro de vida), beneficios post-empleo, acciones para trabajadores, opción de compra de acciones y planes, y otras formas de remuneración diferida, acuerdos, tal como se define en declaraciones FASB N° 35, *Contabilización y Presentación Planes de Beneficios Definidos de Pensiones*; N° 87, *Contabilización de los Empleadores de las Pensiones*; N° 106, *Contabilización de los Empleadores de los Beneficios Post-retiro Distintos de las Pensiones*; N° 112, *Contabilización de los Empleadores de los Beneficios Post-retiro*; N° 123 (revisada en diciembre de 2004), *Share-Based Payment*; N° 43, *Contabilización de Ausencias Compensadas*; N° 146, *Contabiliza-*

ción de Costos Asociados con la Salida o la Disposición de Actividades, y la N° 158, *Contabilización de los Empleadores de los Planes de Beneficio Definido y Otros Planes Posretiro*, APB y la opinión N° 12, Omnibus Opinión-1967.

d) Activos y pasivos financieros reconocidos bajo contratos de arrendamientos, tal como se definen en declaración FASB N° 13, *Contabilización de Arrendamientos*. (Esta excepción no se aplica a la garantía de una obligación de contrato de arrendamiento de terceros o una obligación contingente derivada de un contrato de arrendamiento cancelado).

e) Pasivos en forma de depósito, exigibles a petición de los bancos, cajas de ahorro y crédito, asociaciones, cooperativas de crédito y otras instituciones de depósito similares.

f) Instrumentos financieros que son, en su totalidad o en parte, clasificadas por el emisor como un componente del capital social de los accionistas (incluyendo "patrimonio"). Un ejemplo es una deuda convertible con una característica de conversión beneficiosa no contingente.

Fechas de elección (párrafos 9, 10 y 11)

Una entidad podrá decidir si ha de elegir la opción del valor razonable para cada concepto que sea elegible en la fecha de elección. Alternativamente, la entidad podrá elegir la opción del valor razonable de acuerdo a una política preexistente para los diferentes conceptos elegibles. Una entidad podrá optar por elegir la opción de valor razonable únicamente en la fecha en la que ocurra una de las siguientes situaciones:

a) Cuando la entidad reconoce el concepto elegible por primera vez.

b) Cuando la entidad entra en un compromiso elegible.

c) Cuando los activos financieros que han sido reportados a su valor razonable con ganancias y pérdidas no realizadas en las utilidades debido a que las prácticas contables especializadas dejan de aplicarse para dicha contabilidad especializada. (Un ejemplo de ello es una transferencia de activos de una filial sujeta a la AICPA Guía de Auditoría y Contabilidad, Inversiones en compañías, a otra entidad dentro de la entidad consolidada no sujetos para la guía anteriormente mencionada.)

d) El tratamiento contable de una inversión en otra entidad cambia porque:

   i) La inversión se debe valuar a través del método de participación.

   ii) El inversor deja de consolidar una filial o entidad de interés variable pero mantiene un interés (por ejemplo, porque los inversores ya no tienen una mayoría de votos, pero siguen manteniendo algunas acciones ordinarias).

e) Un acontecimiento que requiere un concepto elegible para ser medido por su valor razonable en el momento del evento, pero no requiere el valor razonable, en cada fecha de presentación de la información excluyendo el reconocimiento del deterioro (Véase el párrafo 10).

Algunos de los eventos que requieren una remedición de los conceptos elegibles a valor razonable, o requieren el reconocimiento inicial de los conceptos, o de ambos, y se define una fecha elegida para la opción de valor razonable como se comenta en el párrafo 9 (e) son los siguientes:

a) Combinaciones de negocios, tal y como se define en la Declaración de FASB N° 141 de Combinación de Negocios.

b) Consolidación o desconsolidación de la filial o entidad de interés variable.

c) Modificaciones significativas de la deuda, tal como se define en EITF Edición No. 96-19, "Contabilidad del deudor para una modificación o intercambio de instrumentos de deuda".

Un adquirente, o la casa matriz, o el principal beneficiario decide si aplicar la opción del valor razonable a los elementos de una adquirida, subsidiaria o entidad consolidada de interés variable, pero la decisión sólo se aplica en los estados financieros consolidados. La elección de valor razonable ejercida por una entidad adquirida, subsidiaria o entidad de interés variable continuará aplicándose por separado en los estados financieros de esas entidades, en caso de que emitan estados financieros por separado.

Aplicación de instrumento por instrumento (párrafos 12, 13 y 14)

La opción de valor razonable puede ser elegida para un solo concepto, sin derecho a elegirlo para otros conceptos idénticos, con las siguientes excepciones:

a) Si varios avances se hacen a un prestatario en virtud de un contrato individual (como una línea de crédito o un préstamo de construcción) y los avances individuales pierden su identidad y pasan a formar parte de un saldo de préstamo mayor, la opción de valor razonable se aplicará únicamente al saldo mayor y no a cada avance individualmente.

b) Si la opción de valor razonable se aplica a una inversión que de otra manera se contabilizaría bajo el método de participación, se aplicará a todas las inversiones dentro de la misma entidad.

c) Si la opción de valor razonable se aplica a un contrato de seguros o reaseguros, se aplicará a todos los siniestros y obligaciones bajo el contrato.

d) Si la opción de valor razonable es elegido para un contrato de seguro (el contrato básico), para el cual son emitidas coberturas contractuales integradas o no integradas, la opción de valor razonable también debe aplicarse a las características o coberturas. El valor razonable no puede ser la opción elegida para sólo el contrato no-integrado, ya que esos conceptos o las coberturas se contabilizan por separado, bajo la Declaración del AICPA 05-1, Contabilización de las empresas de seguros de costos diferidos de adquisición en conexión junto con modificaciones o intercambios de contratos de seguros.

La opción de valor razonable no tendrá que aplicarse a todos los instrumentos emitidos o adquiridos en una sola transacción individual (a excepción de lo dispuesto por el párrafo 12 (a) o 12 (b)). Por ejemplo, los inversionistas en acciones de capital y bonos registrados podrían aplicar la opción de valor razonable sólo a algunas de las acciones o de las obligaciones emitidas o adquiridas en una transacción individual. A tal efecto, un bono individual se considera como la denominación mínima de esa deuda. Un instrumento financiero que es legalmente un contrato individual no podrá ser dividido en partes para efectos de la aplicación de la opción de valor razonable. En cambio, el acuerdo de sindicación de un préstamo puede resultar en múltiples préstamos al mismo prestatario por diferentes prestamistas. Cada uno de estos préstamos es un instrumento independiente, y la opción de valor razonable puede ser elegida para algunos de los préstamos, pero no para todos.

Un inversionista de valores de renta variable podrá elegir la opción del valor razonable para la totalidad de su inversión, incluyendo cualquier participación accionaria emitida por la inversión (por ejemplo, las participaciones en acciones que se adquieran en un programa de reinversión de dividendos).

Estado de posición financiera (párrafo 15)

Las entidades deberán informar los activos y pasivos que se miden por su valor razonable en virtud de la opción del valor razonable en esta Declaración, de manera que separe a los reportados a valor razonable de activos y pasivos similares que son medidos utilizando otro método. Para ello, la entidad deberá:

a) Presentar el agregado de los montos de valor razonable y el valor no razonable en la misma línea en el estado de situación financiera y entre paréntesis revelará el monto medido por su valor razonable incluido en la cantidad total

b) Presentar dos conceptos por separado para mostrar el valor razonable y el valor no razonable.

Estado de flujo de efectivo (párrafo 16)

Las entidades deberán clasificar los ingresos en efectivo y los pagos en efectivo en relación con los temas medidos por su valor razonable de acuerdo a su naturaleza y finalidad, como lo exige el FASB Declaración No. 95, *Estado de flujos de efectivo.*

Revelaciones aplicables a esta Declaración y a la Declaración 155 (párrafos del 17 al 22)

Los objetivos principales de la información exigida por los párrafos 18-22 son para facilitar las comparaciones: (a) que elija entre diferentes entidades de medición de los atributos similares activos y pasivos y (b) entre activos y pasivos en los estados financieros de una entidad que selecciona diferentes atributos de medición para activos y pasivos similares. Estos requisitos de revelación se espera que contengan lo siguiente:

a) Información que permita a los usuarios de los estados financieros comprender las razones de la administración para elegir la opción de valor razonable.

b) Información que permita a los usuarios a entender cómo los cambios en el valor razonable afectan a los ingresos del periodo.

c) La misma información sobre determinados conceptos (como inversiones de capital y préstamos) que se han revelado si la opción de valor razonable no hubiera sido elegida.

d) Información que permita a los usuarios a entender las diferencias entre los valores razonables y flujos de efectivo contractuales para ciertos conceptos.

Revelaciones requeridas en las fechas de presentación de la información de la situación financiera anual o interperiodo que se presenta (párrafo18)

A partir de la fecha para la cual se presenta un estado de situación financiera, las entidades deberán revelar la siguiente:

a) Las razones de la administración para elegir la opción de un valor razonable para cada tema o grupo de temas similares elegibles.

b) Si se elige el valor la opción razonable para algunos, pero no todos los elementos dentro de un grupo de temas elegibles similares:

  i) Una descripción de los temas similares y las razones detrás de la elección parcial.

  ii) Información que permita a los usuarios comprender la forma en que el grupo de conceptos similares se refiere a los distintos rubros en el estado de situación financiera.

c) Para cada partida en el estado de posición financiera que incluye un concepto o conceptos para los que la opción de valor razonable se ha elegido:

  i) Información que permitirá a los usuarios comprender cómo cada uno de los elementos en la Declaración de la situación financiera se refiere a las principales categorías de activos y pasivos presentados de conformidad con la Declaración 157 y sus requisitos de revelación del valor razonable.

  ii) El valor agregado de los conceptos incluidos en cada uno de los elementos en el estado de posición financiera que en su caso no sean elegibles para la opción del valor razonable.

d) La diferencia entre el valor razonable agregado y el saldo insoluto agregado del principal de:

  i) Los préstamos y cuentas por cobrar a largo plazo (con excepción de los títulos sujetos a la Declaración 115) y que tengan montos principales contractuales y para los cuales la opción de valor justo haya sido ejercida.

  ii) Los instrumentos de deuda a largo plazo que tengan montos principales contractuales para los cuales haya sido elegida la opción de valor razonable.

e) Para los préstamos tenidos como activos y para los cuales la opción de valor razonable haya sido elegida:

  i) El valor razonable agregado de los préstamos de 90 días o más de mora.

  ii) Si la política de la entidad involucra reconocer los intereses devengados por separado de los demás cambios en el valor razonable, el valor razonable agregado de los préstamos en estado de no devengación.

  iii) La diferencia entre el valor razonable agregado y el saldo insoluto agregado del principal para los préstamos de 90 días o más de mora, en estado de no devengación, o en ambos casos.

f) Para las inversiones que habrían sido contabilizadas utilizando el método de capital si la entidad no hubiera optado por aplicar la opción de valor razonable, la información requerida bajo el párrafo 20 de la APB Opinión No. 18, El Método de participación de las inversiones en acciones comunes (excluyendo las revelaciones en los párrafos 20 (a) (3), 20 (b) y 20 (e) de dicha opinión).

Revelaciones requeridas para cada periodo por el cual han sido preparados estados financieros interinos o anuales (párrafos 19 y 20)

Para cada periodo para el cual se han presentado estados de ingresos, las entidades deberán revelar la siguiente información respecto de los temas para los que se ha elegido la opción de valor razonable:

a) Para cada partida en el estado de posición financiera, los montos de ganancias y de pérdidas de cambios de valor razonable que están incluidos en las ganancias durante el periodo y en qué línea dentro del estado de ingresos, dichas ganancias y pérdidas son reportadas (este estado no impide que una entidad cumpla con este requisito al revelar montos de ganancias y pérdidas, que incluyan montos de ganancias y pérdidas relacionadas con otros rubros medidos por su valor razonable, tales como los conceptos que deben ser medidos a valor razonable.)

b) Una descripción de cómo los intereses y dividendos son medidos y dónde son reportados dentro del estado de ingresos (este estado no se ocupa de los métodos utilizados para el reconocimiento y la medición de la cantidad de ingresos por concepto de dividendos, los ingresos por intereses, gastos por intereses relacionados con los temas para los cuales la opción de valor razonable ha sido elegida.)

c) Para los préstamos y otras cuentas por cobrar tenidas en calidad de activos:

  I) El monto estimado de ganancias o pérdidas provenientes de cambios de valor razonable incluidos en las ganancias que son atribuibles a cambios en el riesgo crediticio específico de los instrumentos.

  II) Información cualitativa respecto a las razones detrás de dichos cambios.

  III) ¿Cómo las ganancias o pérdidas atribuibles a cambios en el riesgo crediticio específico de los instrumentos fueron determinados?

Los requisitos de revelación en los párrafos 18 y 19 no eliminan los requisitos de revelación incluidos en otros pronunciamientos de GAAP, incluyendo otros requisitos de revelación relacionados con la medición del valor razonable.

Otras revelaciones requeridas (párrafos 21 y 22)

Solamente en los periodos anuales, la entidad deberá revelar los métodos y las hipótesis significativas utilizadas para estimar el valor razonable de los conceptos para los que la opción de valor razonable ha sido elegida.

Si una entidad elige la opción de valor razonable en el momento en que uno de los acontecimientos mencionados en los párrafos 9 (d) y 9 (e), la entidad deberá revelar lo siguiente dentro de los estados financieros para el periodo de la elección:

a) La información cualitativa acerca de la naturaleza del evento.

b) Información cuantitativa de la partida en el estado de situación financiera, indicando cuáles partidas en la cuenta de resultados incluyen el efecto sobre las ganancias derivadas de elegir la opción del valor razonable inicialmente para un concepto.

Fecha efectiva (párrafo 24)

Esta Declaración será efectiva a partir del comienzo del primer año fiscal de cada entidad que inicie después del 15 de noviembre de 2007. Esta Declaración no debe aplicarse con carácter retroactivo a los años fiscales anteriores a la fecha de entrada en vigor, a excepción de lo permitido en el párrafo 30 para una adopción temprana.

**Aplicación a los conceptos elegibles existentes
en la fecha efectiva (párrafos 25, 26 y 27)**

En la fecha de entrada en vigor, la entidad podrá elegir la opción del valor razonable para los elementos que ya existían en esa fecha. La entidad informará el efecto de la primera re-medición a valor razonable como un efecto de ajuste acumulativo del saldo inicial de utilidades retenidas. Una organización no lucrativa deberá reportar dicho ajuste de efecto acumulativo como una línea aparte dentro de los cambios en la clase o clases de activos netos en su declaración de actividades, fuera de cualquier indicador de los resultados o cualquier otra medida intermedia de las operaciones.

Las diferencias entre el valor contable y el valor razonable de los conceptos elegibles para los cuales la opción de valor razonable ha sido elegida, será retirada del estado de la situación financiera e incluida en el efecto acumulativo de ajuste en la fecha de entrada en vigor. Dichas diferencias pueden incluir, sin limitarse, a:

a) Los costos diferidos sin amortizar, honorarios, primas y descuentos.

b) Provisiones de valoración (por ejemplo, provisiones para pérdidas de préstamos).

c) Los intereses devengados, los cuales serían reportados como parte del valor razonable de la partida elegible.

Una entidad que elige la opción del valor razonable para los elementos existentes en la fecha efectiva deberá proporcionar lo siguiente en sus estados financieros anuales y de periodos intermedios del primer periodo provisional de los estados financieros para el año fiscal que incluya la fecha efectiva:

a) Un listado que presenta las siguientes partidas en el estado de situación financiera:

i) La parte de los efectos acumulativos de ajuste con respecto a la cuenta de utilidades retenidas (o clase o clases apropiadas de activos netos) para los conceptos en dicha línea.

ii) El valor razonable en la fecha efectiva de los temas elegibles para los cuales la opción y el valor de esos mismos conceptos, inmediatamente antes de elegir la opción del valor razonable.

b) El efecto neto sobre los activos y pasivos fiscales diferidos derivados de la elección del valor razonable.

c) Las razones de la administración para elegir la opción de valor razonable para cada uno de los conceptos actuales elegibles o para grupos de conceptos elegibles similares.

d) Si la opción de valor razonable es elegida para algunos, pero no para todos los elementos dentro de un grupo de conceptos elegibles similares:

i) Una descripción de los conceptos similares y las razones detrás de la elección parcial.

ii) Información que permita a los usuarios comprender cómo el grupo de conceptos similares se relaciona con los distintos rubros del estado de situación financiera.

e) El monto de provisiones de valuación que fue eliminado del estado de situación financiera, debido a que estaban relacionados con los conceptos para los cuales la opción de valor razonable fue elegida.

Valores disponibles para la venta y mantenidos hasta su vencimiento (párrafos 28 y 29)

Valores disponibles para la venta y mantenidos hasta su vencimiento depositados en la fecha efectiva son elegibles para la opción del valor razonable en esa fecha. Si la opción de valor razonable es elegida para cualquiera de dichos valores en la fecha efectiva, las ganancias y pérdidas no realizadas acumuladas a esa fecha deberán ser incluidas en el ajuste de efectos acumulativos. El monto de las ganancias y las pérdidas no realizadas acumuladas y reclasificadas de otros ingresos de la renta global (para los valores disponibles para la venta) y la suma de las ganancias y pérdidas no realizadas que anteriormente no fue reconocido (para los valores sujetos a vencimiento) serán revelados por separado. Si la Declaración 157 es adoptada al mismo tiempo que este estado es adoptado, cualquier cambio al valor razonable de un elemento elegible existente registrado en la fecha de entrada en vigor atribuible a la aplicación de las directrices contenidas en la Declaración de 157 (como en el caso de un valor disponible para la venta) deberá ser incluido en el efecto acumulativo de ajuste si la opción de valor razonable fue elegida para dicho concepto elegible.

Si una entidad elige la opción de valor razonable para un valor sujeto a vencimiento o disponible para la venta conjuntamente con la adopción de esta Declaración, dicho valor deberá ser reportado como valor de comercio bajo la Declaración 115, pero la contabilización de una transferencia a la categoría de comercio en virtud del párrafo 15 (b) de la Declaración 115 no es aplicable. Elegir la opción de valor razonable para un valor sujeto a vencimiento no pondrá en duda la intención de una entidad de tener otros valores de deuda a su vencimiento en el futuro.

Adopción temprana

Una entidad puede adoptar esta Declaración y elegir la opción del valor razonable para los conceptos elegibles existentes a partir del comienzo de un año fiscal que inicie antes del 15 de noviembre de 2007, sujeto a diferentes condiciones.

Puntos de Vista

IASB

Actualmente existen diferencias en cuanto a la definición y el ámbito de aplicación del valor razonable entre las normas del IASB y las del FASB.

En las normas internacionales no existe una norma específicamente dedicada al valor razonable y, a pesar de que la definición es la misma en todas las normas que lo mencionan, existen distintas guías de aplicación en cada una. Respecto de la aplicación del valor razonable a los instrumentos financieros, es en la IAS 39 donde se recoge una definición y guía.

Ambos reguladores contables se han marcado como objetivo tener una sola definición de valor razonable aplicable a toda partida del balance que así se mida. Esta área está incluida entre los proyectos de convergencia a corto plazo. El FASB ha tomado el liderazgo del proyecto con la publicación del SFAS 157 en la que, como se ha señalado, se caracteriza el valor razonable como un precio de salida. A partir de la norma anterior, el IASB ha emitido un documento con sus puntos de vista preliminares y prevé emitir un borrador de norma a finales de 2008 que recoja una guía sobre el valor razonable aplicable a toda partida del balance que así se mida.

La opción de valor razonable está incluida en el MoU entre los proyectos de convergencia a corto plazo en los que tenía que trabajar el FASB para alinear sus criterios contables con los del IASB. La publicación de la norma ha completado la primera fase del programa planeado por el FASB; en la segunda fase considerará el uso de la opción de valor razonable para ciertos activos y pasivos no financieros, junto con los depósitos a la vista excluidos del ámbito de aplicación de la norma emitida.

En noviembre de 2006, el IASB emitió para comentarios el Discussion Paper, *Fair Value Measurements*, para recibir comentarios hasta mayo de 2007. En dicho proyecto se pretende dar una mayor claridad al concepto de valor razonable, desarrollar una sola guía para todas las medidas de valor razonable y eliminar la dispersión e inconsistencia que existen actualmente en las normas internacionales.

Existes ciertas diferencias con respecto al SFAS 157:

- Definición de valor razonable: precio de salida *versus* cantidad de intercambio.
- Reconocimiento diario de las ganancias por instrumentos financieros.
- Precios basados en precios de oferta y demanda (*bid and asked prices*).
- Determinación de cuál debe ser el mercado a considerar para determinar el valor razonable (principal o más ventajoso).

Aunque existen estas diferencias con el SFAS 157, el IASB tomó está declaración como punto de partida para su proyecto.

El proceso que seguirá el IASB se centrará en el análisis de los comentarios recibidos, mesas redondas de discusión y mesas de discusión con el FASB para, finalmente, emitir el estándar final que consolide y reemplace a las guías que hoy existen.

SEC

La SEC, en todos sus comunicados y conferencias, se declara a favor del uso de valor razonable para la valuación de los activos y pasivos de las entidades. Le da su voto de confianza al FASB en cuanto al cumplimiento del objetivo primordial de la información financiera, el cual consiste en otorgar al usuario información financiera objetiva y razonable para que pueda tomar decisiones.

Stephanie Hunsaker,[4] *Associate Chief Accountant*, sugiere que se revele información adicional con respecto al cambio de nivel de un activo o pasivo, por ejemplo, cuando un activo pasa de un nivel 2 a nivel 3, se debe especificar qué características ya no son observables y provocaron el cambio de nivel y el cambio en el valor razonable. Inclusive sugiere que se agregue una pequeña discusión sobre las variables y supuestos que se tomaron en cuenta para obtener el valor razonable.

---

4 Hunsaker, Stephanie, "Remarks before the 2007 AICPA National Conference". *SEC*. Diciembre 2007. Consultado el 28 de enero de 2008. http://sec.gov/news/speech/2007/spch121107slh.htm

Cheryl Tjon-Hing,[5] *Valuation Specialist*, afirma que para poder preparar medidas de valor razonable con calidad, no solo es necesario ser experto en valuación, sino también tener un entendimiento de la literatura contable para no caer en la creencia de que las medidas de valor razonable son subjetivas y no tienen ninguna relación con el concepto contable que representan. Sugiere que las técnicas de valuación y las competencias contables estén apropiadamente mezcladas para poder dar credibilidad a las cifras presentadas utilizando valor razonable.

Otros

Tanto PCAOB como AICPA, al igual que la SEC, apoyan el concepto. El PCAOB emitió una regla para auditar los valores razonables, mientras que AICPA se preocupa más por difundir y capacitar a la profesión contable en todo lo relacionado con el valor razonable.

Con respecto al IMCP, en enero de 2008 emitió el Boletín 3150, Auditoría de la valuación y revelaciones del valor razonable, el cual se emitió como respuesta a los cambios que se han presentado en las NIF, principalmente con los temas de valor razonable. Básicamente en los siguientes conceptos:

- Que se obtenga un entendimiento del proceso utilizado por la empresa para calcular el valor razonable, incluidos los cinco componentes del control interno y que se indican en el Boletín 3050.
- Que el auditor obtenga declaraciones de la administración como parte de su auditoría de valor razonable.
- Que el auditor, usando su juicio profesional, determine la necesidad de comunicar a los órganos de vigilancia ciertos hechos relacionados con los resultados de la revisión al valor razonable.
- Que se especifique claramente los procedimientos a seguir cuando se utiliza el trabajo de un especialista para la determinación del valor razonable.

Actualmente el CINIF[6] no tiene contemplado en su agenda un boletín específico para la medición del valor razonable de los activos y de los pasivos, como lo indica en su último reporte técnico emitido en enero de 2008.

---

5 Tjon-Hing, Cheryl,"Remarks before the 2006 AICPA National Conference". *SEC*. Diciembre 2006. Consultado el 28 de enero de 2008. http://sec.gov/news/speech/2006/spch121306ckth.htm

6 CINIF, *Reporte Técnico del CID*. No. 06-A/RT-2008.

Conclusiones y Comentarios Finales

Una preocupación muy importante entre los usuarios de la información financiera se refiere a si el valor razonable cumple con las características cualitativas del marco conceptual:

- Relevancia (importancia relativa): provee información valiosa y oportuna.
- Representación fiel: consistente con la definición de activo y pasivo.
- Comparable: intensifica la consistencia de la información.

Debido a la historia y a los antecedentes de la disciplina contable, la unión y dependencia entre la economía, las matemáticas y la información contable es inevitable, por lo que la medida de valor razonable puede ser una respuesta a esa unión, o es la respuesta que los reguladores han adoptado para solucionar este problema y proveer información contable más veraz.

Aunque el valor razonable no es la panacea, ya que existe:

- Falta de consenso en cuanto a la definición desde el punto de vista del usuario.
- Dudas acerca de su verificabilidad.
- Cierta libertad en cuanto a las decisiones de los administradores con respecto a qué medida y qué método utilizar.
- Contradicción en el uso de valor razonable para reportar la información cuando el objetivo es proveer información a los usuarios para que ellos, entre otras cosas, midan el valor.

La evidencia que se ha podido obtener por parte de las investigaciones académicas hechas por diferentes autores, muestra que el valor razonable de activos y pasivos obtenido a través de un mercado observable (nivel 1), se relaciona muy fuertemente con la relevancia y confiabilidad que deben tener las cifras de los estados financieros. Pero para los valores razonables que se obtienen por otros medios o mercados (nivel 3), los resultados son mixtos y sugieren que las estimaciones confiables están limitadas a ciertos activos y pasivos.

Benston (2006)[7] demuestra en su investigación sobre Enron que la medida de valor razonable en el nivel 3 no es tan confiable ni tan representativa de la situación de las empresas. Enron valuaba sus contratos de energía normalmente utilizando las técnicas establecidas en el nivel 3 del SFAS 157, todas estas cifras estaban avaladas por el despacho de contadores Andersen, y su problema fue que la información financiera no era capaz de absorber la volatilidad que se tenía en esos mercados de manera oportuna. Esta investigación es muy importante, ya que confirma las sospechas y desconfianzas de muchos contadores y de muchos usuarios en el uso de una *Full Fair Value Accounting*.

---

7 Benston, George, "Fair value accounting: a cautionary tale from Enron". 2006. *Journal of accounting and public policy*. No. 25.

Otras dificultades con respecto a la medida de valor razonable son:

- Mercados no eficientes o ausencia de mercados.
  - a) Cuando no hay mercado activo el VR no es representativo de los precios, por lo que se tienen que hacer muchos supuestos para poder determinarlo.
  - b) Cuando el mercado no es eficiente, se sobre-estima o sub-estima el valor de los activos o pasivos.
- Falta de datos.
- Volatilidad en los mercados.
- Deficiencias implícitas en las técnicas de valuación.

Finalmente no existe un acuerdo generalizado y aceptado que apoye la propuesta de que toda la información financiera se presente a valor razonable (*Full FVA*), aunque IASB y FASB están avanzando hacia esa tendencia.

APÉNDICE 2

Cuadro comparativo de las principales reglas de valuación establecidas en la serie C de las Normas de Información Financiera

El objetivo de la siguiente tabla es resaltar la divergencia en los modelos de valuación aplicables a las diferentes partidas que componen el balance general. **Asimismo, se marcan con una estrella blanca los conceptos que son sujetos a pruebas de deterioro, de acuerdo con las disposiciones contenidas en el Boletín C-15 de las NIF.**

Norma/ Boletín	Alcance	Principales reglas de valuación contenidas en las Normas de Información Financiera
C-1 Efectivo. Constituido por moneda de curso legal o sus equivalentes, tales como: caja, billetes y monedas, depósitos bancarios, metales preciosos amonedados, entre otros.	Establece reglas de valuación y presentación de este rubro.	El efectivo se valuará a su **valor nominal.** El representado por metales preciosos amonedados y moneda extranjera se valuará a la cotización aplicable a la fecha de los estados financieros. Los intereses se reconocerán conforme se devenguen.
C-2 Instrumentos financieros. Es un contrato que da origen tanto a un activo financiero de una entidad como a un pasivo financiero o instrumento de capital de otra entidad.	Define los conceptos y elementos relativos a los instrumentos financieros. Establece las reglas generales de valuación de los activos y pasivos financieros resultantes de cualquier tipo de instrumento financiero. Señala las condiciones que deben cumplirse para compensar activos y pasivos financieros. Establece reglas de presentación y revelación de este rubro.	Todos los activos y pasivos financieros (excepto los instrumentos financieros conservados a vencimiento) resultantes de cualquier tipo de instrumento financiero en el cual participa una entidad, así como los derivados implícitos cuyo contrato base no necesariamente es un instrumento deben valuarse a su **valor razonable**. Las inversiones en instrumentos financieros de deuda conservados a vencimiento, deberán ser valuadas a su costo de adquisición (cantidad de efectivo entregada a cambio del activo financiero más gastos sobre compra menos descuentos).

Norma/ Boletín	Alcance	Principales reglas de valuación contenidas en las Normas de Información Financiera
C-3 Cuentas por cobrar. Representan derechos exigibles originados por ventas, servicios prestados, otorgamiento de préstamos, o cualquier otro concepto análogo.	Establece las reglas particulares de aplicación para cuentas por cobrar de empresas industriales y comerciales.	Las cuentas y documentos por cobrar deben computarse al **valor pactado originalmente** del derecho exigible. Las cuentas y documentos por cobrar en moneda extranjera, deberán valuarse al tipo de cambio bancario que esté en vigor a la fecha de los estados financieros. Para cuantificar el importe de las partidas que habrán de considerarse irrecuperables o de difícil cobro, debe efectuarse un estudio que sirva para determinar el valor de aquellas que serán deducidas o canceladas.
C-4 Inventarios Este rubro lo constituyen los bienes de una empresa destinados a la venta o a la producción para su posterior venta.	Establece las reglas particulares de aplicación para los inventarios de las empresas industriales y comerciales.	Los inventarios deben valuarse a su **costo de adquisición** o el de producción, el que se incurre al comprar o fabricar un producto. Debe utilizarse la regla de **costo o mercado el que sea menor.**

Norma/ Boletín	Alcance	Principales reglas de valuación (...)
C-5 Pagos anticipados. Representan una erogación efectuada por servicios que se van a recibir o por bienes que se van a consumir en el uso exclusivo del negocio y cuyo propósito no es el de venderlos ni utilizarlos en el proceso productivo.	Establece reglas particulares aplicables a los pagos anticipados de entidades económicas.	Se valúan a su **costo histórico.** Se aplican a resultados en el periodo durante el cual se consumen los bienes, se devengan los servicios o se obtienen los beneficios.
★ **C-6 Inmuebles, maquinaria y equipo.** Son bienes tangibles que tienen por objeto el uso o usufructo de los mismos en beneficio de la entidad; la producción de artículos para su venta o para el uso de la propia entidad; la prestación de servicios a la entidad, a su clientela o al público en general.	Establece reglas aplicables a los inmuebles, maquinaria y equipo de las empresas industriales y comerciales.	Se valúan al **costo de adquisición** (incluye el precio neto pagado por los bienes más todos los gastos necesarios para tener el activo en el lugar para ser utilizado), producción (incluye todos los costos directos e indirectos incurridos, adicionalmente se pueden capitalizar los intereses devengados por los préstamos otorgados para su construcción o instalación, siempre y cuando no se encuentre produciendo ningún beneficio) o su valor equivalente. Los bienes adquiridos por canje o como aportaciones de capital deben considerarse a su **valor de mercado.** Las propiedades adquiridas en moneda extranjera deben registrarse a los tipos de cambio vigentes en las fechas en que se hayan adquirido los bienes.

Norma/ Boletín	Alcance	Principales reglas de valuación(...)
C-8 Intangibles. Son aquellos activos inidentificables, sin sustancia física, utilizados en la producción o abastecimiento de bienes, prestación de servicio o para propósitos administrativos, que generarán beneficios económicos futuros controlados por la entidad.	Establece reglas particulares aplicables a todas las entidades, excluye el tratamiento del crédito mercantil (B-8), intangibles por obligaciones laborales(D-3) y gastos de exploración y desarrollo y extracción de minerales.	La valuación original del activo intangible es al **costo de adquisición** o desarrollo. El cual comprende su precio de compra, incluyendo derechos de importación, impuestos, gastos aduanales, así como cualquier desembolso directamente atribuible a la preparación del activo para el uso que se destina. Si un activo intangible se adquiere a cambio de instrumentos de capital de la empresa que compra, el costo del activo equivaldrá al **valor razonable** (monto por el cual puede ser intercambiado un activo entre un comprador y un vendedor adecuadamente informados, en una transacción de libre competencia) de los instrumentos de capital emitidos. Si se adquieren activos intangibles en la compra de un negocio, se deben cuantificar a su **valor razonable.** El costo de un activo intangible desarrollado debe comprender todos los desembolsos que sean directamente atribuibles a la fase de desarrollo.

Norma/ Boletín	Alcance	Principales reglas de valuación (...)
C-9 Pasivos, Provisiones, Activos y Pasivos contingentes y Compromisos. Es el conjunto o segmento cuantificable de las obligaciones presentes de la entidad, virtualmente ineludibles de transferir activos o proporcionar servicios en el futuro a otras entidades. Provisiones son pasivos en los que su cuantía o vencimiento son inciertos. Pasivo contingente es : **a)** Una obligación posible surgida a raíz de sucesos pasados, cuya existencia ha de ser confirmada sólo por la ocurrencia o, en su caso, por la falta de ocurrencia de uno o más eventos inciertos en el futuro que no están enteramente bajo el control de la entidad. **b)** Una obligación presente surgida a raíz de sucesos pasados, que no se han reconocido contablemente porque: •No es viable que la entidad tenga que satisfacerla. •El importe de la obligación no puede ser cuantificado con la suficiente confiabilidad.	Establece reglas particulares que deben aplicarse a todas las entidades en la contabilización de pasivos, provisiones y en la información sobre activos y pasivos de carácter contingente, y compromisos, excepto por: Impuestos causados y diferidos. Obligaciones laborales. Instrumentos financieros valuados a valor razonable. Estimaciones para valuación de activos.	En el caso de préstamos obtenidos en efectivo, el pasivo debe reconocerse por el **importe recibido o utilizado.** El pasivo por emisión de obligaciones debe representar el importe a pagar por las emisiones emitidas, de acuerdo con el **valor nominal** de los títulos, menos el descuento o más la prima por su colocación. En el caso de redención de obligaciones, se toma como punto de referencia, el valor presente de los flujos futuros del nuevo instrumento y el valor presente de los flujos del instrumento original. Los anticipos de clientes se deben reconocer como pasivos por el monto de efectivo o, en su caso, por el **valor razonable** de los bienes o servicios recibidos en el momento de la transacción. El importe reconocido como provisión debe ser la mejor estimación, a la fecha del balance general, del desembolso necesario para liquidar la obligación presente. La incertidumbre que rodea al importe a reconocer se puede tratar de diferentes formas. Se pueden utilizar **valores esperados**, ponderando los diferentes escenarios por su probabilidad. *Cuando el flujo proveniente de una provisión se espera desembolsar en el futuro, debe ajustarse por el valor del dinero en el tiempo.*

Norma/ Boletín	Alcance	Principales reglas de valuación (...)
C-10 Instrumentos financieros derivados y operaciones de cobertura. Los instrumentos derivados son aquellos que tienen las siguientes características: Tienen uno o más subyacentes e incorporan una o más condiciones de pago, requieren una inversión inicial nula o pequeña y sus términos permiten una liquidación neta.	Establece las reglas particulares de los instrumentos financieros derivados y de operaciones de cobertura que realicen todas las entidades.	Los activos y pasivos financieros resultantes de los derechos y obligaciones establecidos deben reconocerse inicialmente a su **valor razonable** (contraprestación pactada), posteriormente este valor estará representado por el **precio de mercado.**
C-11 Capital contable. Es el derecho de los propietarios sobre los activos netos, que surge por aportaciones de los dueños, por transacciones y otros eventos o circunstancias que afectan una entidad, el cual se ejerce mediante reembolso o distribución.	Establece las reglas particulares de aplicación de los principios de contabilidad relativos al capital contable de entidades establecidas con fines de lucro, principalmente sociedades mercantiles.	El capital social representa la suma del **valor nominal** de las acciones suscritas y pagadas. Las donaciones se expresan a su **valor de mercado.**

Norma/ Boletín	Alcance	Principales reglas de valuación (...)
C-12 Instrumentos Financieros con característica de pasivo, de capital o de ambas. Instrumentos financieros combinados que tienen componentes de pasivo y capital.	Establece las reglas particulares aplicables a todas las emisoras de instrumentos financieros con características de pasivo, de capital o de ambas.	Las diferencias básicas entre los pasivos y el capital contable, que permiten identificar su sustancia económica, se derivan de los conceptos: obligación virtualmente ineludible, relación de propietario y valor monetario. Deberá cuantificarse primero el pasivo, utilizando la técnica de **valor presente de los flujos futuros de efectivo**, y después la porción de capital contable, con el fin de que este último valor corresponda a la naturaleza residual del capital contable.

 ## C-15 Deterioro en el Valor de los Activos de Larga Duración

Sobre los activos de larga duración, los activos intangibles de vida indefinida y el crédito mercantil, se debe calcular la posible pérdida por deterioro. Ésta se calcula restándole al valor de recuperación de la unidad generadora de efectivo su valor neto en libros, siempre y cuando este último sea mayor.

El valor de recuperación de la unidad generadora de efectivo se obtiene comparando el precio neto de venta contra su valor de uso, se toma el mayor de éstos.

1) Precio neto de venta, monto verificable que se obtendría por la realización de la unidad generadora de efectivo, entre partes interesadas y dispuestas en una transacción de libre competencia, menos su correspondiente costo de disposición.

2) El valor de uso de los activos que conforman la unidad generadora de efectivo es el valor presente de los flujos de efectivo futuros asociados con dicha unidad, aplicando una tasa adecuada de descuento.

APÉNDICE 3

Valuación de bonos bajo condiciones de incertidumbre

Existen otras técnicas que incorporan la incertidumbre, pero en este capítulo se sugiere en particular una:

1) El modelo de Ho y Lee.

1) Modelo de Ho y Lee

Antes de entrar de lleno en la explicación, es necesario definir en primer lugar lo que es una tasa a plazo (tasas *Forward*):

Es la tasa justa (de no arbitraje) acordada el día de hoy para "amarrar" posiciones largas y cortas en algún intervalo de tiempo en el futuro. La fórmula general para calcular una tasa *forward* es:

$$_t f_{t+k} = \sqrt[k]{\frac{(1 + R(t+k))^{t+k}}{(1 + R(t))^{t}}} - 1 = \sqrt[k]{\frac{DF_t}{DF_{t+k}}} - 1$$

Donde:

- R (t) es la tasa al contado con plazo t.
- t es el momento en el que se hace la inversión.
- t+k es el plazo del contrato (el contrato termina en t+k).
- $_t f_{t+k}$ es la tasa *forward* a la que se invertirá de t a (t+k).
- R (t+k) es la tasa al contado con plazo (t+k).
- DF es el factor de descuento, ya sea con plazo t o (t+k).

A continuación se muestra un ejemplo de cómo calcular una tasa *forward*:

Si se considera la siguiente estructura de tasas al contado (*spot*), la tasa *forward* o de no arbitraje para dentro de 2 años sería:

Plazo	R Plazo	Factor de descuento
1 año	5%	0.95238095
2 años	6.30%	0.88498003

$$\left(1 + R(1)\right)\left(1 +_1 f_2\right) = \left(1 + R(2)\right)^2$$

$$_1 f_2 = \frac{\left(1 + R(2)\right)^2}{\left(1 + R(1)\right)} - 1$$

$$f_2 = \frac{DF_1}{DF_2} - 1$$

$$f_2 = \frac{0.9524}{0.8850} - 1 = 7.62\%$$

Una vez explicado el concepto de tasas *forward*, se entrará de lleno al estudio del modelo de Ho y Lee.

En 1986, Thomas Ho y Sang-Bin Lee propusieron un modelo de valuación de instrumentos de renta fija y sus derivados. Es un modelo de dos parámetros, el cual incorpora la información que existe en la estructura temporal de tasas de interés para todos los plazos.

El uso de este modelo asegura que el precio de valuación de un instrumento coincidirá con el precio que proporcionan las tasas de interés vigentes al momento. Además, tiene la innovación de conjuntar los modelos tradicionales de valuación con las teorías de opciones financieras.

Este modelo sugerido por Ho y Lee tiene la ventaja de ser una cadena de Markov, es decir, el valor del subyacente en el periodo $t+1$ sólo depende de su valor en t (es decir, un periodo anterior).

La implicación de que sea una cadena de Markov permite la valuación del bono a través de la construcción de árboles binomiales (consideran que el valor de un instrumento únicamente tiene dos posibilidades: subir o bajar).

En la sección de valor presente, se mostró que el precio de un bono depende de manera inversa de la tasa de interés. Ahora, si se considera que la tasa de interés es variable en un intervalo de tiempo fijo, pueden manejarse dos opciones que suba o que baje para el siguiente periodo, en ese caso el precio del bono se calcularía de la siguiente forma:

$$P_1^1(-) = \frac{1}{1 + i_1^1(-)}$$

$$P_1^1(+) = \frac{1}{1 + i_1^1(+)}$$

Donde:

- $P_1^1(-)$ es el precio del bono en t=1, si la tasa de interés baja.

- $P_1^1(+)$ es el precio del bono en t=1, si la tasa de interés sube.

- $i_1^1(-/+)$ es la tasa *forward* a un periodo, la cual puede subir (+) o bajar (-).

La trayectoria que seguiría un bono cupón cero a un periodo a través del tiempo se muestra en la figura 1:

Figura 1.	Evolución del Precio de un Bono a un periodo

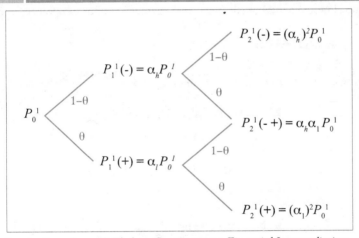

Fuente: Greenbaum & Thakor, *Contemporary Financial Intermediation.*

Donde:

- P_0^1 es precio actual del bono.
- θ, probabilidad de que la tasa de interés tenga un movimiento al alza.
- $1-\theta$, probabilidad de que la tasa de interés tenga un movimiento a la baja.
- $\alpha_h = \dfrac{P_1^1(-)}{P_0^1}$, es la razón en la que el precio actual puede subir.

- $\alpha_l = \dfrac{P_1^1(+)}{P_0^1}$, es la razón en la que el precio actual puede bajar.

Para obtener un precio *justo*, es decir, aquél que el mercado perciba como el adecuado (no existan oportunidades de arbitraje), es necesario que exista una medida de probabilidad neutral al riesgo (una probabilidad sintética que contiene el ajuste necesario para la tasa de interés por la prima por riesgo), la cual se calcula con la siguiente fórmula:

$$q = \frac{u - r}{u - d}$$

Donde:

- q es la medida de probabilidad neutral al riesgo.
- u es el choque al alza, o lo que es lo mismo, la razón en la que el precio actual puede subir, considerando un bono cupón cero que madura en m años.
- d es el choque a la baja, es el choque al alza, o lo que es lo mismo, la razón en la que el precio actual puede bajar, considerando un bono cupón cero que madura en m años.
- r, es igual a la tasa *forward* más la unidad.

Los choques se calculan de la siguiente forma:

$$u(m,0) \equiv \frac{P_1^{m-1}(-)}{P_0^m}$$

$$d(m,0) \equiv \frac{P_1^{m-1}(+)}{P_0^m}$$

Donde:

- P_0^m es el precio del bono en el tiempo t=0 con vencimiento en m
- P_1^{m-1} es el precio del bono en el tiempo t=1 con vencimiento en m-1

Desarrollo del Modelo Ho y Lee

Toma como base la Hipótesis de las Expectativas Imparciales, la cual dice "que la tasa *forward* implícita (a un periodo) para cualquier periodo en el futuro debe ser igual a la tasa *forward* esperada de un bono a un periodo que va a ser emitido en el futuro" (Thakor, 1995).

La diferencia más importante entre la estructura de tasas bajo certidumbre e incertidumbre, es que con certidumbre la tasa *forward* implícita debe ser igual a la tasa *forward* que evite las oportunidades de arbitraje, mientras que con incertidumbre se debe tomar en cuenta cómo puede ser influenciada la tasa *forward* por la tasa *forward* implícita en el siguiente periodo. Por esta razón, se toman en cuenta las funciones de perturbación (H y H*).

El precio de un bono de descuento en el tiempo n y que vence en el tiempo T se calcula de acuerdo a la siguiente fórmula:

$$P_1^n = \exp^{-r(T)T}$$

Donde:

- r(T) es la tasa *forward* compuesta continuamente de un bono a descuento, que vence en el tiempo T.
- P_1^n es el precio del bono en el tiempo t=1 con vencimiento en *n*.

Usando la definición de tasas *forward*, se puede especificar el precio de un bono a descuento en el tiempo *n*, en el estado de la naturaleza *i* y que vence en el tiempo T, de la siguiente manera:

$$F_i^n(T) = \frac{P_i^n(T+1)}{P_i^n(1)}$$

Asumiendo que en los precios de los bonos a descuento para todos los plazos siguen un proceso binomial, el precio de un bono en el tiempo (n+1) será igual al precio *forward* en el tiempo *n* multiplicado por un choque aleatorio H y H*.

$$\tilde{P}^{n+1} = \begin{cases} P_u^{n+1}(T) = \dfrac{P^n(T+1)}{P^n(1)} H(u) \,; \text{con probabilidad } q \\[3em] P_d^{n+1}(T) = \dfrac{P^n(T+1)}{P^n(1)} H(d) \,; \text{con probabilidad } (1-q) \end{cases}$$

Considerando lo explicado anteriormente, (*u* y *d*), es claro ver que $P_u > P_d$, en consecuencia H(*u*) > H(*d*).

Aplicando la probabilidad neutral al riesgo se llegaría a:

$$qH(u) + (1-q)H(d) = 1$$

Efectuando algo de álgebra, se encontrará una constante δ, tal que:

$$H(u) = \frac{1}{q + [1-q]\delta^T} \geq 1$$

$$H(d) = \frac{\delta^T}{q + [1-q]\delta^T} \leq 1$$

Es importante notar que δ^T puede ser escrita como razón de perturbación entre $H(d)/H(u)$, la cual se encuentra asociada con la volatilidad del bien subyacente. Este parámetro está inversamente relacionado con la incertidumbre en la estructura de las tasas de interés.

Conforme δ aumenta, la varianza decrece, es decir, la volatilidad en los precios de los bonos disminuye, en caso contrario, la volatilidad aumenta.

El intervalo de variación de este parámetro para que la valuación tenga sentido, se encuentra:

$$0 \le \delta \le 1$$

Asimismo, es importante mencionar que $H(u)$ y $H(d)$ serán siempre positivos y mayores a cero.

Para construir un modelo de evolución de las tasas de interés en el tiempo, sólo se necesita la función inicial de descuento. $H(u)$ y $H(d)$ son un conjunto de perturbaciones aplicadas a los precios *forward*. Para definirlos, necesitamos la probabilidad neutral al riesgo q y δ.

A continuación se mostrará un ejemplo del modelo de Ho y Lee:

Se cuenta con la siguiente estructura de tasas *forward*:

Tiempo	Estructura de tasas
1	5.74%
2	5.94%
3	6.11%
4	6.26%
5	6.39%
6	6.50%
7	6.59%
8	6.66%
9	6.73%
10	6.79%

Los parámetros son:

- Probabilidad neutral al riesgo (q) = 0.5421
- Delta (δ) = 0.9867

En primer lugar se procederá a calcular el precio a descuento, así como los choques al alza y a la baja, aplicando las fórmulas anteriores.

Los precios *forward* se calcularían de la siguiente manera:

Para t=1 (Ver Cuadro 1)

$$\tilde{P}^1(1)=\begin{cases} P_u^1(1)=\dfrac{0.8879}{0.9442}(1.0061)=0.9462 \\ \\ P_u^1(1)=\dfrac{0.8879}{0.9442}(0.9927)=0.9336 \end{cases}$$

El segundo renglón de la tabla se calcularía:

$$\tilde{P}^1(2)=\begin{cases} P_u^1(1)=\dfrac{0.8325}{0.9442}(1.01224)=0.8925 \\ \\ P_u^1(1)=\dfrac{0.8325}{0.9442}(0.9855)=0.8689 \end{cases}$$

Para t=2, el árbol contará con tres nodos:

$$P_{uu}^2(1)=\dfrac{0.8925}{0.9462}(1.0061)=0.9490$$

$$P_{ud}^2(1)=\dfrac{0.8925}{0.9462}(0.9927)=0.9363$$

$$P_{dd}^2(1)=\dfrac{0.8689}{0.9336}(0.9927)=0.9239$$

El cuadro 1 muestra los resultados para los distintos periodos con los choques y precios correspondientes:

Cuadro 1. Factores de descuento y precios *forward*

Parámetros

δ	0.9867
q	0.5421

$$P = e^{-r(T)T}$$

$$H(u) = \frac{1}{q+[1-q]\delta^T}$$

$$H(d) = \frac{\delta^T}{q+[1-q]\delta^T}$$

Tiempo	Estructura de tasas	Bonos de Descuento	Choques		Pu(T)	Pd(T)	Puu(T)	Pud(T)	Pdd(T)
			Alza	Baja					
1	5.74%	0.944216307	1.006127386	0.99274589	**0.946209**	**0.933625**	**0.9490184**	**0.9363965**	**0.923942405**
2	5.94%	0.88798538	1.012247324	0.9855006	0.89250152	0.86891885	0.89821755	0.87448853	0.85137727
3	6.11%	0.832518363	1.01835928	0.97826476	0.83961887	0.80656166	0.84836221	0.814960758	0.782874382
4	6.26%	0.778489325	1.024462722	0.971039	0.78825653	0.7471505	0.80008218	0.75835946	0.718812501
5	6.39%	0.726512202	1.030557123	0.96382394	0.73896816	0.69111667	0.75387965	0.705062575	0.659406622
6	6.50%	0.677056874	1.036641958	0.9562021	0.69217712	0.63874573	0.71014041	0.655322376	0.604735921
7	6.59%	0.63046351	1.042716705	0.94942842	0.64819061	0.59019922	0.66794411	0.608185444	0.553773181
8	6.66%	0.586959181	1.048780845	0.94224919	0.60612344	0.54455545	0.62794856	0.564163646	0.506857787
9	6.73%	0.545692308	1.054833865	0.93508312	0.56653483	0.50221857			
10	6.79%	0.507123863	1.060875255	0.92793082					

Tiempo	Puuu(T)	Puud(T)	Pudd(T)	Pddd(T)	Puuuu(T)	Puuud(T)	Puudd(T)	Puddd(T)	Pdddd(T)
1	**0.9522695**	**0.9396043**	**0.92710756**	**0.914777**	**0.956063**	**0.943347**	**0.9308006**	**0.918421**	**0.906205981**
2	0.904884828	0.880974957	0.857696859	0.83503384	0.91261531	0.88850117	0.86502421	0.84216758	0.819914893
3	0.858540877	0.824738678	0.792267329	0.76107443	0.87029141	0.83602658	0.8031108	0.771490979	0.741116081
4	0.813810968	0.771372322	0.731146768	0.6930189	0.82961758	0.78635465	0.7453478	0.706479375	0.669637861
5	0.771154957	0.721219226	0.674517057	0.63083906	0.78959878	0.73846873	0.69064958	0.645926929	0.604100273
6	0.729615857	0.673294448	0.621320671	0.57335892	0.75107737	0.69309928	0.6395967	0.590224163	0.54466285
7	0.689947046	0.628219854	0.572015181	0.52083895					
8									
9									

El árbol con los factores de descuento se conforma tomando los primeros renglones del cuadro, tal y como se muestra a continuación:

Árbol de precios

t_0	t_1	t_2	t_3	t_4
				0.9560528
			0.952269	
		0.94902		0.9433471
	0.946209		0.939604	
0.944216		0.9364		0.9308006
	0.933625		0.927108	
		0.92394		0.918421
			0.914777	
				0.90206

Si se quiere valuar un bono cupón cero, cuyo valor nominal es $1,000 a 5 años, se utiliza el árbol anterior para descontar el valor del bono.

Se mencionó al principio que el modelo de Ho y Lee, es una cadena de Markov, en ese caso el valor en cada uno de los nodos será igual al valor *justo*, descontado bajo la probabilidad neutral al riesgo:

t_0	t_1	t_2	t_3	t_4	t_5
					1,000.0
				956.06	1,000.0
			904.88	943.35	1,000.0
		848.36	880.97	930.8	1,000.0
	788.26	814.96	857.7	918.42	1,000.0
726.51	747.15	782.87	835.03	906.21	1,000.0

El valor esperado bajo la probabilidad neutral al riesgo se calcula como las opciones financieras con programación lineal, es decir, se "va de atrás hacia delante".

Para un periodo el valor esperado sería:

$$E_Q(B) = DF\left[\, qB_u + (1-q)B_d \,\right]$$

El valor nominal en t=5 ($1,000), se multiplica por el factor de descuento en cada uno de los nodos. Posteriormente, el valor en el primer nodo de t=3, se obtiene de la siguiente forma:

$0.9522\,[956.067(0.5421)+943.347(1-0.5421)] = 904.88$, y así sucesivamente hasta llegar al valor de $726.51.

APÉNDICE 4

Procesos Wiener y Análisis en Tiempo Continuo

Proceso Wiener

Como ya se mencionó, para evitar la existencia de oportunidades de arbitraje debe existir una medida de probabilidad neutral al riesgo, y la condición que se debe cumplir es que el precio del subyacente debe ser una martingala, también conocida como proceso estocástico *Wiener*, el cual forma parte de los procesos markovianos.

A continuación se describen brevemente, los tipos y características de estos procesos:

Caminata Aleatoria

Es el proceso más sencillo. Sea X un proceso estocástico, el cual se describe de la siguiente forma:

$$X_{t+1} = X_t + e_{t+1}$$

$$X_0 = 0 ; \qquad \tilde{e} \text{ i.i.d. N(0,1)}$$

La variable t representa el tiempo, se mide con incrementos discretos desde $-\infty$ a ∞; se asume que $e(t)$ es independiente y se encuentra idénticamente distribuida (i.i.d.) como una variable aleatoria normal con media cero y varianza igual a la unidad.

Se le llama caminata aleatoria porque el cambio en X no se puede predecir:

$$X_{t+1} - X_t = e_{t+1}$$

Los procesos Wiener estándar suelen ser inapropiados para modelar series financieras; sin embargo, puede adaptarse el proceso de forma que explique el comportamiento de algunas variables.

Movimiento Browniano Aritmético

Este modelo es utilizado en variables económicas que crecen linealmente con incrementos aleatorios. Sea $\alpha(X,t) = \alpha$ la tasa de crecimiento "deriva", y $\sigma(X,t) = \sigma$ la volatilidad, ambas variables son constantes no depende de la variable X ni del tiempo.

El modelo es de la forma:

$$dX = \alpha \, dt + \sigma \, dz$$

Donde:

- $dz = e_t$, representa el cambio en un movimiento browniano estándar.

Este proceso posee las siguientes propiedades:

- El proceso X puede ser positivo o negativo.
- Si u>t, la distribución condicional de $[X(u) | X(s)]$, es como una normal con media $X_S + \alpha(u - t)$ y desviación estándar $\sigma\sqrt{(u-t)}$.

Estas propiedades indican que este proceso es aplicable en variables que pueden tomar valores positivos y negativos, cuyos errores se encuentren distribuidos normalmente y su varianza crece linealmente con el tiempo. Se puede utilizar en el pronóstico de flujos de efectivo.

Movimiento Browniano Geométrico

Este proceso es apropiado para modelar variables económicas con un crecimiento exponencial promedio α y volatilidad proporcional al nivel de la variable. El proceso tiene incrementos aleatorios.

El modelo es de la forma:

$dX = \alpha Xdt + \sigma Xdz$

Donde:

- $dz = e_t$, representa el cambio en un movimiento browniano estándar.

Tanto la deriva como la volatilidad dependen de la variable *X*.

Las características del proceso son:

- Si X comienza con un valor positivo, permanece positivo.
- El proceso tiene una barrera en el cero, por lo que si en algún momento la variable es igual a cero, podría permanecer con ese valor.
- La distribución condicional de Xu dado Xt es lognormal.

Con una media condicional para ln(Xu) dado que u>t, de $\ln(X_t) + \alpha(u - t) - \frac{1}{2}\sigma^2(u - t)$
Y una desviación estándar condicional de $\sigma\sqrt{[u-t]}$.

Este proceso se utiliza para modelar precios de acciones, ya que el cambio proporcional en el precio es independiente e idénticamente distribuido como normal.

También puede ser utilizado para modelar series que tomen valores positivos y que crecen (en promedio) a una tasa exponencial constante, como puede ser el precio de los *commodities* o las utilidades de alguna operación.

Movimiento Browniano con reversión a la media

Este movimiento describe series económicas con valores positivos que tienden en el largo plazo a valores medios, pero en el corto plazo sufren de bandazos.

Sea $\alpha(X,t) = \kappa\,(\mu - X)$ y $\sigma(X,t) = \sigma X^{\gamma}$, donde $\kappa \geq 0$ y γ es arbitrario. El parámetro κ representa la velocidad de ajuste hacia la media de largo plazo μ. El valor de γ depende de la interpretación que se le brinde a la volatilidad del proceso. El modelo es de la forma:

$dX = \kappa\,(\mu - X)dt + \sigma\,X^{\gamma}dz$

A este proceso también se le conoce como Ornstein-Uhlenbeck cuando $\gamma = 1$.

El proceso con reversión a la media es apropiado para modelar tasas de interés o el incremento en el índice de precios (inflación), valores estables en el largo plazo y generalmente no comerciables.

Lema de Itô

Sea *f(X)* una función real tal que $f(X): R \rightarrow R$, y donde X representa un proceso Wiener.

Derivado de lo anterior, se puede estimar $f(X+\Delta)$ utilizando la serie de expansión de Taylor:

$$f\left(X + \Delta\right) = f\left(X\right) + \Delta f_{x}\left(X\right) + \frac{1}{2}\Delta^{2} f_{xx}\left(X\right) + \frac{1}{2}\Delta^{3} f_{xxx}\left(X\right) + \dots$$

Los subíndices x representan la derivada de la función con respecto a la variable X.

Cuando $\Delta \rightarrow dX$ los términos elevados a las mayores potencias tienden a desaparecer y se obtiene lo siguiente:

$$f\left(X + dX\right) = f\left(X\right) + f_{x}\left(X\right)dX$$

o bien:

$$df(X) = f_x(X) dX$$

Sin embargo, cuando se trata de variables estocásticas el término dX^2 no desaparece, lo cual se debe a que dX es una variable aleatoria distribuida normalmente, por lo que su varianza dX^2 es una cantidad positiva, que no desaparece, por el contrario converge a dt. Con lo cual:

$$df = \left[\alpha X f_x + \frac{1}{2}\sigma^2 X f_{xx} + f_t \right] dt + \sigma X f_x dZ$$

La ecuación anterior muestra que el cambio en el valor de la función X a lo largo del tiempo es un proceso Wiener generalizado, y que únicamente depende explícitamente del tiempo.

Análisis en Tiempo Continuo

Decisión de Inversión Temporal

El modelo básico es el desarrollado por McDonald y Siegel (1986), este modelo parte de la ecuación diferencial estocástica planteada por B&S,[1] ellos consideraron el siguiente problema:

"Encontrar el punto óptimo para erogar un costo inicial *I*, para obtener un proyecto con valor *V*, considerando que el proyecto sigue un movimiento browniano geométrico".

$$dV = \alpha V dt + \sigma V dZ$$

Donde:

- dZ representa el proceso Wiener.

Este proceso implica que se conoce el valor actual del proyecto y los valores futuros tienen una distribución lognormal con varianza linealmente creciente con el horizonte de tiempo. Debido a que los valores futuros son desconocidos, existe un costo de oportunidad de invertir hoy, siempre que $V > V^*$, V^* puede encontrarse usando programación dinámica (modelo en tiempo discreto) o bien el método de activos contingentes.[2]

El valor de la oportunidad de inversión (el valor de la opción de inversión) es *F(V)*, se busca una regla que maximice este valor. El pago por invertir en t es Vt – I, maximizando el valor esperado:

---

1 La explicación del modelo de Black & Scholes se encuentra en el **capítulo III**.

2 Ver Sección 3.2.2. de este Apéndice.

$$F(V) = maxE\ [(V_T - I)e^{-\rho T}]$$

Donde:

- E, representa el valor esperado.
- T es el tiempo (desconocido) para realizar la inversión.
- ρ es la tasa de descuento, maximizando la ecuación anterior con respecto a V. Sujeta la solución a que $\rho > \alpha$ para que exista un tiempo óptimo distinto a infinito.

Caso Determinístico

Aunque en la mayor parte de los casos, las decisiones de inversión son afectadas por la incertidumbre, primero se analizará el caso donde $\sigma = 0$, es decir, no existe incertidumbre.

Si $\sigma = 0$, entonces $dV = \alpha Vdt + \sigma Vdz = \alpha Vdt$, $V(t) = V_0 e^{\alpha t}$. Por lo tanto el valor de la opción sería $F(V) = (Ve^{\alpha T} - I)e^{-\rho T}$, para cualquier valor de T.

Si se toma una tasa $\alpha \leq 0$, se esperaría que el valor del proyecto $V(t)$ permaneciera constante o se redujera a través del tiempo, por lo que resultaría óptimo invertir inmediatamente siempre y cuando el valor del proyecto fuera mayor que la inversión inicial. Si $0 < \alpha < \rho$, el valor de la opción sería positivo a pesar de que V<I, en este caso existirían incentivos para no invertir en el momento y esperar para tomar la decisión. El problema es encontrar el tiempo óptimo para realizar el proyecto, para lo cual se debe maximizar $F(V)$ con respecto a T :

$$\frac{dF(V)}{dt} = -(\rho - \alpha)\ Ve^{-(\rho - \varepsilon)T} + \rho I e^{-\rho T} = 0$$

Despejando T, se tiene:

$$T^* = max\left\{\frac{1}{\alpha}\log\left[\frac{\rho I}{(\rho - \alpha)V}\right], 0\right\}$$

Si V es mayor que I, entonces $T^* > 0$. Si $T^* = 0$, convendrá $V \geq V^*$, donde:

$$V^* = \frac{\rho}{\rho - \alpha}I > I$$

Finalmente, sustituyendo las ecuaciones anteriores se obtiene la solución a la opción:

$$F(V) = \begin{cases} \left[\alpha I \big/ (\rho - \alpha) \right] \left[(\rho - \alpha) V \big/ \rho I \right]^{\rho/\alpha} & \text{para } V \leq V^* \\ \\ V\text{-}I & \text{para } V > V^* \end{cases}$$

Caso Estocástico

Si $\alpha > 0$, implica que V es estocástico, lo que lleva a que no exista una solución única para T. La regla de inversión tomará la forma de un valor crítico V^*, y será óptimo invertir cuando $V \geq V^*$. Conforme crece α, crecerá el valor de V. La solución puede encontrarse mediante la aplicación de dos métodos, Programación Dinámica[3] o la Solución por Activos Contingentes (opciones reales).

Activos Contingentes

Para este método se necesita hacer un supuesto muy importante: el cambio estocástico en el proyecto puede ser replicado por un activo existente en la economía.

De acuerdo con lo que dicen Dixit y Pindyck (1994), si el precio de un activo x se encuentra perfectamente correlacionado con un proyecto V, la correlación de ambos con el portafolio de mercado será la misma, $\rho_{xm} = \rho_{Vm}$, si se asume que el portafolio no paga dividendos, el proceso estocástico que describe el comportamiento del activo x sería el de un Movimiento Browniano Geométrico:

$$dx = \mu x dt + \sigma x dz$$

Donde:

- μ, representa la tasa de retorno esperada del activo o portafolio, una buena descripción de este rendimiento lo brinda el modelo CAPM, el cual fue explicado en secciones anteriores.

Sea $\delta = \mu - \alpha$, δ representa el costo de oportunidad de retrasar la realización del proyecto y en su lugar conservar la opción.

Si $\delta > 0$ la tasa de retorno del activo "gemelo" es menor que la tasa del proyecto, por lo que existe un costo de oportunidad de mantener la opción viva en lugar de ejercerla. Cuando $\delta = 0$ se

---

3 Para mayor información, consultar Dixit and Pindyck, *Investment under Uncertainty*, Princenton University Press, 1994.

aplicaría el caso de una opción de compra americana sin dividendos, la cual no se ejerce antes de su expiración.

Si el proyecto tiene vida indefinida, se puede modelar la evolución del proyecto a través de la ecuación anterior.

El valor de la opción *F(V)* se puede obtener mediante el modelo de activos contingentes, construyendo un portafolio de réplica, el cual se compondría de la opción *F(V)* y "n" unidades del proyecto (si éste no es comerciable, se puede tomar el activo gemelo *x,* al encontrarse perfectamente correlacionado con el proyecto). El valor del portafolio sería $\phi = F - F'(V)V$ (3.72) $= \phi = F - nV$, la composición del portafolio cambia en proporción a las variaciones de V, en intervalos de tiempo muy pequeños, se mantiene fija "n".

La posición corta del portafolio obtendría un rendimiento mínimo por su inversión igual a $\delta VF'(V)$, como esta posición compra "n" unidades el rendimiento será igual a $n\delta VF'(V)$. La posición larga necesitará un rendimiento ajustado por el riesgo del proyecto (CAPM) $\mu V = (\alpha + \delta)V$. Considerando estos pagos, el rendimiento del portafolio en un corto intervalo de tiempo sería el siguiente:

$$dF - F'(V)dV - \delta VF'(V)dt$$

Aplicando el Lema Itô explicado anteriormente:

$dF = F'(V)dV + \dfrac{1}{2}F''(V)\ dV^2$, el rendimiento total del portafolio es:

$\dfrac{1}{2}F''(V)(dV)^2 - \delta VF'(V)dt$, que de acuerdo con las reglas del proceso Wiener,

$(dV)^2 = \sigma^2 V^2\ dt$, el rendimiento del portafolio sería:

$\dfrac{1}{2}\sigma^2 V^2 F''(V) - \delta\ VF'(V)dt$, tomando en consideración el supuesto de que no existen oportunidades de arbitraje, el rendimiento que ofrece el portafolio debe ser igual al del instrumento libre de riesgo: $r\phi dt = r[F' - F(V)V]dt$. Dividiendo entre *dt* e igualando a cero, se obtiene la siguiente ecuación diferencial:

$$\frac{1}{2}\sigma^2 V^2 F''(V) + (r - \delta)VF'(V) - rF = 0$$

Sujeta a las ecuaciones frontera:

F(0) =0
$F(V^*) = V^* - I$
$F'(V^*) = 1$

Las condiciones frontera se satisfacen con una ecuación cuadrática de la forma (solamente se toma la raíz positiva de la ecuación por la primera condición): $F(V) = AV^{\beta_1}$

Donde:

- A, es una constante
- β_1, es también una constante conocida que depende de los parámetros σ, ρ, y δ.

Las dos últimas condiciones permiten la resolución de la constante A, así como del valor crítico V*, el cual indica el óptimo para realizar la inversión:

$$V^* = \frac{\beta_1}{\beta_1 - 1} I$$

$$A = \frac{(V^* - I)}{(V^*)^{\beta_1}} = \frac{(\beta_1 - 1)^{\beta_1 - 1}}{\left[(\beta_1)^{\beta_1} I^{\beta_1 - 1}\right]}$$

$$\beta_1 = \frac{1}{2} - \frac{(r - \delta)}{\sigma^2} + \sqrt{\left[\frac{(r - \delta)}{\sigma^2} - \frac{1}{2}\right]^2 + \frac{2r}{\sigma^2}} \ ; \text{ donde } \beta_1 > 1$$

La regla de decisión es que el valor del proyecto sea mayor que el valor crítico V* y V*>I. El valor de la opción *F(V)* aumenta conforme crece la incertidumbre σ. "El valor de V* se incrementa conforme σ crece. Por lo tanto, una inversión es altamente sensible a la volatilidad del proyecto, sin importar el grado de aversión al riesgo del inversionista, y sin considerar tampoco la correlación que tenga el proyecto con el mercado".[4] También si la tasa libre de riesgo *r* crece, el valor de la opción se incrementará así como el valor crítico; la razón es por la disminución del valor presente de la inversión inicial.

En muchas ocasiones el proyecto que se desarrolla tiene características únicas, por lo que resulta muy difícil modelar el comportamiento que tendrá el proyecto y la información disponible es el precio del producto/servicio (P) que se obtiene de realizar el proyecto. Como finalmente el valor del proyecto depende del comportamiento que tenga el producto, puede ser más sencillo describir el proceso de difusión de V a través de P, entonces el valor de la opción estaría en función de P, *F(P)*.

El precio del producto sigue un proceso browniano geométrico de la forma:

$$dP = \alpha P dt + \sigma P dz$$

---

[4] Dixit and Pindyck, 1994.

Dado que P se comporta de esta forma, el proyecto V también seguirá este mismo proceso. Los flujos esperados crecerán a una tasa α, pero el valor presente se obtendrá descontando estos flujos a una tasa mayor que incorpore el riesgo del proyecto μ:

$$V(P) = \frac{P}{\mu - \alpha} = \frac{P}{\delta}$$

Como se mencionó anteriormente, el valor de la opción puede obtenerse mediante el método de programación dinámica o bien utilizando la valuación de activos contingentes, para este caso se requiere que el activo pueda ser replicado a través de un portafolio cuyo rendimiento sea libre de riesgo. Este portafolio se compone en largo de una opción y la posición corta de "n" unidades del producto P.

Dado lo anterior, la ecuación diferencial estocástica sería la siguiente:

$$\frac{1}{2}\sigma^2 P^2 F''(P) + (r - \delta)PF'(P) - rF(P) = 0$$

La solución a la ecuación diferencial de esta índole es:

$$F(P) = A_1 P^{\beta_1} + A_2 P^{\beta_2}$$

Donde:

A_1 y A_2 son constantes y la solución sólo es válida en un rango de precios, el que comienza a partir de un valor crítico de P^*. Por lo cual se cuenta con tres incógnitas y tres condiciones frontera:

$F(0)=0$, para poder cumplir esta condición, se debe asegurar eliminar la raíz negativa de la función, para lo cual $A_2=0$.

$F(P^*)=V(P^*) - I$
$F'(P^*)=V'(P^*)$

Considerando la forma de V(P) y de F(P), la solución sujeta a esas restricciones sería:

$$P^* = \frac{\beta_1}{\beta_1 - 1} I$$

$$A_1 = \frac{(\beta_1 - 1)^{\beta_1 - 1} I^{-(\beta_1 - 1)}}{(\delta\beta_1)^{\beta_1}}$$

Sustituyendo el valor crítico del producto en la ecuación *V(P)* se llega al igual que en la sección anterior al valor crítico del proyecto:

$$V^* = \frac{\beta_1}{\beta_1 - 1} I$$

P*, será la cota tal que convendrá invertir si P>P*.

Opción compuesta, Inversión secuencial

Existen muchos proyectos que pueden ser divididos en varias etapas, las cuales se encuentran interrelacionadas unas con otras, es decir, las decisiones se toman en determinado orden y depende del resultado que se haya obtenido en la etapa anterior. En este tipo de proyectos se tiene la opción de detener la inversión temporal o totalmente si el valor del proyecto cae.

Para un mejor entendimiento de esta clase de opciones compuestas se tomará lo que dicen Dixit y Pindyck (1994).

Se tiene un proyecto en el cual la producción puede ser vendida a cierto precio P, bajo cierto costo C. Donde la variable estocástica es el precio del bien, y se describe como un movimiento browniano geométrico. Las utilidades obtenidas por el proyecto serían:

$$\pi(P) = max\left[P - C, 0\right]$$

Invertir en la primera etapa del proyecto tiene un costo para la empresa de I_1, la segunda etapa tiene un costo distinto de I_2.

Los pasos para resolver este tipo de inversiones son los que se presentan a continuación:

1) Encontrar el valor del proyecto *V(P)*
2) Calcular el valor de la segunda opción $F_2(P)$ y el valor crítico de P^*_2
3) Calcular el valor de la primera opción $F_1(P)$ y el valor crítico de P^*_1

Para calcular el valor del proyecto, primero se debe definir la ecuación diferencial estocástica que lo representa:

$$\frac{1}{2}\sigma^2 P^2 V'(P) + (r - \delta) P V'(P) - r V(P) + \pi(P) = 0$$

Tomando las condiciones frontera mostradas anteriormente, la solución es la siguiente:

$$V(P) = \begin{cases} A_1 P^{\beta_1} & si \ \ P<C \\ \\ B_2 P^{\beta_2} + \dfrac{P}{\delta} - \dfrac{C}{r} & si \ \ P>C \end{cases}$$

donde β_1 y β_2 son constantes definidas con las siguientes ecuaciones:

$$\beta_1 = \frac{1}{2} - \frac{(r-\delta)}{\sigma^2} + \sqrt{\left[\frac{(r-\delta)}{\sigma^2} - \frac{1}{2}\right]^2 + \frac{2r}{\sigma^2}} > 1$$

$$\beta_2 = \frac{1}{2} - \frac{(r-\delta)}{\sigma^2} - \sqrt{\left[\frac{(r-\delta)}{\sigma^2} - \frac{1}{2}\right]^2 + \frac{2r}{\sigma^2}} < 0$$

Las constantes A_1 y B_2 se determinan bajo la tercera condición frontera:

$$A_1 = \frac{C^{1-\beta_1}}{\beta_1 - \beta_2}\left(\frac{\beta_2}{r} - \frac{\beta_2 - 1}{\delta}\right)$$

$$B_2 = \frac{C^{1-\beta_2}}{\beta_1 - \beta_2}\left(\frac{\beta_1}{r} - \frac{\beta_1 - 1}{\delta}\right)$$

La segunda fase del proyecto depende del valor que tome P_2^*, al cual es óptimo invertir $F_2(P)$. El valor de la opción debe satisfacer la ecuación diferencial estocástica:

$$\frac{1}{2}\sigma^2 P^2 F_2''(P) + (r-\delta)PF_2'(P) - rF(P) = 0$$

Las condiciones frontera son:

$$F_2(0) = 0$$
$$F_2(P_2^*) = V(P_2^*) - I_2$$
$$F_2'(P_2^*) = V'(P_2^*)$$

Considerando que $P_2^* > C$, la solución se obtiene sobre la función $V(P)$ tomando las dos últimas condiciones frontera se llega a lo siguiente:

$$F_2(P) = D_2 P^{\beta_1}$$

Con $D_2 = \dfrac{\beta_2 B_2}{\beta_1}\left(P_2^*\right)^{(\beta_2 - \beta_1)} + \dfrac{1}{\delta\beta_1}\left(P_2^*\right)^{(1-\beta_1)}$

P_2^* se obtiene resolviendo numéricamente la ecuación:

$$\left(\beta_1 - \beta_2\right)B_2\left(P_2^*\right)^{\beta_2} + \left(\beta_1 - 1\right)\frac{P_2^*}{\delta} - \beta_1\left(\frac{C}{r} + I_2\right) = 0$$

Una vez que se ha obtenido el valor crítico de P, el valor de la opción será:

$$F_2(P) = \begin{cases} D_2 P^{\beta_1} & \text{si } P < P_2^* \\ \\ V(P) - I_2 & \text{si } P \geq P_2^* \end{cases}$$

De acuerdo con los valores de la opción y del precio de la segunda etapa del proyecto, se puede obtener tanto el precio crítico como el valor de la opción para la primera etapa.

La ecuación diferencial de esta primera etapa es muy parecida a la anterior, pero en lugar de tomar la segunda opción se considera la primera, bajo las condiciones frontera:

$$F_1(0) = 0$$
$$F_1\left(P_1^*\right) = F_2\left(P_1^*\right) - I_1$$
$$F_1'\left(P_1^*\right) = F_2'\left(P_1^*\right)$$

La solución tiene la misma forma que las anteriores:

$$F_1(P) = D_1 P^{\beta_1}$$

Para sustituir $F_2(P)$ en la última condición frontera se debe saber si el precio crítico de la primera etapa es mayor, menor o igual al de la segunda etapa. Como es lógico el precio P_1^* $> P_2^*$, ya que generalmente es superior el costo de la primera inversión que el de la segunda y a mayor costo inicial mayor deberá ser el precio crítico para aceptar entrar en el proyecto. En otras palabras, es muy difícil pensar que una empresa comience la primera etapa y se espere en lugar de efectuar la segunda. Por esta causa las condiciones frontera pueden ser representadas de la siguiente forma:

$$F_1\left(P_1^*\right) = V\left(P_1^*\right) - I_2 - I_1$$
$$F_1'\left(P_1^*\right) = V'\left(P_1^*\right)$$

Una vez establecido lo anterior, la solución es:

$$D_1 = \frac{\beta_2 B_2}{\beta_1}\left(P_1^*\right)^{(\beta_2 - \beta_1)} + \frac{1}{\delta\beta_1}\left(P_1^*\right)^{(1-\beta_1)}$$

P^*_1 se obtiene resolviendo numéricamente la ecuación:

$$\left(\beta_1 - \beta_2\right) B_2 \left(P_1^*\right)^{\beta_2} + \left(\beta_1 - 1\right) \frac{P_1^*}{\delta} - \beta_1 \left(\frac{C}{r} + I_2 + I_1\right) = 0$$

Opción de Suspensión Temporal

Cuando los ingresos no cubren los costos variables, entonces una empresa puede pensar en suspender sus operaciones temporalmente mientras logra reducir sus costos (mediante acuerdos con proveedores, aplicando métodos como el Costeo Basado en Actividades conocido por sus siglas en inglés como ABC, el Costo Objetivo o *Target Cost*, etc.), siempre y cuando los costos de reiniciar operaciones no sean demasiado altos.

Esta situación puede ser modelada como lo muestran Dixit y Pindyck (1994).

Suponiendo nuevamente que el precio del proyecto (P) es un movimiento browniano geométrico, y que el costo del proyecto es un valor C, entonces la empresa puede dejar de operar si el P<C y reiniciar cuando P>C.

Es decir la utilidad sería:

$$\pi\left(P\right) = \max\left[P - C, 0\right]$$

Para valorar el proyecto se formará nuevamente un portafolio de réplica, el cual tiene una unidad del proyecto y n= Vp(P) unidades en corto del activo que replica a P.

El propietario de este portafolio lo ejercerá en el intervalo de tiempo (t, t + dt) cuando P>C, ganando $\pi(P) = \max[P - C, 0]$, por lo que la ecuación diferencial que representa este proyecto es la siguiente:

$$\frac{1}{2}\sigma^2 P^2 V''\left(P\right) + \left(r - \delta\right) P V'\left(P\right) - r V\left(P\right) + \pi\left(P\right) = 0$$

Esta ecuación se resuelve considerando dos regiones cuando P<C y P>C, para el primer caso $\pi(P) = 0$, por lo que la solución se muestra a continuación:

$V(P) = K_1 P^{\beta_1} + K_2 P^{\beta_2}$, siendo K_1 y K_2 constantes.

En la región P>C, la solución general sería:

$V(P) = B_1 P^{\beta_1} + B_2 P^{\beta_2} + \dfrac{P}{\delta} - \dfrac{C}{r}$, siendo B_1 y B_2 constantes.

La interpretación de estas ecuaciones es que cuando el precio es menor al costo, entonces la empresa tiene la opción de suspender operaciones, por lo tanto el proyecto no genera utilidades, mientras que en el segundo caso el valor del proyecto depende de las utilidades que crea.

La solución a las constantes está en función de las regiones, si el precio es mucho menor que el costo entonces se esperaría que el valor del proyecto sea de cero. Pero como se mostró en la ecuación que resuelve la constante B_2, si $\beta_2 < 0$, entonces $P^{\beta_2} \to \infty$, y a medida que $P \to 0$, $K_2 = 0$.

Mientras que cuando P>C, será muy baja la probabilidad de ejercer la opción de suspensión, conforme P crezca, el valor de la constante $B_1 = 0$ y, por lo tanto, la solución a la ecuación será:

$$V(P) = \begin{cases} K_1 P^{\beta_1} & \text{si } P<C \\ \\ B_2 P^{\beta_2} + \dfrac{P}{\delta} - \dfrac{C}{r} & \text{si } P>C \end{cases}$$

Cuando P=C, entonces las dos regiones coinciden y se llega a las siguientes ecuaciones:

$$K_1 C^{\beta_1} = B_2 C^{\beta_2} + \frac{C}{\delta} - \frac{C}{r}$$

$$\beta_1 K_1 C^{\beta_1 - 1} = \beta_2 B_2 C^{\beta_2 - 1} + \frac{1}{\delta}$$

Al tener dos ecuaciones con dos incógnitas se llega a que:

$$K_1 = \frac{C^{1-\beta_1}}{\beta_1 - \beta_2} \left(\frac{\beta_2}{r} - \frac{\beta_2 - 1}{\delta} \right)$$

$$B_2 = \frac{C^{1-\beta_2}}{\beta_1 - \beta_2} \left(\frac{\beta_1}{r} - \frac{\beta_1 - 1}{\delta} \right)$$

Ya que K_1 representa las utilidades generadas por la opción de continuar con las operaciones en el futuro y B_2 el valor de la opción de suspender, ambas constantes deben ser positivas. Para esto se deben dar las siguientes condiciones:

$$r > \beta_1 (r - \delta)$$
$$r > \beta_2 (r - \delta)$$

Una vez, que se conoce el valor del proyecto V(P), se puede encontrar el valor de la opción de inversión F(P). Partiendo del supuesto que el precio es un movimiento browniano geométrico, el valor de la opción toma la siguiente forma:

$$F(P) = A_1 P^{\beta_1} + A_2 P^{\beta_2}$$

Cuando el P=0, entonces F(0)=0 y A2=0.

En el precio óptimo (P*) se deben vincular los valores del proyecto y de la opción (ver condiciones anteriores), como la inversión no se efectuará cuando P<C, entonces la región que debe ser considerada para resolver F(P) es sólo cuando P>C:

$$A_1 \left(P^* \right)^{\beta_1} = B_2 \left(P^* \right)^{\beta_2} + P^* \Big/ \delta - C \Big/ r - I$$

$$\beta_1 A_1 \left(P^* \right)^{\beta_1 - 1} = \beta_2 B_2 \left(P^* \right)^{\beta_2 - 1} + 1 \Big/ \delta$$

Al ser B_2 una constante conocida, se puede resolver P* numéricamente de la ecuación:

$$\left(\beta_1 - \beta_2 \right) B_2 \left(P^* \right)^{\beta_2} + \left(\beta_1 - 1 \right) P^* \Big/ \delta - \beta_1 \left(C \Big/ r + I \right) = 0$$

Opción de Abandono

Cuando los costos de suspender y posteriormente reiniciar operaciones resultan excesivamente altos, se tiene la opción de abandonar definitivamente.

En este caso el valor del proyecto no sólo depende del Precio (P) también depende de otra variable discreta, la cual indica si la empresa está actualmente inactiva (0) o activa (1).

Dado lo anterior, se denotará como $V_0(P)$ el valor de la opción de invertir si la empresa es inactiva y $V_1(P)$ el valor de la empresa activa.

El valor de la empresa activa se compone de dos cosas, las utilidades provenientes de la operación más el valor de la opción de abandono si el precio se reduce considerablemente.

La empresa incurrirá en un costo I cuando haga un proyecto y en un costo E cuando lo abandone. Se necesita que I+E>0.

Como se tienen dos opciones se consideran dos precios para poder definir la estrategia óptima. Precio umbral de invertir P_H y el Precio umbral de abandonar P_L, con $P_H > P_L$.

Una empresa permanecerá inactiva si su precio P se encuentra por debajo de P_H, e invertirá inmediatamente después de que el precio suba por encima de ese límite. Mientras que una empresa seguirá operando si su precio es mayor al P_L, pero lo abandonará si cae por debajo de ese precio.

En el rango de precio entre P_H y P_L lo más conveniente es que la empresa se mantenga en su situación actual.

Lo anterior puede explicarse con mayor formalidad. En el intervalo $(0, P_H)$ la empresa inactiva mantiene la opción de inversión viva. En ese caso $V_0(P)$ satisface la ecuación diferencial mostrada en los casos anteriores para ese intervalo. Las condiciones frontera ligan los valores de las derivadas de $V_0(P)$ con las $V_1(P)$ en P_H. De igual forma para el intervalo (P_H, ∞) una empresa activa mantiene la opción de abandonar el negocio. $V_1(P)$ satisface la ecuación diferencial mostrada en los casos anteriores para ese intervalo. Las condiciones frontera ligan los valores de las derivadas de $V_1(P)$ con las de $V_0(P)$ en P_L.

Para una empresa inactiva la ecuación diferencial estocástica es:

$$\frac{1}{2}\sigma^2 P^2 V_0{}''(P) + (r - \delta)P V_0{}'(P) - r V_0(P) = 0$$

Se llega a la siguiente solución:

$$V(P) = A_1 P^{\beta_1} + A_2 P^{\beta_2}$$

donde A_1 y A_2 son constantes y β_1 y β_2 son las raíces de la ecuación cuadrática:

$$\beta_1 = \frac{1}{2} - (\rho - \delta)\Big/\sigma^2 + \sqrt{\left[(\rho - \delta)\Big/\sigma^2 - \frac{1}{2}\right]^2 + 2\rho\Big/\sigma^2} > 1$$

$$\beta_2 = \frac{1}{2} - (\rho - \delta)\Big/\sigma^2 - \sqrt{\left[(\rho - \delta)\Big/\sigma^2 - \frac{1}{2}\right]^2 + 2\rho\Big/\sigma^2} < 0$$

Conforme P se aproxima a cero, la opción se encuentra fuera del dinero, con lo que el valor del proyecto quedaría definido:

$$V(P) = A_1 P^{\beta_1},$$ sólo es válido en el intervalo $(0, P_H)$.

Para una empresa activa el cálculo es muy similar; sin embargo, como se mencionó antes el valor del proyecto es el valor de la opción más los flujos de operación:

$$\frac{1}{2}\sigma^2 P^2 V_1{}''(P) + (r - \delta)P V_1{}'(P) - r V_1(P) + P - C = 0$$

La solución a la ecuación anterior es la siguiente:

$$V_1(P) = B_1 P^{\beta_1} + B_2 P^{\beta_2} + P\!\!\Big/\!\!\delta - C\!\!\Big/\!\!r$$

Conforme $P \to \infty$ la opción de abandonar cada vez se hace más difícil, con lo cual el valor del coeficiente B_1 se acercaría a cero y la solución sería:

$$V_1(P) = B_2 P^{\beta_2} + P\!\!\Big/\!\!\delta - C\!\!\Big/\!\!r$$. Ésta es válida en el rango (P_H, ∞).

Si la empresa es inactiva paga un costo I por invertir, y si está activa, el abandonar le cuesta E. Dado esto las condiciones frontera son:

$$V_0(P_H) = V_1(P_H) - I$$
$$V_0{}'(P_H) = V_1{}'(P_H)$$
$$V_1(P_L) = V_0(P_L) - E$$
$$V_1{}'(P_L) = V_0{}'(P_L)$$

Tomando el valor de cada uno de los proyectos y las condiciones anteriores, se obtendrían las siguientes ecuaciones:

$$-A_1 P_H^{\beta_1} + B_2 P_H^{\beta_2} + P_H\!\!\Big/\!\!\delta - C\!\!\Big/\!\!r = I$$

$$-\beta_1 A_1 P_H^{\beta_1 - 1} + \beta_2 B_2 P_H^{\beta_2 - 1} + 1\!\!\Big/\!\!\delta = 0$$

$$-A_1 P_L^{\beta_1} + B_2 P_L^{\beta_2} + P_L\!\!\Big/\!\!\delta - C\!\!\Big/\!\!r = -E$$

$$-\beta_1 A_1 P_L^{\beta_1 - 1} + \beta_2 B_2 P_L^{\beta_2 - 1} + 1\!\!\Big/\!\!\delta = 0$$

Con estas cuatro ecuaciones se pueden resolver numéricamente las cuatro incógnitas A_1, B_2, P_H y P_L.

BIBLIOGRAFÍA

Bibliografía

Amram, M. and N. Kulatilaka. 1999. *Real Options, Managing Strategic Investments using Real Options Theory*. Stockholm University, School of Business.

Amram, M. and N. Kulatilaka. 1999. "Real Options, Managing Strategic Investment in an Uncertain World". *Harvard Business Review Press*.

Bailey, Martin J. 1991. *The measurement of economic growth*. Sn Francisco ICS.

Black, F. and M. Scholes. 1973. "The Pricing of Options and Corporate Liabilities". *Journal of Political Economy* 81. (May/June), 637-659.

Bollerslev, Jim. 1986. "Generalized Autoregressive Conditional Heteroscedasty". *Journal of Econometrics* 31, 307-27.

Benaroch, Michel and Robert Kauffman. 2000. "Justifying Electronic Banking Network Expansion using Real Option Analysis". *MIS Quarterly*. (June) Vol 24 No. 2, 197-225.

Campell, J; A. Lo and A. MacKinlay. 1997. *The Econometrics of Financial Markets*. Princenton.

Copeland Tom, Tim Koller and Jack Murrin. 2005. *Valuation Measuring and Managing the Value of Companies*. Fourth Edition, Wiley Finance.

Copeland, Tom and Vladimir Antikarov. 2001. *Real Options, a practitioner's guide*. Editorial Texere.

Cox, J., S. Ross and M. Rubinstein. 1979. "Option Pricing: A Simplified Approach". *Journal of Financial Economics* 7, 229-263.

De Lara Haro, Alfonso. 2002. *Medición y control de riesgos financieros*. 2da. edición, Editorial Limusa.

Dixit, Avinash K. and Robert S. Pindyck. 1994. *Investment under Uncertainty*. Princenton University Press.

Enders, Walter. 1995. *Applied Econometric Time Series*. John Wiley & Sons, Inc.

Engle, Robert F. 1982. "Autoregressive Conditional Heteroscedasticity with estimates of the variance of United Kingdom Inflation". *Econometrica* 50, 987-1007.

FASB. *SFAS 157: Fair Value Measurements*. Septiembre 2006. Consultado el 28 de enero de 2008. http://www.fasb.org/pdf/fas157.pdf

FASB. *SFAS 159: The Fair Value Option for Financial Assets and Financial Liabilities —Including an amendment of FASB Statement.* No. 115. Febrero 2007. Consultado el 28 de enero de 2008. http://www.fasb.org/pdf/fas159.pdf

Fisco Agenda 2008, Correlacionada y Tematizada. Editorial ISEF.

Fuglister y Bloom. "Analysis of SFAS 157, Fair Value Measurements". *CPA Journal*. January 2008, 78. pp 38.

Graham, Davis. 1998. "Estimating Volatility and Dividend Yield When Valuing Real Options to Invest or Abandon". *The Quarterly Review of Economics and Finance*, Vol 38, Special Issue: 725-754.

Guerrero, Víctor. 1991. *Análisis Estadístico de Series de Tiempo Económicas*. UAM.

Haugen, Robert A. 1997. *Modern Investment Theory*. Fourth Edition. Prentice Hall.

Hull, John C. 2002. *Options, Futures and others Derivates*. Fifth Edition. Prentice Hall.

Hunsaker, Stephanie. "Remarks before the 2007 AICPA National Conference". *SEC*. Diciembre 2007. Consultado el 28 de enero de 2008. http://sec.gov/news/speech/2007/spch121107slh.htm

Luehrman, Timothy A. 1997. "What's it worth?". *Harvard Business Review*. (May/June), 132-142.

Mallo, Carlos, Robert S. Kaplan, Sylvia Meljem, y Carlos Jiménez. 2000. *Contabilidad de Costos y Estratégica de Gestión*. Pearson Education, Madrid.

Meljem, Sylvia. *Uso del Valor Presente Neto en la Contabilidad Financiera*. 1991. Instituto Mexicano de Contadores Públicos. México.

Mc Donald, Robert and Daniel Siegel. 1986. "The Value of Waiting to Invest". *Quarterly Journal of Economics*. (November): 101, 707-728.

Mc Nulty, James J. 2002. "What's your real cost of capital." *Harvard Business Review*. (October), 5-12.

Moel, A. and P. Tufano. 1999. "Bidding for the Antamina Mine: Valuation and Incentives in a Real Option Context." *Paper presented in Third Annual International Conference on Real Options*. Wassenaar, The Netherlands.

Normas de Información Financiera (NIF) 2008. Incluye boletines y circulares de la Comisión de Principios de Contabilidad del IMCP. Emitidas por el Consejo Mexicano para la Investigación y Desarrollo de Normas de Información Financiera, A.C. Tercera Edición. 2008.

Parkin, Michael. 2000. *Macroeconomics*. Fifth Edition. Addison Wesley.

Paddock, J.L., D.R. Siegel and J.L. Smith. 1988. "Option Valuation of Claims on Real Assets: The Case of Offshore Petroleum Leases.". *Quarterly Journal of Economics*. (August), 479-508.

Pliska, Stanley R. 1998. *Introduction to Mathematical Finance, Discrete Time Models*. Blackwell Publishers Inc.

Principios de Contabilidad Generalmente Aceptados (P.C.G.A.). 2004. Decimanovena edición. IMPC. (Marzo).

Principios de Contabilidad Generalmente Aceptados (P.C.G.A.). 1994. Novena edición. IMPC. (Enero).

Principios de Contabilidad Generalmente Aceptados ((P.C.G.A.).1973. IMPC.

Quigg, L. 1993. "Empirical Testing of Real Option-Pricing Models". *Journal of Finance,* 48 (2), 621-40.

Roberts, Richard. *Perspective on Market Value Accounting*. SEC. 1992. Washington D.C.

Ross, Westerfiels, Jaffe. 1999. *Corporate Finance*. 5th Edition. Irwin Mc. Graw Hill.

The Institute of Chartered Accountants. *--Reporting with integrity*. April 2007

The Institute of Chartered Accountants. *--New reporting models for business*. November 2003

The Institute of Chartered Accountants. *--Measurement in financial reporting*. October 2006.

Tjon-Hing, Cheryl. "Remarks before the 2006 AICPA National Conference". SEC. Diciembre 2006. Consultado el 28 de enero de 2008. http://sec.gov/news/speech/2006/spch121306ckth.htm

Trigeorgis, Lenos. 1999. *Real Options, Managerial Flexibility and Strategy in Resource Allocation*. Fourth printing. The MIT Press.

Trigeorgis, Lenos. 1995. *Real Options in Capital Investment, Models, Strategies, and Applications*. Praeger, Westport, Connecticut, London Press.

Otras fuentes:

Picazo Rodríguez, Aída. 1972. "Algunos comentarios sobre los Principios de Contabilidad Generalmente Aceptados". *Tesis Profesional*. México.

Rojano Montelongo, José Luis. 1971. "Estudios sobre los Principios de Contabilidad Generalmente Aceptados". *Tesis Profesional*. México.

Apuntes Inversiones II. Dr. Alfredo Ibáñez Rodríguez. ITAM, 2000.

Apuntes Inversiones III. Dra. Mercedes Adamuz Peña. ITAM, 2000.

Apuntes Costos Estratégicos. M.A. Sylvia Meljem E. ITAM, 2000.

Apuntes Finanzas I. M.F. María Fernanda Gómez. ITAM, 2001.

Apuntes Inversiones II. Dr. Hervé Jaques Roché . ITAM , 2003.